D1620310

HISTORISCHE NOTATE
Schriftenreihe der Historischen Kommunikation der Volkswagen Aktiengesellschaft

Vom Käfer zum Weltkonzern.
Die Volkswagen Chronik

IMPRESSUM

HERAUSGEBER
für die Historische Kommunikation der Volkswagen Aktiengesellschaft
Manfred Grieger, Ulrike Gutzmann

TEXT
Manfred Grieger, Markus Lupa
GESTALTUNG
designagenten, Hannover
DRUCK
Druckerei Quensen, Hildesheim

ISSN 1615-0201
ISBN 978-3-935112-04-8
©Volkswagen Aktiengesellschaft
Wolfsburg 2014

Inhalt

1904 – 1933
4   Vom automobilen Traum zur Volkswagen Idee

1934 – 1937
6   Der „deutsche Volkswagen" als „Gemeinschaftswerk" der deutschen Automobilindustrie

1937 – 1945
10   Unternehmensgründung und Einbindung in die Kriegswirtschaft

1945 – 1949
36   Das Werk der Briten

1950 – 1960
54   Internationalisierung und Massenproduktion im Wirtschaftswunder

1961 – 1972
82   Boom und Krise des Ein-Produkt-Unternehmens

1973 – 1981
116   Der Umstieg zur Modellpalette mit wassergekühlten Motoren

1982 – 1991
144   Neue Marken, neue Märkte

1992 – 2012
174   Die Globalisierung des Mobilitätskonzerns

Die Marken

250	Audi	292	Porsche
258	Bentley	302	Scania
264	Bugatti	309	Seat
268	Ducati	316	Škoda
274	Lamborghini	322	Volkswagen Financial Services
280	MAN	330	Volkswagen Nutzfahrzeuge

VOM AUTOMOBILEN TRAUM ZUR VOLKSWAGEN IDEE, 1904 - 1933

Automobile stellten zu Beginn des 20. Jahrhunderts unter den Fortbewegungsmitteln noch die große Ausnahme dar. Kaum 16 000 Automobile gab es 1910 im Deutschen Reich. Den einen diente es als abenteuerliches Sportgerät, anderen zu Repräsentationszwecken. Autos blieben den Schönen und Reichen vorbehalten: Kaiser Wilhelm II. nutzte ebenso wie Stahlmagnaten und Bankiers handgefertigte Automobile von Benz, Daimler oder Glaser. Eine Vielzahl von Automobilmarken belieferte einen sehr überschaubaren Luxusmarkt.

Doch bereits im Dezember 1904 stellte der Aachener Ingenieur Heinrich Dechamps in der Wiener Zeitschrift Der Motorwagen die Frage, ob weiterhin das Motorrad oder doch eine „andere Fahrzeugtype" das Zeug hätte, „Volksautomobil" zu werden. Denn der Traum individueller Automobilität erfasste neue Gruppen. Dem in den USA entstehenden Massenmarkt für Automobile kam dabei eine Vorbildfunktion zu. 1908 startete dort bei der Ford Motor Company die Fertigung des robusten Modell T, das anfangs für 825 $ angeboten wurde. Durch Fließbandfertigung und Großserienfabrikation reduzierte sich der Preis bis 1920 auf 450 $, wodurch immer neue Bevölkerungsgruppen zu Automobilbesitzern wurden. Innerhalb eines Jahrzehnts wandelten sich die USA zu einer automobilen Gesellschaft.

Auch in Deutschland, wo die Automobilität vor dem Ersten Weltkrieg den an gewachsener Kraft und Schnelligkeit interessierten Eliten vorbehalten blieb, richtete sich die Aufmerksamkeit nunmehr auf Kleinwagen. Der erstmals 1909 von Opel für 3 950 Mark angebotene offene „Doktorwagen" für zwei Personen fand wegen seiner Wendigkeit und Bedienerfreundlichkeit immerhin in einer Größenordnung von jährlich knapp 800 Fahrzeugen Abnehmer. 1912 bezeichnete das Unternehmen den Wagen als „Volksautomobil". Das Chemnitzer Automobilunternehmen Wanderer brachte 1913 seinen zweisitzigen Typ W 3 heraus, ohne dass die Fahrzeuge mehr als einen Achtungserfolg verbuchen konnten. Der Erste Weltkrieg unterbrach die weitere Entwicklung.

Während 1919 in Frankreich Citroën eine neue Fabrik mit einer Tageskapazität von 100 Fahrzeugen mit Fließbändern ausstattete, blieben Automobile in Deutschland weiterhin ein Luxusgut. Daran änderten auch die von 1924/25 an bei Opel in Rüsselsheim und bei Hanomag in Hannover vom Band laufenden Fahrzeuge noch nichts Grundlegendes. Denn hinsichtlich der Automobildichte klaffte gegenüber Frankreich und Großbritannien und erst recht gegenüber den USA eine immense Lücke. Die Kleinwagen von Opel und Hanomag erhielten auch wegen ihres Preises von 2 950 bzw. 1 995 Reichsmark aber bereits die Bezeichnung „Volkswagen".

Die Idee eines Autos für breite Bevölkerungskreise regte Konstrukteure zu technischen Innovationen an. Der aus Ungarn stammende Béla Barényi, der sich später durch Verbesserungen der Fahrzeugsicherheit auszeichnete, skizzierte 1925 als 18-jähriger Technikumsschüler einen „Fahrgestell-Entwurf für einen Volkswagen", der im Heck einen Boxermotor vorsah und das Getriebe vor der Hinterachse positionierte. Der ebenfalls aus Ungarn stammende Motorjournalist und Konstrukteur Josef Ganz setzte sich seit Mitte der 1920er Jahre publizistisch für die Volkswagen Idee ein und trat mit Prototypen von Kleinstwagen in Gemischtbauweise hervor. Im tschechischen Nesselsdorf entwickelte der in Klosterneuburg bei Wien geborene Ingenieur Hans Ledwinka den Tatra 11, der erstmals über einen Zentralrohrrahmen, eine Pendelachse und einen luftgekühlten Zweizylinder-Boxermotor verfügte.

FORD T

Auch Ferdinand Porsche interessierte sich schon früh für Kleinwagen. Der bei Steyr 1922 konstruierte „Sascha"-Leichtbauwagen mit einem 45 PS leistenden Vierzylindermotor mit 1,1 Litern Hubraum ging nicht in die Serienproduktion. 1931 entwickelte der inzwischen als freier Konstrukteur in Stuttgart tätige Porsche im Auftrag des Motorradherstellers Zündapp einen „Qualitäts-Kleinwagen für jedermann". Der bei Porsche intern als Typ 12 bezeichnete Zweitürer verfügte über vier Sitzplätze. Der 1933 für die NSU Vereinigte Fahrzeugwerke konstruierte Typ 32 war mit Drehstabfederung und einem luftgekühlten Vierzylinder-Boxermotor im Heck ausgestattet. Die befürchtet hohen Herstell- und Investitionskosten verhinderten inmitten der Weltwirtschaftskrise bei den beiden Zweiradherstellern den Übergang zur Automobilfertigung.

Die Suche nach geeigneten technischen Lösungen für Kleinwagen war Anfang der 1930er Jahre in vollem Gange. Die öffentliche Aufmerksamkeit für die Gattung der preiswerten Volkswagen senkte aber noch nicht die hohen Haltungskosten, die einem Massenabsatz von Automobilen im Wege standen. Indem der neu ernannte Reichskanzler Adolf Hitler gleich im Februar 1933 auf der Internationalen Automobil- und Motorrad-Ausstellung in Berlin die staatliche Förderung der Motorisierung und der Automobilindustrie ankündigte, griff er nicht nur eine industriepolitische Stimmung zur Schaffung von Arbeitsplätzen auf, sondern machte die Breitenmotorisierung zum sozialutopischen Regierungsprogramm.

DER „DEUTSCHE VOLKSWAGEN" ALS „GEMEINSCHAFTSWERK" DER DEUTSCHEN AUTOMOBILINDUSTRIE, 1934 - 1937

Steuererleichterungen und die Förderung des Motorsports belebten 1933 den Automobilmarkt – die Talsohle der Weltwirtschaftskrise war durchschritten. Automobilhersteller und Konstrukteure wie Ferdinand Porsche verbanden damit die Hoffnung auf eine grundlegende Trendwende hin zur Breitenmotorisierung. Am 17. Januar 1934 reichte Ferdinand Porsche dem Reichsverkehrsministerium ein „Exposé betreffend den Bau eines deutschen Volkswagens" ein, das einen „vollwertigen Gebrauchswagen" für vier Erwachsene „mit normalen Abmessungen aber verhältnismäßig geringem Gewicht" und einer „autobahnfesten" Dauergeschwindigkeit von 100 Stundenkilometern projektierte. Gestützt auf sein technisches Renommee, das sich auch durch die in großer Zahl eingeheimsten Motorsportsiege der von ihm konstruierten Silberpfeile gemehrt hatte, fiel seine Idee bei Adolf Hitler auf fruchtbaren Boden.

Automobilunternehmen wie Opel, Ford, Adler, Stoewer oder auch die Ludwigsburger Standard Fahrzeugfabrik mit dem Superior präsentierten Versionen eines „deutschen Volkswagens" im März 1934 auf der Internationalen Automobil- und Motorrad-Ausstellung in Berlin. Ungeachtet dessen sprach sich der Diktator in seiner Eröffnungsrede am 7. März 1934 dafür aus, einen preiswerten „Wagen zu konstruieren", der der deutschen Kraftfahrzeugindustrie eine „Millionenschicht neuer Käufer erschließt". Ein Kaufpreis von 990 Reichsmark war Gegenstand öffentlicher Erörterungen.

Damit lag der Ball beim Reichsverband der Automobilindustrie (RDA), der im Mai 1934 entschied, die Entwicklung eines „deutschen Volkswagens" als „Gemeinschaftswerk" der privaten Automobilindustrie vorzunehmen. Der Branchenverband übertrug die technische Aufgabe mit einem am 22. Juni 1934 geschlossenen Konstruktionsvertrag dem Büro von Ferdinand Porsche. Denn unter den Automobilunternehmern bestanden wegen der Preisvorgabe von 990 Reichsmark große Zweifel an der wirtschaftlichen Rentabilität. Die Einbindung eines unabhängigen Konstrukteurs bot zudem die Möglichkeit, die ungelösten technischen Probleme auf eine externe Stelle abzuwälzen, die vertragsgemäß innerhalb eines Jahres einen Prototyp entwickeln sollte.

Die Porsche KG ging in Stuttgart-Zuffenhausen ans Werk und stellte den ersten Prototyp am 3. Juli 1935 der Technischen Kommission des RDA vor. Weitere Prototypen, darunter ein Cabriolet, folgten. Das Porsche-Team überwand zahllose technische Schwierigkeiten. Die Karosserie nahm Form an, Fahrgestell und Motor genügten zunehmend den Anforderungen. Am 12. Oktober 1936 wurden die drei Fahrzeuge der V3-Serie jeweils einem 50 000-Kilometer-Test unterzogen, dessen Ergebnisse im Januar 1937 in einem 96-seitigen Abschlussbericht dem RDA vorlag. Die prinzipielle Eignung des Fahrzeugs war bewiesen, jedoch untergruben Devisenmangel und Rohstoffengpässe die Aussicht auf eine rentable Fertigung. Auch blieb die Finanzierung ungeklärt. Das Volkswagen Projekt hing trotz der Lösung der grundlegenden technischen Probleme ökonomisch in der Schwebe.

FERDINAND PORSCHE   PROTOTYP VW3

8

1937 – 1945

1937 – 1945

Unternehmensgründung und Einbindung in die Kriegswirtschaft

In die Zuständigkeitslücke stieß im Januar 1937 die Deutsche Arbeitsfront (DAF), um mit der Durchführung des Prestige-Projektes ihr Image aufzubessern. Währenddessen begannen Anfang April 1937 die Tests der 30 Fahrzeuge umfassenden W30-Serie, die insgesamt mehr als zwei Millionen Testkilometer absolvierten. Am 28. Mai 1937 gründete die Deutsche Arbeitsfront in Berlin die Gesellschaft zur Vorbereitung des Deutschen Volkswagens mbH, die am 16. September 1938 in Volkswagenwerk GmbH umbenannt wurde. Im Februar 1938 begannen östlich von Fallersleben am Mittellandkanal die Bauarbeiten am Hauptwerk, das als vertikal-integrierte und weitgehend autarke Musterfabrik projektiert war. Im ersten Jahr nach der für den Herbst 1939 geplanten Eröffnung sollten 150 000 und im zweiten Jahr 300 000 Volkswagen produziert werden, um im Folgejahr die Jahreskapazität von 450 000 Fahrzeugen zu erreichen. Mittelfristig war die Fertigung von 1,5 Millionen Volkswagen vorgesehen. Die Mitarbeiterzahl sollte von 7 500 über 14 500 auf schließlich 21 000 Beschäftigte gesteigert werden. Der geschätzte Investitionsbedarf von rund 172 Millionen Reichsmark für das Gelände sowie 76 Millionen Reichsmark für die maschinelle Ausstattung war finanziell nicht gedeckt. Verkaufserlöse aus dem beschlagnahmten Immobilienbesitz der freien Gewerkschaften sollten Entlastung bringen.

Größe, technische Ausstattung und Fertigungstiefe orientierten sich am Ford-Werk River Rouge in Detroit, das als modernstes Automobilwerk der Welt galt und von Ferdinand Porsche und dem Planungsteam zwei Mal besucht wurde. Parallel zum Bau des Hauptwerks im heutigen Wolfsburg entstand in Braunschweig das Vorwerk, das Lehren und Werkzeuge zuliefern sollte und zudem für die Berufsausbildung des Fachkräftenachwuchses zuständig war. Arbeitskräfte- und Rohstoffmangel verzögerten bei beiden Vorhaben den Baufortschritt.

Für das von Ferdinand Porsche entwickelte Fahrzeug prägte Hitler während der propagandistisch inszenierten Grundsteinlegung am 26. Mai 1938 den Begriff KdF-Wagen. Begleitet von einer massiven Werbekampagne, führte die Deutsche Arbeitsfront am 1. August 1938 das KdF-Wagen-Ratensparen ein. Wer wöchentlich einen Mindestbetrag von fünf Reichsmark bei der DAF einzahlte, sollte Besitzer eines Volkswagen werden. Doch die geringe Massenkaufkraft durchkreuzte die hoch fliegenden Pläne, denn für einen Industriearbeiter blieb der Volkswagen faktisch unerschwinglich. Schlussendlich nahmen 336 000 Sparer an dem Ratensparprogramm teil, deren Zahl weit hinter den gigantischen Fabrikationsplanungen zurückblieb.

Während im Vorwerk noch 1938 die praktische Lehrlingsausbildung und auch die Produktion von Vorrichtungen und Werkzeugen startete, verschob sich aufrüstungsbedingt die Ausstattung des Hauptwerks immer weiter. Bis Kriegsbeginn am 1. September 1939 erfolgte überhaupt noch keine

ENDMONTAGE DES KÜBELWAGENS

HAUPTWERK IM HEUTIGEN WOLFSBURG

Fertigung. Die Umstellung des Werks auf die Produktion von Rüstungsgütern führte stattdessen zur Neuausrichtung des Unternehmens. Im Auftrag der Luftwaffe übernahm die Volkswagenwerk GmbH Ende 1939 Reparaturarbeiten an Flugzeugen vom Typ Ju 88 und lieferte Tragflächen und hölzerne Abwurfbehälter. Im Zuge der Heeresmotorisierung gelang 1940 der Einstieg in die Automobilfertigung. Die Serienfertigung von Kübelwagen und dann ab 1942 von Schwimmwagen etablierte ein zweites Standbein. Bis Kriegsende fertigte das Werk insgesamt 66 285 Fahrzeuge. Der Umsatz stieg zwischen 1940 und 1944 von 31 auf 297 Millionen Reichsmark.

Die Einbindung des Unternehmens in die deutsche Rüstungswirtschaft hatte nach 1941 die Angliederung von Tochterunternehmen etwa in Luckenwalde und Ustron zur Folge. 1943/44 erweiterte die Volkswagenwerk GmbH die Fertigungskapazitäten durch die Auftragsverlagerung nach Frankreich und durch den Ausbau von Eisenerz- und Asphaltstollen zu unterirdischen Fabrikationsstätten. Nach mehrmaligem Bombardement der am Mittellandkanal gelegenen Fabrikanlage schritt 1944/45 die Dezentralisierung des Unternehmens durch die Verlegung von Produktionsbereichen in provisorische Fertigungsbetriebe voran. Den Arbeitskräftebedarf der wachsenden Rüstungsproduktion deckten von Sommer 1940 an eine steigende Zahl Zwangsarbeiter. Als erste Gruppe, die durch Zwang zur Arbeitsaufnahme veranlasst wurde, kamen polnische Frauen in das Hauptwerk. Später folgte die Zuweisung von Kriegsgefangenen und KZ Häftlingen – insgesamt schätzungsweise 20 000 Personen. Sie stammten aus den vom Deutschen Reich besetzten oder dominierten Staaten Europas und bildeten 1944 zwei Drittel der Betriebsbelegschaft. In der nationalsozialistischen Kriegsgesellschaft waren Zwangsarbeiterinnen und Zwangsarbeiter faktisch rechtlos und einer gestuften rassistischen Diskriminierung ausgesetzt. Unzureichende Ernährung, physische Gewalt und Ausbeutung untergruben ihre Gesundheit und gefährdeten ihr Leben.

Die am 11. April 1945 eintreffenden amerikanischen Truppen beendeten die Rüstungsproduktion und befreiten die ausländischen Zwangsarbeiterinnen und Zwangsarbeiter. Mit dem ersehnten Ende der nationalsozialistischen Diktatur brachen auch für Volkswagen neue Zeiten an.

1937

28. MAI Drei Funktionäre der Deutschen Arbeitsfront (DAF), Paul A. Brinckmann, Alexander Halder und Werner Boltz, schließen in Berlin vor einem Notar den Gesellschaftervertrag zur Errichtung der Gesellschaft zur Vorbereitung des Deutschen Volkswagens mit beschränkter Haftung (Gezuvor). Gegenstand des Unternehmens ist die „Planung und technische Entwicklung des deutschen Volkswagens". Das Stammkapital beträgt 480 000 Reichsmark, wobei die Treuhandgesellschaft für wirtschaftliche Unternehmungen mbH (TWU) eine Stammeinlage in Höhe von 100 000 Reichsmark und die Vermögensverwaltung der Deutschen Arbeitsfront mbH (VV) eine Stammeinlage von 380 000 Reichsmark einbringt. Als Geschäftsführer werden der Konstrukteur Ferdinand Porsche, der Kaufmann Jakob Werlin und der DAF-Amtsleiter Bodo Lafferentz bestellt. Die Geschäftsräume des neuen Unternehmens befinden sich zunächst in der Kaiserallee 25. Am 2. Juni 1937 erfolgt die Eintragung der Gezuvor in das Handelsregister beim Amtsgericht Berlin. Das Unternehmen unterhält auch ein Büro in den Stuttgarter Geschäftsräumen der Porsche KG, um auch dort die technischen und sonstigen Planungen begleiten zu können.

20. JUNI Die drei Geschäftsführer der Volkswagenwerk GmbH und Mitarbeiter der Porsche KG starten zu einer Reise nach Detroit, um durch einen vierwöchigen Aufenthalt ihre Kenntnisse der fordistischen Großserienfabrikation zu erweitern und amerikanische Spezialmaschinen zu kaufen. Außerdem werden einige bei Ford beschäftigte Deutschamerikaner als Experten abgeworben.

AUGUST Fritz Kuntze, der von Ferdinand Porsche aus Detroit abgeworbene frühere Kraftwerksleiter der Ford-Fabrik River Rouge, skizziert erstmals die Fabrik, die drei parallel zum Mittellandkanal gelegene Werkshallen und einen dreistufigen Ausbau vorsieht. Neben einem Kraftwerk projektiert Kuntze auch ein Warm- und Kaltwalzwerk, eine Gießerei, eine Schmiede sowie ein Glas- und Gummiwerk, um wesentliche Fertigungsumfänge vor Ort herstellen zu können. Der Unterbringung der Belegschaft dienen die „Stadt A" und das „Dorf B".

10. SEPTEMBER Die Alpenerprobung von vier W30-Fahrzeugen einschließlich der Cabriolet-Variante beginnt. Die Strecke führt von Stuttgart über den Fernpass und den Brenner bis nach Meran. Die Rückfahrt geht über Lienz und die Turracher Höhe, den steilsten Pass der östlichen Alpen, über den Katschberg-, Tauern- und Großglockner-Pass, durch Zell am See und dann am 16. September über München wieder zurück zum Ausgangspunkt. Der 7 000 Kilometer lange Härtetest zeigt beim Vergaser, an den Bremsen und am Getriebe Verbesserungsnotwendigkeiten auf. Bis in das Jahr 1938 hinein absolvieren die W30-Fahrzeuge insgesamt mehr als zwei Millionen Testkilometer.

21. OKTOBER Eine außerordentliche Gesellschafterversammlung ergänzt mit Blick auf die zu tätigenden Grundstückskäufe und die damit zusammenhängenden Steuerverpflichtungen den Gesellschaftervertrag. Der Zweck der Gesellschaft richte sich nicht auf die „Erzielung von Gewinnen", da das Unternehmen „zur ausschließlichen Verfolgung des gemeinnützigen Zweckes der Planung und technischen Entwicklung des Deutschen Volkswagens gegründet worden" sei. Bei Auflösung der Gesellschaft oder Wegfall der Gemeinnützigkeit soll daher dessen Reinvermögen der „NS-Gemeinschaft Kraft durch Freude" zufließen. Der Sitz wird nach Berlin-Grunewald, Taubertstraße 4 verlegt.

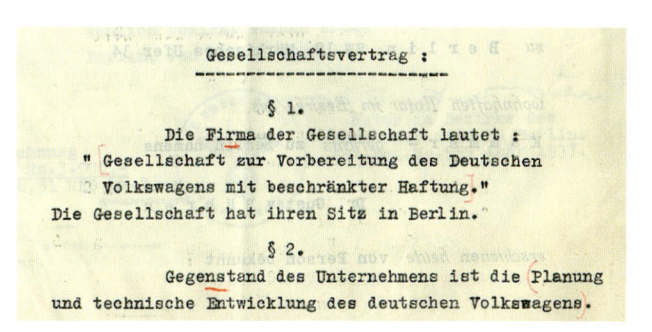

GESELLSCHAFTSGRÜNDUNG

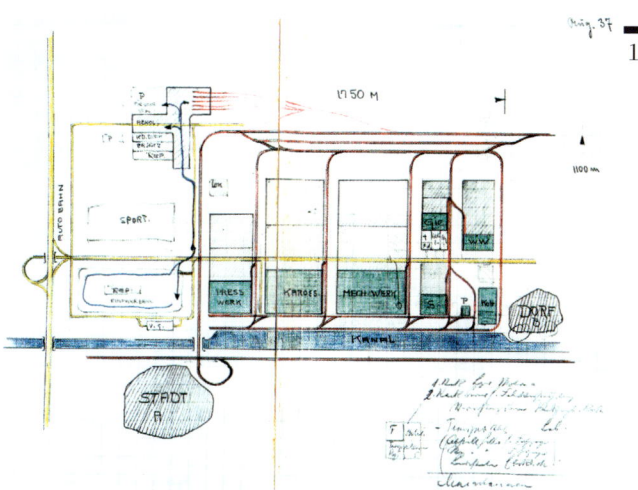

1937

W30

FABRIKSKIZZE

1938

17. JANUAR Eine Besprechung bei der von Reichsminister Hanns Kerrl geleiteten Reichsstelle für Raumordnung bestätigt formell die zuvor schon von Hitler unterstützte Standortentscheidung für das Gebiet zwischen Fallersleben und Vorsfelde. Vorteilhaft sind die zentrale Lage in der Mitte des Deutschen Reiches sowie die gute Verkehrsanbindung an das Ruhrgebiet durch den Mittellandkanal und die Eisenbahnstrecke Hannover-Berlin. Alternativen bei Angermünde an der Oder oder bei Tangermünde an der Elbe bleiben infolgedessen unberücksichtigt.

8. FEBRUAR Im heutigen Wolfsburg beginnen die Erdarbeiten für das Hauptwerk. Die Bauarbeiter werden im so genannten Gemeinschaftslager in normierten Holzbaracken untergebracht. Im Norden Braunschweigs entsteht derweil das Vorwerk, das der Produktion von Lehren und Spezialwerkzeugen sowie der Ausbildung von künftigen Facharbeitern dienen soll.

11. MÄRZ Der Vertrag zwischen der Gezuvor und der Familie von der Wense regelt den Erwerb von 620 Hektar Grundbesitz am Standort des Hauptwerks und legt den Kaufpreis auf 2,67 Millionen Reichsmark fest.

26. MAI Die Deutsche Arbeitsfront (DAF) inszeniert die Grundsteinlegung des Volkswagen Werks als Befehlsempfang durch Adolf Hitler. Drei Fahrzeugvarianten – Limousine, Rolldachlimousine und Cabriolet – werden den rund 50 000 Veranstaltungsteilnehmern gezeigt. Hitler weist in seiner Rede dem Wagen den Namen der DAF-Unterorganisation „Kraft durch Freude" zu.

8. JULI Die ersten 250 Lehrlinge werden in das Vorwerk „einberufen", obgleich die Bauarbeiten an den Lehrlingsheimen hinter den Plänen zurückliegen. Die in enger Abstimmung mit der DAF angestrebte Heranbildung von „Facharbeiterführern" vereint eine herausragende fachliche mit einer systemkonformen politischen Ausbildung. Bewerber benötigen nicht nur eine Empfehlung durch die Hitler-Jugend, diese übernimmt auch die Betreuung der auf dem Werksgelände internatsmäßig untergebrachten Jugendlichen. Zunächst außerhalb Braunschweigs in „Zwischenlagern" untergebracht, erfolgt am 16. September 1938 die Übersiedlung der Lehrlinge und ihrer Lehrer und Betreuer nach Braunschweig. Die beiden Werkhallen sind bis Jahresende soweit fertig gestellt, dass der Lehren- und Werkzeugbau mit den vorhandenen Maschinenanlagen aufgenommen werden kann.

12. JULI Der Abschluss des Kaufvertrages mit dem Grafen von der Schulenburg, der für 1 888 Hektar Fläche und Gebäude einen Kaufpreis von 8,5 Millionen Reichsmark vorsieht, bringt die bereits in Neunutzung befindlichen Flächen rund um das Hauptwerk formell in Unternehmenseigentum.

26. JULI Die Nullserienfahrzeuge VW38, deren Karosserien bei Reutter in Stuttgart hergestellt wurden, gehen bis zum 29. Juli 1938 auf Erprobungsfahrt durch die Berge. Die produzierten 30 Exemplare fahren auf Werbetour durch zahlreiche Städte in allen Teilen des Deutschen Reiches.

VORWERK IM BAU

GRUNDSTEINLEGUNG

1938

1. AUGUST Bei einem Betriebsappell im IG-Farben-Werk in Leverkusen gibt Robert Ley, der Leiter der Deutschen Arbeitsfront, den Start des „KdF-Wagen-Sparens" bekannt. Der politisch festgelegte Kaufpreis von 990 Reichsmark kann durch eine wöchentliche Mindestsparsumme von fünf Reichsmark bei der DAF aufgebracht werden. Bis Kriegsende nahmen 336 638 Sparer am KdF-Wagen-Sparen teil. Ihre Zahl bleibt aber weit hinter den Erwartungen der DAF und erst recht hinter der Vision einer massenmotorisierten Gesellschaft zurück. Darüber hinaus sind Lohnempfänger angesichts ihres geringen Durchschnittseinkommens stark unterrepräsentiert. An Sparer werden bis Kriegsende keine KdF-Wagen ausgeliefert.

10. SEPTEMBER Die zum Bau des Westwalls abgezogenen deutschen Bauarbeiter werden durch Italiener ersetzt. Innerhalb von drei Tagen treffen am Bahnhof Fallersleben 2 400 Männer ein, die auf Basis eines Abkommens der DAF mit der Confederazione generale fascista dell'industria italiana, ihrer faschistischen Schwesterorganisation, zeitweilig beim Aufbau des Werks und der Stadt helfen sollen. Italiener, die deutschen Arbeitern in Lohn und Arbeitszeit gleichgestellt sind, stellen schon bald die größte Gruppe der Bauarbeiter. Ihre Zahl steigt bis Sommer 1939 auf 6 000 Mann an.

16. SEPTEMBER Eine außerordentliche Gesellschafterversammlung erhöht wegen der hohen Kosten der Bauarbeiten und der Maschinenausstattung das Stammkapital der Gesellschaft von 480 000 auf 50 Millionen Reichsmark, von denen die DAF-Vermögensverwaltungsgesellschaft 49,9 Millionen und die Treuhandgesellschaft für wirtschaftliche Unternehmungen 100 000 Reichsmark hält. Der Unternehmensname wird in Volkswagenwerk GmbH geändert. Auf Drängen des Aufsichtsratsvorsitzenden, des DAF-Spitzenfunktionärs Heinrich Simon, erfolgt im Handelsregister die Eintragung: „Das Unternehmen hat die Aufgabe, den der Deutschen Arbeitsfront vom Führer und Reichskanzler erteilten Auftrag zur Herstellung, Weiterentwicklung und zum Vertrieb des Volkswagens durchzuführen und andere für die gesamte Deutsche Volkswirtschaft wichtige Erzeugnisse herzustellen und zu vertreiben." Darüber hinaus wird die Einrichtung eines siebenköpfigen Aufsichtsrats beschlossen, in den auch die drei weiterhin als Geschäftsführer tätigen Herren Porsche, Werlin und Lafferentz berufen werden.

29. SEPTEMBER In der konstituierenden Sitzung des Aufsichtsrats wird unter anderem die Geschäftsführung wegen der erweiterten Unternehmensaufgaben um vier Geschäftsführer auf sieben vergrößert. Alle Neuregelungen werden am 13. Oktober 1938 in das Handelsregister eingetragen.

WERBEBROSCHÜRE „DEIN KDF-WAGEN"   ITALIENISCHE BAUARBEITER IM HAUPTWERK   1938

BELEGSCHAFT

	Volkswagenwerk GmbH
Beschäftigte	1.127

FINANZDATEN (IN MIO. REICHSMARK)

	Volkswagenwerk GmbH
Umsatz	0
Verlust	-9,0

1939

17. FEBRUAR Der KdF-Wagen wird auf der Internationalen Automobil- und Motorrad-Ausstellung in Berlin der Öffentlichkeit, aber auch deutschen und internationalen Pressevertretern vorgestellt. Zu Testzwecken können Journalisten mit dem Fahrzeug zur Baustelle des Hauptwerks im heutigen Wolfsburg fahren.

APRIL Die Bauarbeiten bleiben aufgrund fehlender Rohstoffe und Arbeitskräfte um rund 10 Prozent hinter den Vorgaben zurück. Dennoch erfolgt in den vier Produktionshallen, der Südrandbebauung und im Kraftwerk der Innenausbau. Die maschinelle Ausrüstung wird eingebaut. Die Neubauleitung liegt in den Händen von Karl Kohlbecker. Bekannte Architekten wie Emil Rudolf Mewes, aber auch Martin Schupp und Fritz Kremmer tragen zur Entwurfsplanung bei. Allerdings verharren Sozialeinrichtungen wie das „Gesundheitshaus" oder das „Gefolgschaftshaus" im Planungsstadium.

12. APRIL Im Vorwerk in Braunschweig öffnet die bestens ausgestattete Werkberufsschule, während die praktische Ausbildung des am 15. Mai hinzugekommenen zweiten Lehrlingsjahrgangs mit 307 Jungen in der Lehrwerkstatt erfolgt.

16. AUGUST Die Borsig-Turbine des am Mittellandkanal errichteten Kraftwerks wird erstmals belastet. Zusammen mit den Wasserreinigungsanlagen und dem 20-atü-Kessel wird eine rudimentäre Energie- und Dampfversorgung gewährleistet. Die Erdarbeiten für das 83 Meter breite und 74 Meter lange Kraftwerk begannen im April 1938, die Hochbauten an dem 64 Meter hohen Kraftwerksgebäude starteten am 26. August 1938. Das Kraftwerk arbeitet nach dem Prinzip der Kraft-Wärme-Kopplung und versorgt das Werk und die entstehende Stadt mit Strom und Wärme. Die Anlieferung der Kohlen erfolgt über den Mittellandkanal.

21. SEPTEMBER In Verhandlungen mit dem Generalluftzeugmeister erreicht die Geschäftsführung für das Volkswagen Werk die Funktion eines „selbstständigen Unterlieferanten für das Ju 88-Programm" innerhalb des Junkers-Fertigungsrings. Damit werden dem Werk Aufträge der Junkers Flugzeug- und Motorenwerke AG, des größten staatlichen Flugzeugunternehmens, zur Flugzeugreparatur und zur Serienherstellung von Tragflächen übertragen. Die Luftrüstung bleibt während des Zweiten Weltkrieges der größte Umsatzposten.

16. OKTOBER Im Zuge der vorgesehenen Einbindung der Volkswagenwerk GmbH in die Rüstungsproduktion entscheidet die Unternehmensleitung, die Fabrik auf die „Sonderproduktion" der Wehrmacht umzustellen. Die Zivilfertigung von KdF-Wagen wird illusionär, weshalb der vom Heereswaffenamt erteilte Auftrag zur Entwicklung und Herstellung von elf Kübelwagen Typ 82 und von zwei Fahrzeugen des vierradgetriebenen Typs 87 die Hoffnung weckt, den Aufbau einer Serienfertigung mit einer militärischen Variante zu realisieren.

HAUPTWERK IM ROHBAU    LEHRWERKSTATT IM VORWERK   1939

TURBINENSATZ IM KRAFTWERK

BELEGSCHAFT

	Volkswagenwerk GmbH
Beschäftigte	4.826

FINANZDATEN (IN MIO. REICHSMARK)

	Volkswagenwerk GmbH
Umsatz	0,9
Verlust	-8,5

1940

JANUAR Die Zentrale der Volkswagenwerk GmbH zieht innerhalb von Berlin in die Knesebeckstraße 48/49 um.

JUNI Die ersten 300 Frauen aus Polen treffen im Hauptwerk ein und werden in der Herstellung von hölzernen Abwurfbehältern eingesetzt. Polen bilden die erste Zwangsarbeitergruppe, die durch Kennzeichnungspflicht, Unterbringung in geschlossenen Lagerunterkünften, beschränkte Bewegungsfreiheit und Benachteiligung bei Entlohnung und Behandlung diskriminierenden Bedingungen ausgesetzt ist. Die entrechteten Polen unterliegen ausschließlich der Polizeiexekutive.

3. AUGUST Die Produktion des Kübelwagens VW 82 läuft im Hauptwerk an. Die Vorserienfahrzeuge und die ersten 25 VW 82 entstanden bei Porsche in Stuttgart. Der auf Basis der KdF-Limousine für den militärischen Einsatz entwickelte offene Kübelwagen mit 27,5 Zentimetern Bodenfreiheit und einem 25 PS leistenden Boxermotor mit 1 131 Kubikzentimetern Hubraum zeichnet sich durch seine Geländegängigkeit und Robustheit aus. Die Karosserien liefert Ambi Budd aus Berlin-Johannisthal per Bahn zu. Am 20. Dezember verlässt das eintausendste Fahrzeug die Fertigungsbänder.

31. OKTOBER Das Stammkapital der Gesellschaft wird durch die außerordentliche Gesellschafterversammlung auf 100 Millionen Reichsmark verdoppelt. Die DAF-Vermögensverwaltungsgesellschaft hält 99,9 Millionen Reichsmark, den Rest die Treuhandgesellschaft für wirtschaftliche Unternehmen.

VW 82

25. NOVEMBER Die Braunschweiger Flugzeugreparatur GmbH vermietet der Volkswagenwerk GmbH auf dem Flughafen in Waggum ihre 1937 errichtete Flughalle, damit der Flugplatz für den Einflugbetrieb der reparierten Junkers-Flugzeuge genutzt werden kann. Volkswagen errichtet in Flugplatznähe zwei weitere Hallen, in denen Flugzeuge vom Typ Ju 88, aber auch die Do 17 und die He 111 instand gesetzt werden.

FLUGZEUGREPARATUR- UND EINFLUGBETRIEB WAGGUM

1940

FAHRZEUGPRODUKTION

	Volkswagenwerk GmbH
Kübelwagen	1.006

BELEGSCHAFT

	Volkswagenwerk GmbH
Beschäftigte	8.876

FINANZDATEN (IN MIO. REICHSMARK)

	Volkswagenwerk GmbH
Umsatz	31,4
Verlust	-12,8

1941

22. APRIL Das am 20. Januar 1941 von der Wiener Schrauben- und Schmiedewaren-Fabriks AG, Brevillier & A. Unger & Söhne erworbene Schmiedewerk in Ustron wird in die Schmiedewerk Ustron GmbH mit Sitz in Berlin umgewandelt. Geplant ist, das Werk zu einer Groß-Schmiede zu erweitern, die nach dem Krieg der Volkswagenwerk GmbH die für die Fertigung von jährlich 450 000 Pkw benötigten Schmiedeteile liefern soll. Damit wird das ursprüngliche Konzept eines Vertikalkonzerns wieder aufgegriffen. Die Übergabe des Werks erfolgt am 1. Juli 1941. Die Fabrik beschäftigt zur Jahreswende 1941/42 insgesamt 687 Personen und beliefert vor allem die Reichsbahn und die Wehrmacht. Das von der Volkswagenwerk GmbH beauftragte Auftragsvolumen steigt bis Mai 1942 von 10 auf 284 Tonnen. Eine vollständige Belieferung der Kfz-Fertigung durch die Konzerntochter kann allerdings nicht realisiert werden.

10. JUNI Nachdem Otto Dyckhoff wegen seines Wechsels zur Bayerischen Motorenwerke AG am 9. Juni 1941 mit Wirkung zum 15. Juni 1941 sein Mandat als Geschäftsführer der Volkswagenwerk GmbH niedergelegt hatte, beschließt der Aufsichtsrat im Umlaufverfahren auf Antrag der drei Geschäftsführer Felix Schmidt, Ferdinand Porsche und Bodo Lafferentz, Rechtsanwalt Dr. Anton Piëch, den Schwiegersohn von Ferdinand Porsche, zum weiteren Geschäftsführer zu bestellen. Piëch übernimmt die Leitung des Hauptwerks. Damit geht eine umfassende Neuausrichtung des Volkswagen Werks auf Großprojekte einher, um Skaleneffekte bei der Produktion zu erzielen und die Auslastung zu verbessern.

1. JULI Die Kapitalerhöhung um 50 Millionen Reichsmark auf das neue Stammkapital von 150 Millionen erfolgt auf einer außerordentlichen Gesellschafterversammlung. Davon hält die DAF-Vermögensverwaltungsgesellschaft 145 und die Treuhandgesellschaft für wirtschaftliche Unternehmungen fünf Millionen Reichsmark.

11. JULI Der erste von 41 im Jahresverlauf gefertigten KdF-Wagen läuft vom Band. Ein erst Monate später aufgenommenes Foto, das den Beginn der Serienfertigung festzuhalten vorgibt, soll die Illusion aufrechterhalten, dass der Start der Großserienproduktion unmittelbar nach einem deutschen Sieg über die Sowjetunion bevorstehe. Die 630 bis Kriegsende im Hauptwerk produzierten KdF-Limousinen gehen an die Eliten der NS-Diktatur.

5./6. SEPTEMBER Die Volkswagenwerk GmbH übernimmt die zuvor vom Deutschen Reich arisierte Luckenwalder Feintuchfabrik GmbH, vormals Tannenbaum, Pariser & Co.. Die Grundstücke und Gebäude nimmt die Volkswagenwerk GmbH direkt in ihr Eigentum. Da das bereits stillliegende Textilunternehmen keine Produktionserlaubnis erhält, erfolgen dort nur Veredlungsarbeiten und die Vermietung von freien Räumlichkeiten. Ende 1942 arbeiten in Luckenwalde 11 Angestellte, 53 Arbeiter und 65 Kriegsgefangene. Darüber hinaus entsteht 1944 auf dem Werksgelände eine Groß-Reparaturwerkstatt für Volkswagen Motoren.

OKTOBER Die ersten 120 sowjetischen Kriegsgefangenen kommen als Zwangsarbeiter in das Hauptwerk, weitere 745 folgen bis zum Jahresende. Infolge der Aushungerungspolitik der Wehrmacht sind die Gefangenen bei ihrer An-

SOWJETISCHE
KRIEGSGEFANGENE

FERTIGUNG VON OT-ÖFEN

IM HAUPTWERK
GEFERTIGTE KDF-WAGEN

kunft stark geschwächt und unfähig, schwere körperliche Arbeit auszuführen. Die erlittene Unterernährung und Infektionskrankheiten führen bis Jahresende zu 27 Sterbefällen. An Fleckfieber erkrankte oder stark geschwächte Personen werden in die Kriegsgefangenenlager der Wehrmacht zurücktransportiert.

11. DEZEMBER Im Hauptwerk läuft zur Versorgung der auf den Wintereinbruch unzureichend vorbereiteten deutschen Truppen an der Ostfront die Produktion von OT-Öfen an. Die Übernahme solcher Aufträge trägt zur höheren Auslastung des Werks bei und erweist sich als gewinnbringend. Mit den bis Ende 1942 hergestellten 221 505 OT-Öfen erzielt das Unternehmen einen Umsatz von fast 6 Millionen Reichsmark und einen Bruttogewinn von 1,9 Millionen Reichsmark.

1941

FAHRZEUGPRODUKTION

	Volkswagenwerk GmbH
Limousinen	41
Kübelwagen	4.609
Gesamt	4.650

BELEGSCHAFT

	Volkswagenwerk GmbH
Beschäftigte	12.712

FINANZDATEN (IN MIO. REICHSMARK)

	Volkswagenwerk GmbH
Umsatz	73,1
Verlust	-0,2

1942

19. MÄRZ Rüstungsminister Albert Speer erreicht bei Hitler, dass die Pkw-Fertigung im Deutschen Reich ausschließlich bei der Volkswagenwerk GmbH erfolgt. Direktor Hans Mayr übernimmt im Rahmen der Selbstverwaltung der deutschen Industrie die Leitung des Sonderausschusses Pkw im Hauptausschuss Kraftfahrzeuge.

APRIL Teile der Flugzeugfertigung werden in die Fabrikationshallen der Neudeker Wollkämmerei und Kammgarnspinnerei verlagert, die von der Dresdner Bank AG gemietet werden. Dort konzentriert sich zunehmend die Fertigung für die Luftrüstung.

8. APRIL Das nach Besprechungen mit Adolf Hitler und Heinrich Himmler abgestellte Häftlingskommando des auf dem Werksgelände eingerichteten Konzentrationslagers Arbeitsdorf nimmt mit zunächst 400 Mann die Ausbauarbeiten an der Leichtmetallgießerei auf. Mindestens fünf der insgesamt 900 Häftlinge sterben. Auf Befehl von Rüstungsminister Albert Speer, der dem Bauvorhaben die Kriegswichtigkeit abspricht, werden die KZ-Häftlinge am 4. Oktober 1942 abgezogen.

10. AUGUST Der VW 166, der allradgetriebene schwimmfähige Kradschützenwagen, geht im Hauptwerk in die Serienproduktion. Die Schwimmwanne liefert die Firma Ambi Budd aus Berlin zu. Die Entwicklungsarbeiten eines zunächst größeren Schwimmwagens begannen im Juni 1940. Die Nachfrage der Militärs nach einem extrem wendigen und besonders geländegängigen Militär-Pkw wächst, weshalb die Porsche KG den Radstand auf 2 Meter verkürzt und die Spurbreite auf 1,23 Meter verkleinert. Bis Jahresende fertigt das Hauptwerk 511 VW 166.

1. NOVEMBER Die westlich der Fabrikationshallen gelegene Zentralküche nimmt die Versorgung der im Südrandbau untergebrachten Speisesäle auf.

31. DEZEMBER Bis Jahresende erhalten im Vorwerk 492 Mitarbeiter ihre Einberufung zur Wehrmacht, darunter auch 106 Jugendliche der Jahrgänge 1923/24, die sich für 12 Jahre zur Wehrmacht verpflichten. Die Abgänge werden durch 261 neue Lehrlinge und 398 Ausländer ersetzt, die in Wohnbaracken auf dem Werksgelände unterkommen.

31. DEZEMBER Die Ausbringung von reparierten Flugzeugen durch die werkseigene Werft in Waggum steigt im Jahresverlauf auf 253 Stück. 37 weitere warten wegen fehlender Triebwerke noch auf ihre Komplettierung. Die Reparatur von Rümpfen und Tragflächen nimmt ebenso deutlich zu wie die Neufertigung von Landeklappen sowie Seiten- und Höhenrudern.

SOWJETISCHE KRIEGSGEFANGENE
AM KÜBELWAGEN-BAND

TRAGFLÄCHENREPARATUR IM HAUPTWERK

1942

FAHRZEUGPRODUKTION

	Volkswagenwerk GmbH
Limousinen	157
Kübelwagen	8.549
Schwimmwagen	511
Gesamt	9.238

BELEGSCHAFT

	Volkswagenwerk GmbH
Beschäftigte	16.246

FINANZDATEN (IN MIO. REICHSMARK)

	Volkswagenwerk GmbH
Umsatz	151,2
Gewinn	0,3

LEICHTMETALLGIESSEREI

1943

15. MAI 205 niederländische Studenten, die nach der verweigerten Loyalitätserklärung gegenüber der deutschen Besatzungsmacht zur Zwangsarbeit veranlasst werden, treffen im Werk ein. Die Zahl der niederländischen Arbeiter steigt bis Frühjahr 1944 auf 750 an. Niederländer sind deutschen Arbeitern im Hinblick auf Entlohnung, Versorgung und Unterbringung gleichgestellt.

31. AUGUST Die Volkswagenwerk GmbH, die seit Januar 1943 als Hauptlieferant vorgesehen ist, liefert die ersten 100 Zellen der als V1 bekannten Flugbombe Fi 103 aus. Ende September sind bei der Flugbombenherstellung bereits mehr als 1 500 Arbeitskräfte beschäftigt. Nach Bombardierung der Gerhard-Fieseler-Werke am 22. Oktober 1943 erhält das Volkswagen Werk eine zentrale Bedeutung für das nationalsozialistische Vergeltungs-Waffen-Programm, das hohe Umsätze sichert.

OKTOBER Im Hauptwerk treffen am Monatsanfang die ersten Transporte mit zunächst 1 441 italienischen Militärinternierten des Arbeitskommandos 6024 ein, die nach dem Sturz Mussolinis und dem Waffenstillstandsabkommen mit den Westalliierten von der Wehrmacht im Mittelmeerraum festgesetzt und zur Zwangsarbeit nach Deutschland deportiert worden waren. Am 11. Oktober folgen 200 italienische Offiziere.

13. OKTOBER Eine außerordentliche Gesellschafterversammlung hebt die im Gesellschaftsvertrag enthaltenen Regelungen über den Aufsichtsrat auf, der damit seine Tätigkeit einstellt. Die Aufsicht über die Gesellschaft übt stattdessen der Amtsleiter für die wirtschaftlichen Unternehmungen der Deutschen Arbeitsfront, Heinrich Simon, aus. Immobiliengeschäfte, die Errichtung und Erweiterung von Betriebsanlagen, die Art der Fabrikationsprogramme, aber auch Beteiligungen und die Bestellung von Geschäftsführern und Prokuristen unterliegen seinem Zustimmungsvorbehalt.

NOVEMBER Das Rüstungsministerium ernennt die Volkswagenwerk GmbH zur „Patenfirma" für die S.A. des Automobiles Peugeot, wodurch ein Zugriff auf die dortigen Fertigungskapazitäten erreicht werden soll. Den ersten Auftrag zur Entwicklung und Herstellung von zwei Gießkokillen erteilte Volkswagen der Firma Peugeot bereits am 24. Juli 1941, jetzt folgen Aufträge zur Fertigung von Zylinderköpfen sowie Kurbel- und Getriebegehäusen und zur Herstellung von Triebwerksverkleidungen.

ABTRANSPORT VON FLUGBOMBEN
AUS DEM HAUPTWERK

GRUPPENBILD NIEDERLÄNDISCHER STUDENTEN 1943

FAHRZEUGPRODUKTION

	Volkswagenwerk GmbH
Limousinen	303
Kübelwagen	17.029
Schwimmwagen	8.258
Gesamt	26.177

BELEGSCHAFT

	Volkswagenwerk GmbH
Beschäftigte	19.500

FINANZDATEN (IN MIO. REICHSMARK)

	Volkswagenwerk GmbH
Umsatz	231,8
Gewinn	10,1

1944

17. MÄRZ Der Volkswagenwerk GmbH wird für die geplante Untertageverlagerung von Produktionsbereichen der Luftrüstung die Eisenerzgrube Tiercelet in Lothringen zugewiesen. Sie wird innerhalb von sechs Monaten von Zwangsarbeitern, darunter jüdische KZ-Häftlinge, zu einer Untertagefabrik ausgebaut. Durch die staatliche Finanzierung des Gesamtvorhabens erscheint die Ausweitung der Fertigungskapazität lohnenswert. Im August 1944 beendet die Annäherung alliierter Truppen das auf illusorischen Planungen basierende Vorhaben. 300 KZ-Häftlinge und die Maschinen werden zunächst in Tunnelanlagen bei Dernau und am 30. September 1944 in das KZ Mittelbau-Dora verlegt.

8. APRIL Amerikanische Flugzeuge bombardieren das Hauptwerk. Die 500 Spreng- und 450 Brandbomben beschädigen die Halle 3, den Werksbahnhof, die Südrandbebauung und die Sheddächer der Hallen 2, 3 und 4. Infolge des Angriffs sterben 13 Menschen, 40 werden verletzt.

5. MAI Im Zusammenhang mit dem Vorhaben zur Untertageverlagerung der Fi-103-Produktion in Tiercelet wird auf Initiative des Reichsluftfahrtministeriums zu Tarnungszwecken in Berlin die Minette GmbH mit einem Stammkapital von 10 Millionen Reichsmark gegründet. Das Tochterunternehmen bündelt die Luftrüstungsaktivitäten in den unterirdischen Produktionsanlagen.

29. MAI Um für die Flugbombenproduktion Arbeitskräfte zu erhalten, trifft aus dem Konzentrationslager Auschwitz-Birkenau eine Gruppe von 300 Juden im Hauptwerk ein. Mit ihren SS-Wachmannschaften in umgebauten Waschkauen der Halle 1 untergebracht, werden die KZ-Häftlinge dem Montageband der Fi-103-Flugbombe zugewiesen. Ende Juni 1944 erfolgt der Abtransport der Häftlinge nach Tiercelet.

31. MAI Etwa 800 Häftlinge aus dem KZ Neuengamme treffen auf dem Laagberg ein, um dort einen Barackenkomplex zu errichten. Sie müssen unter SS-Bewachung körperlich schwere Ausschachtungs- und Bauarbeiten ausführen.

20. JUNI Im Rahmen der Operation Crossbow zur Ausschaltung der V-Waffen-Fertigung kommt es am 20. und 29. Juni zu schweren Bombardements, wobei insgesamt 178 Flugzeuge 401 Tonnen Spreng- und Brandbomben auf das Hauptwerk abwerfen. Die Schäden sind beträchtlich, da alle Hallen und auch das Kraftwerk getroffen werden. Unter den Toten sind auch einige Ausländer, die „wegen Plünderns erschossen" werden.

JULI Ein Transport ungarischer Jüdinnen aus dem KZ Auschwitz kommt im Hauptwerk an. Ihnen folgt im November eine Gruppe jüdischer Frauen aus Bergen-Belsen. Im Januar 1945 gelangen weitere Frauen, die als Partisaninnen aus Jugoslawien deportiert wurden, ins Hauptwerk. Ihre Unterbringung erfolgt in umgebauten Waschkauen der Halle 1. Das Frauenkommando gehört zum Außenlagersystem des KZ Neuengamme. Die Jüdinnen arbeiten anfänglich am Fertigungsband für die von 1942 an im Werk gefertigten Tellerminen. Ab November 1944 stellen die Häftlinge auch Panzerfäuste her.

UNTERTAGEFABRIK IN TIERCELET

1944

BOMBENSCHÄDEN IM HAUPTWERK

KZ-AUSSENLAGER AM LAAGBERG

5. AUGUST Ein amerikanischer Luftangriff richtet unter anderem im Presswerk schwere Schäden an. Die Fertigung wird zeitweilig unterbrochen, nach Verlegung beispielsweise des Motormontagebandes in das Sockelgeschoss aber rasch wieder aufgenommen. Außerdem werden Betriebsabteilungen mit ihren Maschinen und den Materiallagern dezentralisiert und in der näheren und weiteren Umgebung in stillgelegten Kartoffelflockenfabriken, Gastwirtschaftssälen oder Kalischächten untergebracht.

9. AUGUST Die Geschäftsführung fasst den Entschluss, die Auslagerung der Produktion mit aller Kraft voranzutreiben, auch um die Maschinenausstattung zu retten. Die Wahl fällt auf Asphaltgruben der Deutschen Asphalt AG in der Nähe von Eschershausen. Die unter der Tarnbezeichnung Hecht projektierten Ausbauvorhaben übersteigen die Dimensionen des Hauptwerks. Obwohl die Pläne auf ein Zehntel zurückgefahren werden, bleiben die Vorgaben illusorisch. Am 14. September 1944 werden zunächst 250 Häftlinge aus dem Konzentrationslager Buchenwald in ein eigens eingerichtetes Außenlager verlegt, um die erforderlichen Infrastrukturarbeiten zu beschleunigen.

12. SEPTEMBER Infolge der Beschädigungen des Montagebandes und der auslaufenden Bestellungen endet die Fertigung des Schwimmwagens VW 166 nach 14 276 Einheiten.

13. OKTOBER Das Hauptwerk erhält im Rahmen der „Schnellaktion Panzerfaust" einen Auftrag zur Fertigung von 900 000 Geschossköpfen. Im November erfolgt die Umstellung auf die Fertigung kompletter Panzerfäuste.

23. OKTOBER Die staatliche Mittelwerk GmbH übernimmt von der Volkswagenwerk GmbH den Hauptauftrag zur Großserienfertigung der Fi 103. 300 KZ-Häftlinge, die zuvor für die Volkswagenwerk GmbH tätig sein mussten, werden in das für viele tödliche KZ-Hauptlager Mittelbau-Dora überstellt, um dort die Flugbombenfertigung fortzuführen.

31. DEZEMBER Die Kriegsschäden belaufen sich auf insgesamt 156 Millionen Reichsmark, von denen bis Ende 1944 86 Millionen Reichsmark anerkannt werden. Eine Abschlagszahlung von 70 Millionen Reichsmark bildet den größten Einzeleinnahmeposten.

TELLERMINEN-FERTIGUNG

ZUGANG ZUR ASPHALTGRUBE BEI HOLZEN

1944

ENDE DER SCHWIMMWAGEN-PRODUKTION

FAHRZEUGPRODUKTION

	Volkswagenwerk GmbH
Limousinen	129
Kübelwagen	15.005
Schwimmwagen	5.507
Gesamt	20.884

BELEGSCHAFT

	Volkswagenwerk GmbH
Beschäftigte (am 30.4.)	19.065

FINANZDATEN (IN MIO. REICHSMARK)

	Volkswagenwerk GmbH
Umsatz	297,6
Gewinn	10,3

1945

31. MÄRZ Das KZ-Außenlager Hecht/Stein in Holzen wird von der SS geräumt. Während die größere Gruppe per Bahn in das Hauptlager Buchenwald gebracht wird, gehen die 350 restlichen Häftlinge über Salzgitter auf Transport nach Bergen-Belsen. Viele kommen bei einem Luftangriff auf den im Bahnhof Celle stehenden Zug und durch Gewaltverbrechen ums Leben.

7. APRIL Im Vorgriff auf die alliierte Besetzung erfolgt der Abtransport der weiblichen KZ-Häftlinge nach Salzwedel, wo sie am 14. April ihre Befreiung durch amerikanische Truppen erleben. Die in das Konzentrationslager Wöbbelin bei Ludwigslust gebrachten Männer des KZ-Außenlagers am Laagberg werden erst am 2. Mai 1945 befreit.

10. APRIL Mit der Fertigung der letzten 50 Kübelwagen endet die 66 285 Fahrzeuge umfassende Kraftfahrzeugfertigung des Krieges. Im Januar 1945 wird mit 2 092 VW 82 nochmals eine erstaunlich hohe Produktionszahl erreicht, die in den Folgemonaten auf 850, 994 und 393 Kübelwagen zurückgeht.

BEFREITE ZWANGSARBEITER DES HAUPTWERKS

BEFREIUNG DER KZ-HÄFTLINGE
IN WÖBBELIN

1945

FAHRZEUGPRODUKTION (BIS 10.4.1945)

Volkswagenwerk GmbH	
Kübelwagen	4.329

BELEGSCHAFT (AM 10.4.1945)

Volkswagenwerk GmbH	
Beschäftigte	10.378

FINANZDATEN (IN MIO. REICHSMARK)

Volkswagenwerk GmbH	
Umsatz (bis 28.2.)	13,7

34

1945 – 1949

1945 – 1949

Das Werk der Briten

Mit der Besetzung der Fabrik durch amerikanische Truppen im April 1945 begann der Umbau des Rüstungsbetriebs zu einem zivilen Automobilunternehmen, das Hoffnung auf eine bessere Zukunft machte. Als größter und wichtigster Arbeitgeber einer industriearmen Region sicherte Volkswagen das Überleben der ansässigen Bevölkerung. Die Fabrik gab den Menschen Arbeit, Wohnraum und Nahrung. Dieser Funktion war sich die britische Militärregierung, die im Juni 1945 Treuhänderin des Unternehmens geworden war, wohl bewusst. Ihre Entscheidung freilich, eine zivile Produktion aufzubauen und die Volkswagen Limousine in Serie zu fertigen, folgte zuallererst dem Bedarf an zusätzlichen Transportmitteln zur Wahrnehmung der Besatzungsaufgaben, zumal der Krieg den Bestand der britischen Militärfahrzeuge verringert hatte. Die Produktionsverpflichtung für die Besatzungsmächte und britischer Pragmatismus bewahrten das Volkswagen Werk vor der drohenden Demontage.

Seine Stellung als britischer Regiebetrieb verschaffte dem Volkswagen Werk eine Reihe von Vorteilen. Die Militärregierung veranlasste die für den Produktionsanlauf notwendigen Kredite und räumte mit Befehlsgewalt manche Hindernisse aus dem Weg. Weil das Unternehmen für die Alliierten produzierte, erhielt es Vorrang bei der Belieferung mit knappen Rohstoffen. Dieses Privileg war in den Jahren der Zwangsbewirtschaftung kaum zu überschätzen. Denn der für die Autoproduktion unentbehrliche Stahl wurde wie die meisten Rohstoffe über ein Quotensystem zugeteilt.

Für den Aufbau einer zivilen Serienfertigung brachte das Volkswagen Werk selbst günstige Startbedingungen mit. Trotz größerer Schäden an den Werksgebäuden hatte der zum Teil ausgelagerte Maschinenpark die alliierten Bombenangriffe weitgehend unversehrt überstanden. Bei ausreichender Kohlenversorgung machte das werkseigene Kraftwerk die Produktion gegen die häufigen Stromabschaltungen in der Nachkriegszeit weitgehend unempfindlich. Zudem verfügte das Unternehmen über ein eigenes Presswerk, und das Vorwerk in Braunschweig kompensierte durch Eigenfertigung von Betriebsmitteln und Fahrzeugteilen zumindest teilweise die stark eingeschränkte Produktion der Zulieferindustrie.

Trotz britischer Protektion beeinträchtigten Material- und Energieengpässe die am 27. Dezember 1945 anlaufende Produktion der Volkswagen Limousine merklich. Die Stahlkontingente wurden häufig verspätet zugeteilt, und wegen Rohstoffmangels konnten die Zulieferer den Bedarf des

ACHSENFERTIGUNG

Unternehmens nur lückenhaft decken. Von ihrer frühen Planung, von Januar 1946 an monatlich 4 000 Pkw für Besatzungszwecke zu fertigen, musste sich die britische Militärregierung rasch verabschieden. Die befohlene Monatsproduktion wurde schließlich auf 1 000 Wagen nach unten korrigiert und pendelte bis zur Währungsreform um diese Marge. Auf Anordnung der Briten hatte die deutsche Werkleitung zwei Mal zuvor den Versuch unternommen, das Fertigungsniveau schrittweise auf 2 500 Wagen im Monat anzuheben. Diese Vorhaben stießen jedoch an die Grenzen der Rohstoff- und Materialbewirtschaftung. Erschwerend trat hinzu, dass die Beschäftigten unter Mangelernährung und allgemeiner Erschöpfung litten. Die hohe Abwesenheitsquote in den ersten beiden Nachkriegsjahren resultierte auch aus der Notwendigkeit, durch Hamsterfahrten und Schwarzmarktgeschäfte das Überleben zu sichern. Die Versorgung der Werksangehörigen mit Lebensmitteln und Kleidung war deshalb eine vordringliche Aufgabe, die schrittweise an den Betriebsrat delegiert wurde und einen Großteil seiner Energien band.

Einer Produktionsausweitung stand als zweites entscheidendes Hindernis der Mangel an Arbeitskräften entgegen. Erschwert wurde die Rekrutierung einer neuen Stammbelegschaft durch fehlenden Wohnraum und die hohe Fluktuation der Beschäftigten. Für viele Flüchtlinge und Umsiedler aus den ehemaligen deutschen Ostgebieten, die auf der Suche nach Unterkunft und Verpflegung zu Tausenden nach Wolfsburg kamen, stellte die Arbeit im Volkswagen Werk nur eine Zwischenstation auf dem Weg nach Westdeutschland dar. Die allgemeine Abwanderungstendenz wurde durch den chronischen Wohnungsmangel in Wolfsburg verstärkt. Provisorisch waren die meisten Werksangehörigen, getrennt von ihren Familien, in kargen Lagerbaracken untergebracht, in denen zuvor die Zwangsarbeiter hatten hausen müssen. Begehrte Facharbeiter ebenso wie Führungskräfte konnten unter diesen Bedingungen nur schwerlich gehalten oder angeworben werden. Weil an einen Wohnungsneubau in den ersten Nachkriegsjahren nicht zu denken war, verlegte sich das Unternehmen notgedrungen auf die Renovierung und den Ausbau der Barackenunterkünfte. Dadurch konnte das Wohnungsproblem gemildert, aber nicht gelöst werden. Erst die Anbindung des Umlands durch Bus- und Bahnlinien und der werkseigene Wohnungsbau ebneten nach 1950 den Weg zum Aufbau einer Stammbelegschaft.

KAROSSERIE IM ROHBAU

DAS WERK DER BRITEN

Für den späteren Aufstieg des Volkswagen Werks stellten die britischen Treuhänder entscheidende Weichen, indem sie einen elementaren Konkurrenznachteil des Unternehmens beseitigten. Bei Kriegsende verfügte Volkswagen nur ansatzweise über einen Kundendienst und ein Vertriebssystem. Beides hatte ursprünglich die Deutsche Arbeitsfront aufbauen sollen, doch war Hitlers großspurig angekündigte Volksmotorisierung in den beginnenden Kriegsvorbereitungen stecken geblieben. Auf Initiative der Briten wurde Ende 1945 die Kundendienstabteilung ins Leben gerufen, bestehend aus Ersatzteillager, technischer Abteilung und Kundendienstschule, wo seit Februar 1946 unter anderem Lehrgänge für die Händler und Monteure der Vertragswerkstätten stattfanden. Mit Kundendienstbriefen und Instandsetzungshandbüchern unterstützte Volkswagen die Arbeit der Werkstätten; die eingerichtete Schadenskartei gab der Technischen Leitung erstmals eine systematische Handhabe, die aufgetretenen Fehler abzustellen. Der Kundendienst erwarb sich in wenigen Jahren einen ausgezeichneten Ruf und profitierte von den Erfahrungen der Royal Electrical and Mechanical Engineers, die im Volkswagen Werk eine eigene Werkstatt unterhielten. Ebenso zügig schritt die Errichtung eines Vertriebssystems voran, nachdem das im Juni 1946 aufgelegte Produktionsprogramm erstmalig den zivilen Verkauf von Volkswagen in Aussicht gestellt hatte. Auf Drängen der Werkleitung genehmigten die Briten Ende Oktober 1946 für ihre Zone

LIEFERUNG AN DIE FRANZÖSISCHE MILITÄRREGIERUNG

den Aufbau einer Händlerorganisation, die durch zwei Reiseinspektoren beraten und zugleich einer strikten Qualitätskontrolle unterzogen wurde. Aus dem Erfahrungsaustausch zwischen Werkleitung und Großhändlern entwickelte sich allmählich eine vertrauensvolle und für beide Seiten profitable Partnerschaft.

AUF DER EXPORT-MESSE IN HANNOVER

Eine zweite zukunftsweisende Entwicklung leiteten die Briten im Sommer 1947 ein. Mit der Entscheidung, den Volkswagen zu exportieren, wollten sie nicht nur dem durch Kriegslasten ruinierten britischen Haushalt dringend benötigte Devisen zuführen. Vielmehr schufen die Briten die Voraussetzungen für den internationalen Erfolg der Volkswagen Limousine und die Weltmarktorientierung des Unternehmens. Der Startschuss für den Export fiel indes zu einem schlechten Zeitpunkt. Die Materialversorgungskrise hatte sich weiter zugespitzt, sodass im August und November 1947 das befohlene Produktionsvolumen nicht gehalten werden konnte. Erst im Jahr darauf fuhr das Auslandsgeschäft allmählich hoch.

Inzwischen hatte die Werkleitung ein für den Export taugliches Limousinenmodell entwickelt, das in Verarbeitung und Ausstattung die Standardausführung übertraf. Mit einer hochwertigen Lackierung in ansprechenden Farben, bequemerer Polsterung, verchromten Stoßstangen und Radkappen behauptete sich der Volkswagen gegenüber der ausländischen Konkurrenz. 1948 umfasste der direkte Export nach Europa 4 385 Fahrzeuge, davon gingen 1 820 in die Niederlande, 1 380 in die Schweiz, 1 050 nach Belgien, 75 nach Luxemburg, 55 nach Schweden und fünf nach Dänemark. Die Ausfuhr stieg im Folgejahr auf 7 127 Fahrzeuge, womit das Volkswagen Werk gut 15 Prozent seiner Gesamtproduktion auf europäischen Märkten absetzte.

IVAN HIRST

Beim Umbau des Rüstungsbetriebs zum Automobilunternehmen spielte der britische Senior Resident Officer Major Ivan Hirst eine entscheidende Rolle. Dank seines Improvisationstalents konnten technische wie organisatorische Probleme gelöst und Versorgungslücken geschlossen werden. Beharrlich drängte Hirst auf Qualitätsverbesserung der Limousine, was wesentlich zur Begründung der internationalen Reputation von Volkswagen beitrug. Als die britische Militärregierung am 8. Oktober 1949 die Treuhänderschaft über die Volkswagenwerk GmbH in die Hände der Bundesregierung legte und das Land Niedersachsen mit der Verwaltung beauftragte, befand sich das Unternehmen in guter Verfassung – mit rund 10 000 Beschäftigten, einer Monatsproduktion von 4 000 Fahrzeugen und einer Kassenreserve von gut 30 Millionen DM. Die Produktion für die Besatzungsmächte verschaffte dem Volkswagen Werk einen gehörigen Vorsprung vor der Konkurrenz. 1948/49 baute es knapp die Hälfte aller in Westdeutschland produzierten Pkw. Auch im Exportgeschäft war das Unternehmen den anderen Automobilherstellern um Längen voraus. Volkswagen befand sich in einer günstigen Startposition, als der internationale Wettlauf um Kunden und Märkte begann.

1945

11. APRIL Amerikanische Truppen besetzen die Stadt des KdF-Wagens, befreien die Zwangsarbeiter und errichten im Volkswagen Werk einen Reparaturbetrieb für Militärfahrzeuge. Der ehemalige Inspektionsleiter Rudolf Brörmann wird zum Werkleiter ernannt.

16. MAI Die Amerikaner lassen sich aus den Materialvorräten die ersten fünf Kübelwagen montieren. In den Folgemonaten werden noch weitere VW 82 gefertigt und an das amerikanische und britische Militär ausgeliefert.

5. JUNI Die Zuständigkeit für die Volkswagenwerk GmbH geht auf die britische Militärregierung über, die das Unternehmen gemäß Kontrollratsgesetz Nr. 52 beschlagnahmt und bis zur Übergabe in deutsche Hand treuhänderisch verwaltet.

22. AUGUST Die britische Militärregierung beauftragt das Volkswagen Werk mit der Produktion von 20 000 Limousinen, um ihren durch Besatzungsaufgaben gewachsenen Transportbedarf zu decken. Major Ivan Hirst übernimmt als Senior Resident Officer der britischen Militärregierung das Kommando.

27. NOVEMBER Die vom 5. bis 7. November aus demokratischen Wahlen hervorgegangene Betriebsvertretung tritt zu ihrer konstituierenden Sitzung zusammen. Sie ersetzt den im Sommer 1945 gebildeten provisorischen Betriebsrat und wählt Willi Hilgers zu ihrem 1. Vorsitzenden.

27. DEZEMBER Unter britischem Befehl läuft die Serienproduktion der Volkswagen Limousine an. Bis Jahresende werden insgesamt 55 Exemplare gebaut.

31. DEZEMBER Das Vorwerk in Braunschweig wird zum Jahresende organisatorisch in die Prozesse des Werks Wolfsburg integriert. Für die anlaufende Serienproduktion der Limousine stellt es Spezialschweißmaschinen, Werkzeuge, Vorrichtungen sowie Vergaser, Kupplungen, Stoßdämpfer und Benzinpumpen her. Dank britischer Unterstützung bei der Materialbeschaffung ersetzt die Eigenfertigung teilweise die durch Kriegsschäden und Zwangsbewirtschaftung stark eingeschränkte Produktion der Zulieferindustrie. Die Belegschaft in Braunschweig besteht am Jahresende aus 218 Lohn- und 58 Gehaltsempfängern.

LIMOUSINE

FAHRZEUGPRODUKTION

	Volkswagenwerk GmbH
	1.785

BELEGSCHAFT

	Volkswagenwerk GmbH
Arbeiter	5.459
Angestellte	574
Gesamt	6.033

FINANZDATEN (IN MIO. REICHSMARK)

	Volkswagenwerk GmbH
Umsatz	11,7
Verlust	-2,4

1945

FAHRZEUGHOCHZEIT

1946

26. FEBRUAR Die Briten ernennen den Juristen Dr. Hermann Münch zum Haupttreuhänder der Volkswagenwerk GmbH, der am 17. Juni zugleich das Amt des Generaldirektors übernimmt.

30. MÄRZ Die Produktion erreicht erstmals das von den Briten befohlene Volumen von monatlich 1 000 Fahrzeugen, was im Rahmen einer kleinen Zeremonie begangen wird. Von einigen Schwankungen abgesehen, verharrt die Monatsfertigung bis Anfang 1948 auf diesem Niveau, weil Rohstoffe und Materialien nicht in erforderlicher Menge beschafft werden können.

17. JULI Erstmalig wird eine Limousine an den Handelsbetrieb Gottfried Schultz in Essen ausgeliefert, acht weitere folgen am 23. Juli. Der Hamburger Händler Raffay & Co. erhält den ersten Volkswagen am 22. Juli.

25. OKTOBER Die britische Militärregierung genehmigt für ihre Besatzungszone eine Volkswagen Verkaufsorganisation, die anfänglich aus 10 Hauptverteilern (Main Distributors) und 28 Händlern (Dealers) besteht. Bis zur Übergabe der Volkswagenwerk GmbH in deutsche Hand kann das Vertriebs- und Servicenetz mit britischer Unterstützung engmaschiger geknüpft werden.

6. DEZEMBER Ausbleibende Blechlieferungen, akuter Kohlemangel und anhaltende Kälte zwingen die britische Werkleitung in der Energiekrise 1946/47, die Volkswagen Produktion bis zum 10. März 1947 stillzulegen.

16. DEZEMBER Der neu gewählte Betriebsrat konstituiert sich und wählt Otto Peter zum Vorsitzenden.

ERSTES PRODUKTIONSJUBILÄUM

HERMANN MÜNCH

1946

ZWEISPRACHIGES KUNDENDIENSTMATERIAL

FAHRZEUGPRODUKTION

	Volkswagenwerk GmbH
Limousinen	10.020

BELEGSCHAFT

	Volkswagenwerk GmbH
Arbeiter	7.351
Angestellte	910
Gesamt	8.261

FINANZDATEN (IN MIO. REICHSMARK)

	Volkswagenwerk GmbH
Umsatz	54,9
Gewinn	2,8

1947

10. MAI Die zwischen Werkleitung und Betriebsrat ausgehandelte Betriebsvereinbarung tritt in Kraft und sichert den Arbeitnehmervertretern volle Mitbestimmungsrechte nach dem alliierten Betriebsrätegesetz von 1946. Dazu gehören die Mitbestimmung bei Einstellungen und Entlassungen, bei Versetzungen, Lohn- und Gehaltsfragen sowie bei betrieblichen Veränderungen, ferner die Aufsicht über die Werksküche und die Verteilung der auf den Landwirtschaftsgütern der Volkswagenwerk GmbH angebauten Nahrungsmittel. Bei der Festlegung des Produktionsprogramms räumt die Betriebsvereinbarung Mitwirkungsrechte des Betriebsrats ein, der Einsicht in die Geschäftsunterlagen nehmen kann.

8. AUGUST Pon's Automobielhandel in Amersfoort erhält einen Importeursvertrag für die Niederlande. Anfang Oktober 1947 überführen die Gebrüder Pon fünf Limousinen und wickeln damit den ersten Volkswagen Export ab. Nach der Ausfuhr von 56 Volkswagen im Jahre 1947 schnellt der Auslandsabsatz binnen eines Jahres auf 4 500 Fahrzeuge hoch. Um den Export zu fördern, schließt das Volkswagen Werk 1948 Importeursverträge mit der Schweizer Neuen Amag AG von Walter Haefner, mit der belgischen Anciens Etablissements D'Ieteren Frères sowie mit Partnern in Luxemburg, Schweden, Dänemark und Norwegen.

FAHRZEUGMONTAGE IN WOLFSBURG

BEGINN DES EXPORTS: FÜNF LIMOUSINEN FÜR DIE NIEDERLANDE

1947

FAHRZEUGPRODUKTION

	Volkswagenwerk GmbH
Limousinen	8.987

BELEGSCHAFT

	Volkswagenwerk GmbH
Arbeiter	7.190
Angestellte	1.192
Gesamt	8.382

FINANZDATEN (IN MIO. REICHSMARK)

	Volkswagenwerk GmbH
Umsatz	57,0
Gewinn	0,8

1948

1. JANUAR Der ehemalige Opel-Manager Heinrich Nordhoff tritt seinen Posten als Generaldirektor der Volkswagenwerk GmbH an.

20. JUNI Die Währungsreform etabliert einen funktionierenden Gütermarkt, beendet die Mangelwirtschaft und ebnet damit den Weg zum wirtschaftlichen Aufschwung des Volkswagen Werks. Die Fahrzeugproduktion klettert von 1 185 Wagen im Mai auf 2 306 Wagen im Dezember 1948.

1. JULI Die Umstellung auf Marktverhältnisse zieht die Neueinrichtung einer Werbe-Abteilung nach sich. Trotz stark begrenzter Finanzmöglichkeiten kümmern sich die Mitarbeiter um die Schaffung eines einheitlichen „Volkswagen Firmenstil-Typus". Die Abteilung gibt zweimonatlich den Volkswagen-Informationsdienst und monatlich ein neues Diapositiv für die örtliche Kinowerbung heraus. Außerdem wird der Kulturfilm Sinfonie eines Autos in Auftrag gegeben, der 1949 seine Kinopremiere erlebt.

29. JULI Die von der Volkswagenwerk GmbH am 26. April 1948 beschlossene Verlegung des Geschäftssitzes von Berlin nach Wolfsburg wird in das Handelsregister des Amtsgerichts Fallersleben eingetragen.

1. SEPTEMBER Die nach der Lockerung des Lohnstopps zwischen Unternehmensleitung und IG Metall und Deutscher Angestelltengewerkschaft vereinbarten Gehalts- und Lohnerhöhungen treten in Kraft. Angestellte erhalten durchschnittlich 15 Prozent mehr, Arbeiter 22 Prozent. Die niedrigeren Lohn- und Gehaltsgruppen werden „aus sozialen Gründen" stärker erhöht. Die Löhne der Frauen steigen sogar um die Hälfte. Der Ecklohn beträgt anstatt 0,88 nun 1,14 DM.

10. SEPTEMBER Die Geschäftsleitung genehmigt die Lieferung und den Preis des Umbaus von zunächst 50 Limousinen als Krankenwagen für das Deutsche Rote Kreuz Niedersachsen durch die Firma Christian Miesen in Bonn. Das Sonderfahrzeug kostet den Endempfänger 6 863 DM ab Auslieferung Bonn. Bis Jahresende entstehen 75 Fahrzeuge.

HEINRICH NORDHOFF

KAROSSERIEBAU IN WOLFSBURG

1948

FAHRZEUGPRODUKTION

	Volkswagenwerk GmbH
Limousinen	19.244

BELEGSCHAFT

	Volkswagenwerk GmbH
Arbeiter	7.494
Angestellte	1.225
Gesamt	8.719

FINANZDATEN (IN MIO. DM)

	Volkswagenwerk GmbH
Umsatz	89,2
Gewinn	1,7

FAHRZEUGABSATZ

	Volkswagenwerk GmbH
Inland	15.078
Ausland	4.464
Gesamt	19.542

1949

1. JANUAR In den drei Westzonen kümmern sich 16 Generalvertretungen, 31 Großhändler, 103 Händler und 81 Vertragswerkstätten um Verkauf und Kundendienst.

6. APRIL Volkswagen bestellt bei der Firma Karosseriewerke Josef Hebmüller und Söhne in Wülfrath 675 Aufbauten für das zweisitzige Cabriolet vom Typ 14, das durch seine elegante Form besticht. Die Erprobungsergebnisse an den am 21. März und 1. Juni 1949 gelieferten Versuchsfahrzeugen machen unter anderem eine konstruktive Verstärkung des Aufbaus erforderlich. Auch wird die Fertigungsqualität bemängelt. Ein durch eine Lackstaubverpuffung verursachter Brand unterbricht die Produktion am 23. Juli 1949 – bis dahin liefert Hebmüller 53 Cabriolets und 236 Polizei-Streifenwagen von Volkswagen Typ 18 aus. Zwar nimmt Hebmüller die Produktion wieder auf, jedoch entspricht Volkswagen dem Wunsch auf Erhöhung der Liefermenge nicht. Auch wegen der geringen Stückzahl von insgesamt 680 gebauten Fahrzeugen gehört das Hebmüller Cabriolet zu den begehrten Sammlerstücken.

30. JUNI Die Volkswagen-Finanzierungs-Gesellschaft mbH wird ins Leben gerufen, um durch Darlehnsgewährung an inländische Endabnehmer und Händler den Verkauf von Volkswagen zu unterstützen. Die Kunden- und Lagerwagenfinanzierung stellt ein Instrument zur Absatzförderung auf dem Binnenmarkt dar, mit dem die Kaufkraftlücke in Deutschland geschlossen werden soll. Zwischen 1949 und 1954 steigt die Zahl der durchschnittlich 12 Monate laufenden Darlehensverträge von 168 auf 14 831, das Finanzierungsvolumen von 551 000 DM auf 48,7 Millionen DM.

22. JULI Die Serienfertigung des Volkswagen Typ 15, eines viersitzigen Cabriolets auf Basis des Export-Modells der Volkswagen Limousine, beginnt bei der Wilhelm Karmann Fahrzeugfabrik in Osnabrück. Nach einer Vorführung des Fahrzeugs am 13. April 1949 und seiner Erprobung spricht sich Nordhoff am 18. April 1949 dafür aus, „recht bald mit der Produktion dieses Cabriolets in Gang" zu kommen. Der am 3./5. August 1949 geschlossene Vertrag sieht die Lieferung von zunächst 1 000 Einheiten vor. Durch hohe Alltagstauglichkeit ausgezeichnet und durch unsichtbar angebrachte Versteifungen an den Karosserieseiten in seinem Schwingungsverhalten neutralisiert, findet das Fahrzeug eine wachsende Kundengruppe. Zunächst für 7 500 DM angeboten, summiert sich die Fertigung bis Jahresende auf 440 Fahrzeuge. 1950 steigt die Produktion auf 2 669 Fahrzeuge an. Bis zur Produktionseinstellung am 10. Januar 1980 laufen in Osnabrück 330 281 Käfer Cabriolets vom Band.

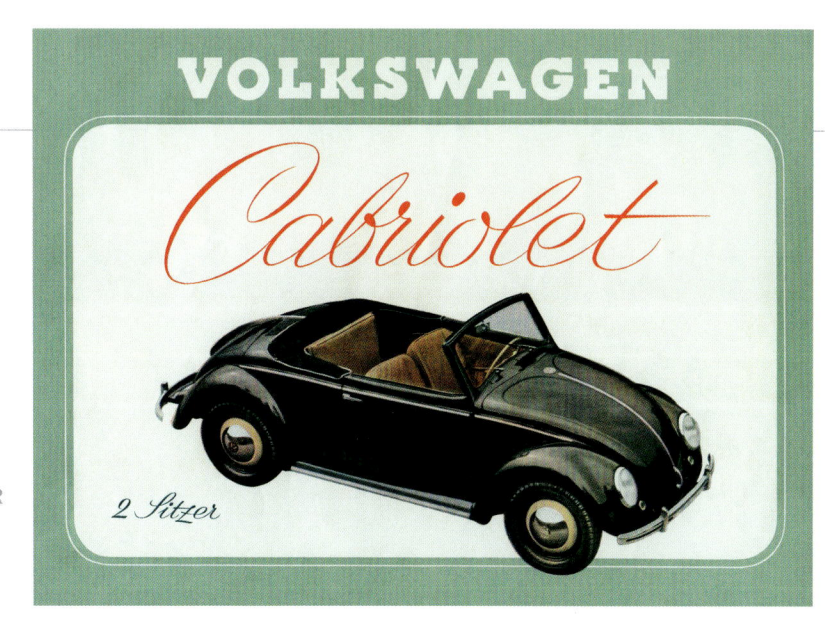

VOLKSWAGEN CABRIOLET VON HEBMÜLLER

1949

VOLKSWAGEN CABRIOLET VON KARMANN

6. SEPTEMBER Durch die Verordnung 202 überträgt die britische Militärregierung dem Land Niedersachsen die Kontrolle über die Volkswagenwerk GmbH mit der Maßgabe, diese im Auftrag und unter der Anweisung der Bundesregierung zu übernehmen. Die Frage der Eigentümerschaft bleibt bis zur Privatisierung des Unternehmens ungeklärt.

1. OKTOBER Volkswagen erweitert die Palette seiner Sozialleistungen durch ein System freiwilliger Versicherungen. Die betriebliche Altersversorgung, in die zu Beginn alle Beschäftigten mit einem Mindestalter von 25 Jahren und mindestens vierjähriger Werkszugehörigkeit aufgenommen werden, bessert die gesetzlichen Rentenbezüge der anspruchsberechtigten Werksangehörigen bei Eintritt ins Rentenalter durch eine Werksrente auf. Die Höhe richtet sich nach der Betriebszugehörigkeit; im Todesfall erhält die überlebende Ehefrau die halbe monatliche Rente. Die gleichzeitig eingerichtete Sterbegeldversicherung für Verheiratete sowie in anderer Weise unterhalts- oder fürsorgepflichtige Werksangehörige sichert den Hinterbliebenen eine einmalige Unterstützung von 4 000 DM zu. Bei tödlichen Unfällen oder Invalidität tritt die für alle Beschäftigten abgeschlossene Kollektiv-Unfallversicherung mit finanziellen Leistungen ein.

8. OKTOBER Colonel Charles Radclyffe unterzeichnet das Protokoll zur offiziellen Übergabe der Volkswagenwerk GmbH in die Treuhänderschaft der Bundesregierung. Die Verwaltung übernimmt das Land Niedersachsen.

18. NOVEMBER Ernst Rahm übernimmt den Betriebsratsvorsitz.

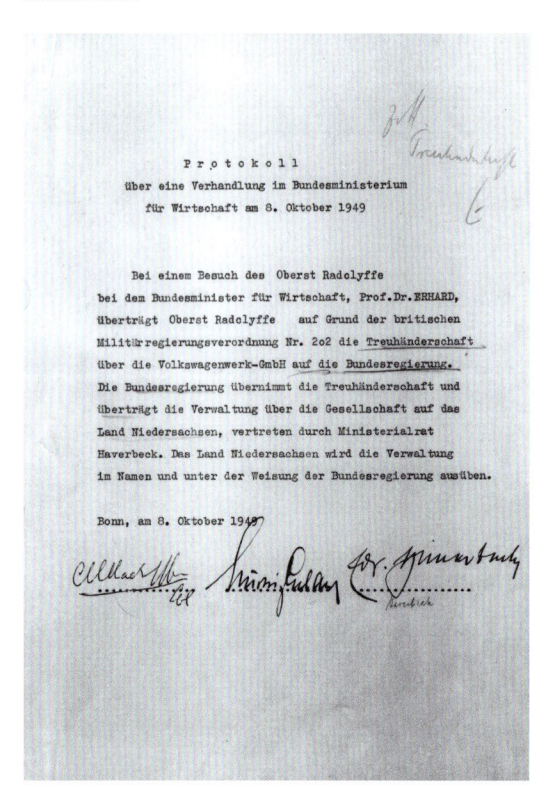

PROTOKOLL DER ÜBERGABE AN
DIE BUNDESREGIERUNG

ÜBERGABE DER VOLKSWAGENWERK
GMBH AN DIE BUNDESREGIERUNG

1949

FAHRZEUGPRODUKTION

	Volkswagenwerk GmbH
	46.154

BELEGSCHAFT

	Volkswagenwerk GmbH
Arbeiter	8.846
Angestellte	1.381
Gesamt	10.227

FINANZDATEN (IN MIO. DM)

	Volkswagenwerk GmbH
Umsatz	243
Gewinn	3,9

FAHRZEUGABSATZ

	Volkswagenwerk GmbH
Inland	38.666
Ausland	7.128
Gesamt	45.794

52

1950–1960

1950–1960

Internationalisierung und Massenproduktion im Wirtschaftswunder

Das Volkswagen Werk galt schon den Zeitgenossen als Symbol des westdeutschen Wirtschaftswunders. Ebenso wie der Käfer fuhr das Unternehmen auf der Erfolgsbahn. Die Kapazität der Fabrik und die 1954 eingeleitete Rationalisierungsoffensive schufen die produktionstechnischen Voraussetzungen, die Volkswagen Limousine und den Transporter in Großserie zu bauen. Doch erst durch die Verbindung von Massenfertigung, Weltmarktorientierung und Belegschaftsintegration formte Volkswagen die langfristig wirksame Wachstumsstrategie. 1950 führte das Wolfsburger Unternehmen ein Drittel seiner Fahrzeugproduktion in 18 vorwiegend europäische Staaten aus; Hauptabnahmeländer waren Schweden, Belgien, die Niederlande und die Schweiz. Mit dem erstmaligen Export von 1 253 Fahrzeugen nach Brasilien setzte Volkswagen einen zweiten Schwerpunkt in Südamerika, wo die Einfuhr US-amerikanischer Fahrzeuge wegen knapper Dollarreserven fast vollständig zum Erliegen gekommen war. Der Belieferung dieses zukunftsträchtigen Absatzmarktes räumte das Unternehmen frühzeitig Priorität ein.

Der wirtschaftliche Wiederaufbau Europas und die Industrialisierungsbestrebungen vieler außereuropäischer Länder schufen für den Volkswagen Export eine günstige Ausgangssituation. Als Vorteil für das Volkswagen Werk entpuppte sich, dass der internationale Warenverkehr größtenteils auf der Grundlage bilateraler Vereinbarungen abgewickelt wurde. Die Dollarlücke in den meisten Staaten schwächte vorübergehend die Konkurrenz der US-amerikanischen Automobilfirmen ab, während die Exportmöglichkeiten der deutschen Wettbewerber durch deren geringe Produktionskapazitäten beschnitten wurden. Als öffentliches Unternehmen konnte die Volkswagenwerk GmbH zudem auf größeres Entgegenkommen der Bundesregierung hoffen, die durch den Abschluss von Handelsverträgen Exportmöglichkeiten für die deutsche Industrie eröffnete. Mit einem Anteil von bis zu 50 Prozent an der gesamten Automobilausfuhr war das Volkswagen Werk in den 1950er Jahren wichtigster Devisenbringer und führender deutscher Automobilexporteur.

Der systematische Aufbau des Exportgeschäfts in der ersten Hälfte der 1950er Jahre verlief keineswegs reibungs- und risikolos. Den Investitionen standen zunächst schmale Gewinne gegenüber, weil die Volkswagenwerk GmbH bei der

MIT DEM VOLKSWAGEN NACH ITALIEN

Preiskalkulation die Etablierung seiner Produkte auf den internationalen Märkten im Auge hatte und nahe am Selbstkostenpreis exportierte. In Brasilien geriet die Errichtung einer Produktionsstätte infolge der politischen und wirtschaftlichen Instabilität mehrfach ins Stocken. Ähnlich schwierig gestaltete sich der Aufbau einer Absatzorganisation auf dem US-Markt. Denn die erfolgreichen Automobilhändler waren hier an die amerikanischen Automobilkonzerne gebunden, und die üblichen Händlerrabatte von 30 Prozent erschwerten wettbewerbsfähige Preise.

Trotz solcher Probleme gelang Volkswagen bis Mitte der 1950er Jahre der Durchbruch in Europa, Amerika und Afrika. Dafür sorgten einerseits die technischen Merkmale, die Qualitätsstandards und die stetige Perfektionierung der Limousine. Auf den internationalen Märkten genoss der Käfer den Ruf eines wirtschaftlichen und zuverlässigen Fahrzeugs, das sich wegen des relativ geringen Kraftstoffverbrauchs und der robusten Konstruktion auch für automobile Entwicklungsländer mit dürftiger Verkehrsinfrastruktur bestens eignete. Andererseits ging die Volkswagenwerk GmbH bei der Erschließung neuer Absatzmärkte behutsam vor, indem es das Produkt mit einem Vertriebs- und Servicenetz umspannte. Nach Auffassung der Unternehmensleitung bestand nur dann Aussicht auf dauerhaften Erfolg, wenn hinter dem Wagen eine dichte, mit Ersatzteilen, Spezialwerkzeugen und sorgfältig geschultem Personal ausgestattete Organisation stand. Der ausgezeichnete Ruf des Kundendienstes war bald ein wichtiger Trumpf im internationalen Konkurrenzkampf. Volkswagen verlangte seinen Händlern hohe Investitionen ab, um eine kompetente Kundenbetreuung sicherzustellen. Auf den strategisch wichtigen Märkten in Kanada und in den USA nahm die Volkswagenwerk GmbH den Aufbau des Vertriebssystems selbst in die Hand; in Brasilien, Südafrika und Australien wurden Produktionsstätten errichtet. Damit vollzog der Wolfsburger Automobilhersteller die frühzeitige Internationalisierung des Unternehmens und legte den Grundstein zu einem weltweiten Fertigungsverbund.

Den größten Triumph feierte Volkswagen in heimischen Gefilden, wo die Limousine in den 1950er Jahren zum Signum des Wirtschaftswunders aufstieg. Der Traum vom Volksauto, der sich durch die neue, um 1900 anbrechende Technikepoche zog und von den Nazis politisch instrumentalisiert worden war, erfüllte sich im Zuge einer späten wie rasanten Motorisierung. Die Volkswagen Limousine war in dieser Dekade der meistgekaufte Personenwagen und hielt einen Marktanteil von rund 40 Prozent. Technik und Design verschafften ihm den Nimbus eines klassenlosen Autos, der dem Selbstverständnis der erwachenden Konsumgesellschaft entsprach und in dem sich der Funktionswandel des Automobils vom Luxusgegenstand zum Konsumgut für breite Bevölkerungsschichten widerspiegelte. Nicht minder erfolgreich war der seit 1950 gebaute Transporter, der den Markt der Kombinations- und Lieferfahrzeuge mit einem Anteil um 30 Prozent dominierte. Gleichwohl waren die Absatzmöglichkeiten der Volkswagenwerk GmbH auf dem Binnenmarkt begrenzt. In der ersten Hälfte der 1950er Jahre sorgte vor allem der Nachholbedarf des Gewerbes für stetige Verkaufssteigerungen, während der Kreis der Privatkunden nur allmählich wuchs. Für die Mehrzahl der automobilbegeisterten Bundesbürger blieb der Käfer trotz steigender Einkommen ein sehnlicher, aber noch nicht finanzierbarer Wunsch. Individuelle Mobilität brachte zunächst vor allem das Motorrad, und erst 1955 überholten die Zulassungszahlen fabrikneuer Pkw die der Zweiräder. Die 1954 intensivierte Umstellung der Fertigung auf eine fordistische Massenproduktion erschien sinnvoll, weil der internationale Erfolg der Volkswagen Limousine frühzeitig die Beschränkungen des heimischen Marktes aufhob. Die Automatisierung der Fabrikation stellte Kapazitäten sicher, mit denen Volkswagen die einmal besetzten Bastionen auf dem Weltmarkt halten und den 1954 einsetzenden Nachfrageboom in den USA befriedigen konnte.

Am wirtschaftlichen Erfolg des Unternehmens partizipierte die Belegschaft mit hohen Löhnen und einem Bündel freiwilliger Sozialleistungen, was im allgemein wirtschaftsfriedlichen Klima der 1950er Jahre zur Herausbildung kooperativer Arbeitsbeziehungen beitrug. Die Verteilungsspielräume waren groß; Betriebsrat und Unternehmensleitung zogen an einem Strang, um die Fluktuation der Beschäftigten und den Facharbeitermangel in den Griff zu bekommen. Durch eine großzügige Tarif- und Sozialpolitik sorgten sie dafür, dass allmählich eine Stammbelegschaft heranwuchs, die sich der Volkswagen Familie zugehörig fühlte. Mit seinen Haustarifverträgen rangierte das Unternehmen Volkswagen an der Spitze der deutschen Automobilindustrie und fungierte über die Branchengrenzen hinweg als Schrittmacher. Die Erfolgsbeteiligung der Beschäftigten passte weder den Arbeitgeberverbänden noch fand sie den Beifall der Bundesregierung, die durch einen Lohnschub ihre Bemühungen um Preisstabilität gefährdet sah. Die zurückhaltende öffentliche Verwaltung und die vorzüglichen Bilanzen der Volkswagenwerk GmbH gaben jedoch dem Management viel Handlungsspielraum,

HEINRICH NORDHOFF
IN DER BETRIEBSVERSAMMLUNG

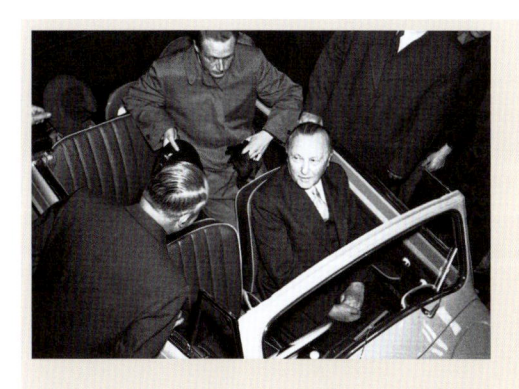

BUNDESKANZLER KONRAD ADENAUER
IM WERK WOLFSBURG

um in der Tarif- wie in der Arbeitszeitpolitik einen eigenständigen Kurs zu steuern. Im Oktober 1955 verständigten sich Betriebsrat, IG Metall und Unternehmensleitung auf eine zweistufige Arbeitszeitverkürzung, die 1957 für das Gros der Beschäftigten die 40-Stunden-Woche brachte.

Dissonanzen zwischen Management und Bundesregierung klangen in der Privatisierungsfrage an, die ab Sommer 1956 im Bundestag verhandelt wurde. Seitens der Unternehmensleitung bestand kein unmittelbares Bedürfnis, das erfolgreiche Unternehmen in eine neue Rechtsform zu überführen. Betriebsrat und Belegschaft hingegen fürchteten um die tariflichen und sozialpolitischen Errungenschaften und machten gegen die Privatisierungsabsichten Front, hierbei unterstützt durch die SPD-Opposition, die im Bundestag gegen den Ausverkauf des Bundesvermögens ihre Stimme erhob. Dem Management von Volkswagen war indes klar, dass mittelfristig kein Weg an einer Privatisierung des wichtigsten deutschen Automobilherstellers vorbeiführte. Denn die Volkswagenwerk GmbH war ein gleichsam herrenloses Unternehmen, das vom Land Niedersachsen im Namen und nach den Weisungen der Bundesregierung verwaltet wurde. Im Übrigen ließ sich die öffentliche Treuhänderschaft nicht mit den marktliberalen ordnungspolitischen Grundsätzen der CDU-geführten Regierungskoalition in Einklang bringen.

Zwischen Bundesregierung und Unternehmensleitung herrschte weitgehend Konsens darüber, die Volkswagen Aktie durch breite Streuung zu einer Volksaktie zu machen und die Konzentration größerer Aktienmengen zu verhindern. Das vorgesehene Grundkapital von 600 Millionen DM hingegen provozierte Widerspruch. Mit Blick auf die künftig notwendigen Investitionen votierte Heinrich Nordhoff für eine Halbierung des Aktienkapitals, konnte sich jedoch mit seiner betrieblich motivierten Position nicht durchsetzen. Die Volkswagenwerk AG, die am 22. August 1960 ins Handelsregister eingetragen wurde, behielt auch nach der Privatisierung ihre positive Geschäftsentwicklung bei. Nicht das hohe Aktienkapital, sondern Massenproduktion und Modellpolitik stellten Volkswagen in den 1960er Jahren vor ernsthafte Probleme.

1950

4. MÄRZ Anlässlich der Produktion des einhunderttausendsten Volkswagen nach dem Krieg wird für die Beschäftigten der Volkswagenwerk GmbH eine jährliche Sonderzahlung von bis zu 120 DM eingeführt. Die Erfolgsprämie wird 1954 auf vier Prozent des Bruttojahresverdienstes erhöht.

8. MÄRZ In Wolfsburg beginnt die Serienproduktion des Transporter, der als Kastenwagen für Güter oder als Kleinbus, als Feuerwehrfahrzeug, Polizei-Einsatzwagen, Postauto und später auch als Campingbus Verwendung findet. Geplant als „Lieferwagen ohne Kompromisse", erweitert Volkswagen sein Produktangebot mit dem 3/4-Tonner um eine zweite Modellreihe, die mit seinem Laderaum von 4,6 Kubikmeter zunächst vor allem Gewerbetreibenden und Händlern anspricht. Der Transporter übernimmt aus der Volkswagen Limousine zwar technische Elemente wie den luftgekühlten Heckmotor mit einer Leistung von 25 PS, erhält jedoch ein verstärktes Fahrwerk. Die Preise beginnen bei 5 850 DM ab Werk. Wegen seiner Multifunktionalität erfreut sich der Typ 2 sowohl in Deutschland als auch auf den Überseemärkten einer rasch wachsenden Nachfrage.

11. OKTOBER Die ersten beiden Limousinen gehen in zerlegter Form auf Transport an die Motor-Distribution Limited in Dublin, die bis Jahresende 48 Fahrzeuge montiert.

30. DEZEMBER Die Export-Abteilung verzeichnet die „ersten guten Erfolge im Überseegeschäft", da 179 Limousinen nach Ägypten, 10 Limousinen nach Äthiopien, 123 Limousinen und 5 Transporter nach Uruguay und 328 Limousinen und 2 Transporter in die USA verkauft werden. Nach Brasilien gehen 627 Limousinen und 302 Transporter. Weitere 324 Limousinen werden als CKD-Teilesätze geliefert, deren Montage bei der in São Paulo ansässigen Firma Brasmotor ab Januar 1951 erfolgt.

TRANSPORTER

DER EINHUNDERTTAUSENDSTE
VOLKSWAGEN

1950

FAHRZEUGPRODUKTION

	Volkswagenwerk GmbH
	90.038

BELEGSCHAFT

	Volkswagenwerk GmbH
Arbeiter	13.322
Angestellte	1.644
Gesamt	14.966

FINANZDATEN (IN MIO. DM)

	Volkswagenwerk GmbH
Umsatz	411
Gewinn	3,8

PRODUKTION AUSGEWÄHLTER MODELLE

	Limousinen	Transporter
	81.979	8.059

FAHRZEUGABSATZ

	Volkswagenwerk GmbH
Inland	60.769
Ausland	29.387
Gesamt	90.156

1951

4. JANUAR Bruno Gründel übernimmt den Vorsitz im Betriebsrat.

29. MÄRZ Der Korea-Krieg, der die Auslandsnachfrage nach Rohstoffen in die Höhe treibt und vorübergehend einen akuten Kohlemangel auslöst, führt im Volkswagen Werk zu einem Engpass bei Autoblechen. Für einige Tage muss die Automobilproduktion in Wolfsburg stillgelegt werden. Von Unterbrechungen im Sommer 1951 abgesehen, zieht der Materialmangel bis März 1952 Kurzarbeit nach sich.

9. MAI Hugo Bork wird zum Vorsitzenden des Betriebsrats gewählt und übt dieses Amt bis 1971 aus.

22. MAI In der Volkswagenwerk GmbH konstituiert sich ein Beirat unter dem Vorsitz von Heinz M. Oeftering. Nach den Vorschriften des 1952 erlassenen Betriebsverfassungsgesetzes wird der Beirat am 28. August 1953 durch einen Aufsichtsrat ersetzt.

KAROSSERIEBBAU

HUGO BORK

HEINZ M. OEFTERING

1951

FAHRZEUGPRODUKTION

	Volkswagenwerk GmbH
	105.712

BELEGSCHAFT

	Volkswagenwerk GmbH
Arbeiter	12.338
Angestellte	1.809
Gesamt	14.147

FINANZDATEN (IN MIO. DM)

	Volkswagenwerk GmbH
Umsatz	486
Investitionen	37,7
Gewinn	1,9

PRODUKTION AUSGEWÄHLTER MODELLE

	Limousinen	Transporter
	93.709	12.003

FAHRZEUGABSATZ

	Volkswagenwerk GmbH
Inland	69.959
Ausland	35.742
Gesamt	105.701

1952

11. SEPTEMBER Mit Gründung der Verkaufsgesellschaft Volkswagen Canada Ltd. in Toronto, Ontario beginnt die Volkswagenwerk GmbH, ihr Vertriebs- und Kundendienstnetz auf den internationalen Märkten auszubauen. Dieser Schritt ist notwendig, weil die zollfreie Einfuhr englischer Fabrikate Wettbewerbsnachteile mit sich bringt und die Erschließung des kanadischen Markts erschwert. Bis Ende des Jahres werden 94 Volkswagen verkauft.

1. OKTOBER Die Volkswagen Limousine erhält ein neues Armaturenbrett und zwei mit Schlusslichtern und Rückstrahlern kombinierte Bremsleuchten. Das teilsynchronisierte Getriebe und eine verbesserte Federung bilden den Auftakt zu einer Reihe von Verbesserungen, um Sicherheit und Fahrkomfort zu erhöhen. Das durch einen Mittelsteg geteilte Rückfenster, die so genannte Brezel, wird am 10. März 1953 durch ein größeres Ovalfenster ersetzt.

OVALI

BREZEL

VOLKSWAGEN CANADA

1952

FAHRZEUGPRODUKTION

	Volkswagenwerk GmbH
	136.013

BELEGSCHAFT

	Volkswagenwerk GmbH
Arbeiter	15.390
Angestellte	1.991
Gesamt	17.381

FINANZDATEN (IN MIO. DM)

	Volkswagenwerk GmbH
Umsatz	660
Investitionen	27,9
Gewinn	3,5

PRODUKTION AUSGEWÄHLTER MODELLE

	Limousinen	Transporter
	114.348	21.665

FAHRZEUGABSATZ

	Volkswagenwerk GmbH
Inland	89.060
Ausland	46.881
Gesamt	135.941

1953

28. JANUAR Zur Behebung des chronischen Wohnraummangels in Wolfsburg gründet Volkswagen die VW-Wohnungsbau-Gemeinnützige Gesellschaft mbH, die Ende des Jahres 1 400 Wohnungen baut. Das rasche Belegschaftswachstum macht die betriebliche Wohnraumbeschaffung zur dringenden Aufgabe, da Mittel für den öffentlichen Wohnungsbau nur in beschränktem Umfang zur Verfügung stehen. Mehr als die Hälfte der bei Volkswagen Beschäftigten wohnt außerhalb Wolfsburgs, viele pendeln täglich zwischen Arbeitsstätte und ihren bis zu 80 Kilometer entfernten Wohnorten. Die Errichtung von Werkswohnungen wird zum wichtigen Instrument beim Aufbau einer Stammbelegschaft.

23. MÄRZ Mit Gründung der Volkswagen do Brasil Ltda. in São Paulo entsteht die erste Produktionsgesellschaft der Volkswagenwerk GmbH im Ausland. Wegen der restriktiven Einfuhrpolitik der brasilianischen Regierung, die den Aufbau einer nationalen Automobilindustrie vorantreiben will, kann eine erfolgreiche Erschließung des südamerikanischen Absatzmarktes langfristig nur durch eine Fabrikation vor Ort sichergestellt werden. Volkswagen hält 80 Prozent der Anteile an dem brasilianischen Unternehmen, das seit dem 12. Juli 1955 als Aktiengesellschaft firmiert. Die Montage der importierten Teilesätze erfolgt zunächst in gemieteten Anlagen, bis sie Ende 1956 in die neu errichtete Fabrik in São Bernardo do Campo verlegt wird. Um den vorgeschriebenen landeseigenen Fertigungsanteil zu erreichen, wird das Montagewerk zügig zu einem Produktionsbetrieb ausgebaut.

30. NOVEMBER Im Werk Wolfsburg tritt erstmals ein paritätisch besetzter Wirtschaftsausschuss zusammen. Er dient der Unterrichtung des Betriebsrats über die Geschäftspolitik des Managements.

WERKSWOHNUNGSBAU IN WOLFSBURG

MONTAGEWERK
IN BRASILIEN

FAHRZEUGPRODUKTION

	Volkswagenwerk GmbH
	179.740

BELEGSCHAFT

	Volkswagenwerk GmbH
Arbeiter	18.318
Angestellte	2.251
Gesamt	20.569

FINANZDATEN (IN MIO. DM)

	Volkswagenwerk GmbH	Konzern
Umsatz	815	822
Investitionen	56,6	
Gewinn	3,5	

PRODUKTION AUSGEWÄHLTER MODELLE

	Limousinen	Transporter
	151.323	28.417

FAHRZEUGABSATZ

	Volkswagenwerk GmbH
Inland	106.883
Ausland	68.754
Gesamt	175.637

1953

1954

1. JANUAR Die Händler-Organisation umfasst im Inland neben 66 Großhändlern 239 Händler und 531 Vertragswerkstätten. Die zum Jahresende eingerichtete Zentralkartei führt in der Außenorganisation 63 Verkaufsleiter und 1 997 Verkäufer auf.

SEPTEMBER Geschäftsführer Heinrich Nordhoff erstellt sein Programm zur weiteren Rationalisierung und Kapazitätserweiterung. Nordhoff beantragt damit Effektivierungsinvestitionen in die spanabhebende und spanlose Fertigung sowie den Ausbau der Kapazitäten um rund ein Viertel auf eine Tagesfertigung von 1 250 Personenwagen und 220 Transporter. Durch Neuordnung der Organisationsstruktur, Umstellung auf Fließfertigung und Mechanisierung der Fabrikationsprozesse vollzieht sich in den folgenden Jahren der Übergang zur Großserienproduktion.

1. OKTOBER Im Ausland bestehen 82 Volkswagen Generalvertretungen, darunter die eigenen Tochtergesellschaften in Brasilien und Kanada. 70 Prozent des Auslandsabsatzes erzielen die erfolgreichen Generalimporteure in Europa, insbesondere in Belgien und Schweden, in den Niederlanden und in der Schweiz. Die Weltmarktorientierung zahlt sich für das Unternehmen und seine Handelspartner gleichermaßen aus.

IN GROSSSERIE

FAHRZEUGPRODUKTION

	Volkswagenwerk GmbH
	242.373

BELEGSCHAFT

	Volkswagenwerk GmbH
Arbeiter	22.719
Angestellte	2.564
Gesamt	25.238

FINANZDATEN (IN MIO. DM)

	Volkswagenwerk GmbH	Konzern
Umsatz	1.064	1.076
Investitionen	87	
Gewinn	4,3	

PRODUKTION AUSGEWÄHLTER MODELLE

	Limousinen	Transporter
	202.174	40.199

FAHRZEUGABSATZ

	Volkswagenwerk GmbH
Inland	137.000
Ausland	108.839
Gesamt	245.839

1954

1955

10. FEBRUAR Auch für die Lohnempfänger wird die Lohnfortzahlung im Krankheitsfall eingeführt. Das im Manteltarifvertrag festgeschriebene Recht wird durch zahlreiche außertarifliche Leistungen der Volkswagenwerk GmbH ergänzt, mit denen sich das Unternehmen in den 1950er Jahren ein unverwechselbares sozialpolitisches Profil zulegt.

14. JULI Das in Zusammenarbeit mit der Karosseriefabrik Karmann entwickelte Volkswagen Karmann Ghia Coupé wird in Georgsmarienhütte der Öffentlichkeit vorgestellt. Mit seinem italienischen Design formschön gelungen, lädt der Zweisitzer dank seines 30-PS-Motors, der hydraulischen Bremsanlage und des an der Vorderachse angebrachten Stabilisators zu einer sportlichen Fahrweise ein. Der auf technischer Basis des Export-Modells stehende Wagen verfügt im Gegensatz zur Volkswagen Limousine bereits über Blinker anstatt Winker. Zu einem Preis von 7 500 DM findet der Typ 14 im Startjahr im Inland 664 Abnehmer.

21. JULI Zur Marktforschung und -beobachtung wird die Volkswagen United States Inc. mit Sitz in New York gegründet. Am 10. August 1955 erwirbt das amerikanische Tochterunternehmen von der Studebaker-Packard Corporation deren in New Brunswick, New Jersey gelegene Fabrik, um in den USA die Montage von Volkswagen aufzunehmen. Aber die Pläne werden verworfen. Wie eine Kostenstudie belegt, wäre es wegen der hohen Löhne in den USA nicht möglich, den Volkswagen in gleichbleibender Qualität zu konkurrenzfähigen Preisen anzubieten.

5. AUGUST Die Belegschaft und die Händler des In- und Auslands feiern in Wolfsburg die Fertigstellung des einmillionsten Volkswagen.

27. OKTOBER An die Stelle der später aufgelösten Volkswagen United States Inc. tritt die in Newark, New Jersey gegründete Volkswagen of America, Inc., die nach dem Scheitern der Produktionspläne die Funktion einer Vertriebsgesellschaft übernimmt. Ihr Geschäftssitz wird nach Englewood Cliffs, New Jersey verlegt. Mit je einem Büro in New York und San Francisco wickelt die amerikanische Tochter seit Januar 1956 den Import von Volkswagen ab und beginnt sogleich, das Händlernetz mit verschärften Anforderungen an den Kundendienst und die Präsentation der Marke zu reorganisieren. Denn ein Großteil der Händler, die neben Volkswagen noch eine Reihe anderer Hersteller vertreten, kann die mit dem Verkauf übernommene Betreuungspflicht nicht erfüllen. 1956 werden in den USA 42 884 Volkswagen Limousinen und 6 666 Transporter verkauft. Das Vertriebs- und Kundendienstnetz, das 15 Großhändler und 342 Händler umfasst, wird parallel zu den kontinuierlich steigenden Absatzzahlen zügig ausgebaut.

NEUER PRODUKTIONSREKORD

VOLKSWAGEN KARMANN GHIA COUPÉ

1955

FAHRZEUGPRODUKTION

	Volkswagenwerk GmbH
	329.893

BELEGSCHAFT

	Volkswagenwerk GmbH
Arbeiter	28.606
Angestellte	2.964
Gesamt	31.570

FINANZDATEN (IN MIO. DM)

	Volkswagenwerk GmbH	Konzern
Umsatz	1.408	1.444
Investitionen	173	
Gewinn	6,3	

PRODUKTION AUSGEWÄHLTER MODELLE

	Limousinen	Transporter
	279.986	49.907

FAHRZEUGABSATZ

	Volkswagenwerk GmbH
Inland	150.397
Ausland	177.657
Gesamt	328.054

1956

8. MÄRZ Nach einjähriger Bauzeit nimmt das neue Werk in Hannover-Stöcken die Fertigung des Transporter auf. Der Dezentralisierung der Produktion hat der Aufsichtsrat am 24. Januar 1955 zugestimmt, weil der Nachfrageüberhang nach Volkswagen einen Kapazitätsausbau verlangte, dem das erschöpfte Arbeitskräftereservoir im Raum Wolfsburg Grenzen setzte. Durch die Verlagerung nach Hannover, die im Werk Wolfsburg zusätzliche Montagekapazitäten für die Limousine freimacht, kann das Angebot der wachsenden Nachfrage angepasst werden. Bei einer Belegschaftsstärke von 6 044 Beschäftigten steigt 1957 die Jahresproduktion des Transporter von zuvor 62 500 auf 91 993 Wagen, von denen gut 60 000 Einheiten exportiert werden. Im Herbst 1957 beginnt im Werk Hannover der Bau einer Motorenfabrik, die am 25. März 1959 die Produktion aufnimmt.

10. SEPTEMBER Um ihre Position auf dem südafrikanischen Markt zu festigen, erwirbt die Volkswagenwerk GmbH 38 Prozent der Aktien des Generalimporteurs South African Motor Assemblers und Distributors Ltd. (SAMAD), einer überwiegend in englischem Besitz befindlichen Gesellschaft in Uitenhage, die zerlegte Volkswagen importiert, in eigener Regie montiert und verkauft hat. 1957 wird die Beteiligung auf 57,6 Prozent aufgestockt.

QUALITÄTSSICHERUNG IN UITENHAGE

WERK HANNOVER

FAHRZEUGPRODUKTION

	Volkswagenwerk GmbH
	395.690

BELEGSCHAFT

	Volkswagenwerk GmbH
Arbeiter	32.269
Angestellte	3.403
Gesamt	35.672

FINANZDATEN (IN MIO. DM)

	Volkswagenwerk GmbH	Konzern
Umsatz	1.715	1.788
Investitionen	181	
Gewinn	6,9	

PRODUKTION AUSGEWÄHLTER MODELLE

	Limousinen	Transporter
	333.190	62.500

FAHRZEUGABSATZ

	Volkswagenwerk GmbH
Inland	176.067
Ausland	217.683
Gesamt	393.750

1956

1957

1. APRIL Durch eine Betriebsvereinbarung zwischen Betriebsrat und Geschäftsleitung wird die wöchentliche Arbeitszeit im Schichtbetrieb auf 40 Stunden und im Normalbetrieb auf 42,5 Stunden reduziert. Damit gilt für das Gros der Beschäftigten die 40-Stunden-Woche bei vollem Lohnausgleich.

1. APRIL Alfred Hartmann übernimmt den Vorsitz im Aufsichtsrat der Volkswagenwerk GmbH.

19. SEPTEMBER In Osnabrück wird das zweisitzige Volkswagen Karmann Ghia Cabriolet vorgestellt, das bei Karmann in Osnabrück vom Band läuft. Technisch identisch mit dem Coupé, richtet sich der elegante Wagen an die wachsende Zahl Frischluftfans, die den Wagen für 8 250 DM erwerben können.

6. DEZEMBER Die Volkswagenwerk GmbH gründet die Volkswagen (Australasia) Pty. Ltd. mit Sitz in Melbourne, um eine Volkswagen Produktion mit landeseigenem Fertigungsanteil aufzubauen. 1958 erwirbt die australische Tochter die Aktien des bisherigen Generalimporteurs Volkswagen Distributors Pty. Ltd.. Nachdem die Volkswagen Australasia im Januar 1959 die Montage der zerlegt angelieferten Fahrzeuge in eigene Regie übernommen hat, werden die Produktionskapazitäten durch den Bau neuer Werkshallen erweitert. Dem gleichen Zweck dient 1959 die Übernahme der Allied Iron Founders Pty. Ltd., die in Volkswagen Manufacturing (Australia) Pty. Ltd. umbenannt wird und 1962 zusammen mit der Volkswagen Australasia von der Montage zur Produktion von Volkswagen übergeht. Die Aufbereitung von Austauschmotoren ergänzt 1963 das Fabrikationsprogramm der australischen Töchter.

31. DEZEMBER Nach Freigabe der letzten von den Briten genutzten Grundstücke stellt das Werk Braunschweig seinen Fertigungsprozess auf die Erfordernisse der fordistischen Großserienproduktion in Wolfsburg und Hannover ein. Die einsetzende Rationalisierungsphase geht mit einem Ausbau der Kapazitäten und Fertigungsaufgaben einher. Die Ende 1957 fertig gestellte, 25 000 Quadratmeter große Halle 3 nimmt den aus Wolfsburg verlagerten Vorderachsenbau für die Limousine auf.

VOLKSWAGEN KARMANN GHIA CABRIOLET

ALFRED HARTMANN

1957

FAHRZEUGPRODUKTION

	Volkswagenwerk GmbH
	472.554

PRODUKTION AUSGEWÄHLTER MODELLE

	Limousinen	Transporter
	380.561	91.993

BELEGSCHAFT

	Volkswagenwerk GmbH	Konzern
Arbeiter	37.500	
Angestellte	3.750	
Gesamt	41.290	43.359

FAHRZEUGABSATZ

	Volkswagenwerk GmbH
Inland	203.018
Ausland	270.987
Gesamt	474.005

FINANZDATEN (IN MIO. DM)

	Volkswagenwerk GmbH	Konzern
Umsatz	2.037	2.260
Investitionen	211	
Gewinn	7,4	

1958

16. JUNI Hans Busch tritt den Vorsitz im Aufsichtsrat der Volkswagenwerk GmbH an.

23. JUNI Das Volkswagen Werk verlegt die Aggregate-Aufbereitung von Wolfsburg nach Altenbauna bei Kassel. Nach knapp einjährigen Umbau- und Instandsetzungsarbeiten entsteht dort aus der angekauften Flugmotorenfabrik der Henschel & Sohn GmbH ein neues Werk, das die Volkswagen Organisation mit überholten Motoren, Achsen und anderen Ersatzteilen versorgt. Die Belegschaft steigt 1959 auf 1 124 Mitarbeiter an, die täglich 430 Motoren und 130 Achsen aufbereiten. In den Folgejahren werden die alten schrittweise durch neue Gebäude ersetzt, angefangen mit der 1959/60 errichteten Halle 1 für die Getriebefertigung. Im Juli 1964 geht die Halle 2 in Betrieb, die neben Rahmenbau und Presswerk das umfangreiche Ersatzteilelager und die Verpackungsabteilung aufnimmt.

HANS BUSCH

AGGREGATEAUFBEREITUNG   WERK KASSEL

                                                        PRODUKTION
FAHRZEUGPRODUKTION   AUSGEWÄHLTER MODELLE

	Volkswagenwerk GmbH	Konzern		Limousinen	Transporter
	553.399	557.088		451.526	105.562

1958

BELEGSCHAFT   FAHRZEUGABSATZ

	Volkswagenwerk GmbH	Konzern		Volkswagenwerk GmbH	Konzern
Arbeiter	39.794		Inland	235.615	235.615
Angestellte	4.210		Ausland	315.717	319.372
Gesamt	44.004	47.916	Gesamt	551.332	554.987

FINANZDATEN (IN MIO. DM)

	Volkswagenwerk GmbH	Konzern
Umsatz	2.423	2.719
Investitionen	268	
Gewinn	319,3	

1959

17. AUGUST Die Volkswagen of America, Inc. startet eine professionelle Werbekampagne, weil sie Marktanteile an den europäischen Konkurrenten Renault verloren hat und die amerikanischen Hersteller mit Compact Cars auf den Kleinwagenmarkt drängen. In Zusammenarbeit mit der New Yorker Werbeagentur Doyle Dane Bernbach Inc. wird eine ebenso erfolgreiche wie legendäre Werbekampagne ins Leben gerufen, die mit „Think small.", „Lemon." oder „Nobody is perfect." einige Klassiker hervorbringt. Das von Volkswagen bediente Marktsegment wird indes durch die größeren amerikanischen Kompaktwagen nicht nennenswert tangiert. Während die europäischen Konkurrenten schwere Absatzeinbußen hinnehmen müssen, kann Volkswagen 1960 seinen Anteil an den zugelassenen Importwagen von 20 auf 32 Prozent ausbauen.

18. NOVEMBER Die im brasilianischen São Bernardo do Campo errichtete Automobilfabrik wird offiziell eröffnet. Aus dem Montagewerk hat sich inzwischen eine selbstständige Produktionsstätte entwickelt – mit Presswerk, Karosseriebau, Lackiererei, Motorenbau, Montage und galvanischer Abteilung. Im September 1957 war bereits die Transporter Fertigung angelaufen. Nach Inbetriebnahme der Halle für die mechanische Fertigung 1960 steigt der brasilianische Materialanteil bei der Limousinen-Produktion auf 90 Prozent. Im Folgejahr setzt sich die Volkswagen do Brasil mit 47 320 verkauften Fahrzeugen und einem Absatzplus von rund 67 Prozent gegenüber dem Vorjahr an die Spitze der brasilianischen Automobilindustrie. Der Marktanteil wächst auf 41 Prozent, die Belegschaft auf über 8 000 Beschäftigte an, die arbeitstäglich fast 220 Fahrzeuge fertigen.

VOLKSWAGEN WERBUNG IN DEN USA

ERÖFFNUNG DES WERKS
IN SÃO BERNARDO DO CAMPO

FAHRZEUGPRODUKTION

	Volkswagenwerk GmbH	Konzern
	696.860	705.243

PRODUKTION AUSGEWÄHLTER MODELLE

	Limousinen	Transporter
	575.407	129.836

BELEGSCHAFT

	Volkswagenwerk GmbH	Konzern
Arbeiter	49.372	
Angestellte	4.748	
Gesamt	54.120	60.477

FAHRZEUGABSATZ

	Volkswagenwerk GmbH	Konzern
Inland	292.147	292.147
Ausland	404.185	412.531
Gesamt	696.332	704.678

FINANZDATEN (IN MIO. DM)

	Volkswagenwerk GmbH	Konzern
Umsatz	3.055	3.544
Investitionen	444	
Gewinn	68,3	

1959

1960

11. MÄRZ Zur Erschließung des französischen Marktes wird in Paris die Vertriebsgesellschaft Volkswagen France S.A. gegründet, nachdem die französische Regierung die Einfuhr aus EWG-Ländern liberalisiert hat. Bei den Pkw-Importen steht Volkswagen 1960 hinter Fiat und Opel an dritter Stelle.

22. AUGUST Die Volkswagenwerk GmbH wird zur Aktiengesellschaft umfirmiert und in das Handelsregister beim Amtsgericht Wolfsburg eingetragen. Zuvor hat der Bundestag am 21. Juli 1960 mit großer Mehrheit das Gesetz über die Überführung der Anteilsrechte an der Volkswagenwerk Gesellschaft mit beschränkter Haftung in private Hand angenommen. 60 Prozent des Gesellschaftskapitals werden als so genannte Volksaktien veräußert, 40 Prozent verbleiben hälftig bei Bund und Land, wodurch ein staatlicher Einfluss auf das Unternehmen gesichert ist.

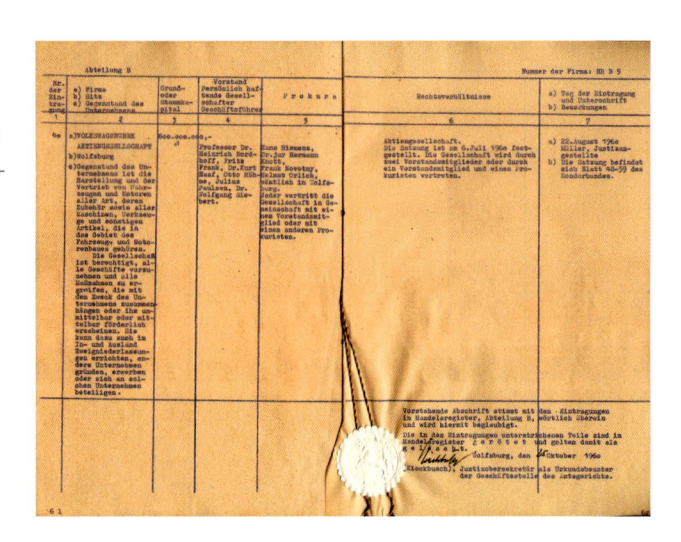

HANDELSREGISTEREINTRAG

BETRIEBSVERSAMMLUNG

FAHRZEUGPRODUKTION

	Volkswagenwerk AG	Konzern
	865.858	890.673

PRODUKTION
AUSGEWÄHLTER MODELLE

	Limousinen	Transporter
	739.455	151.218

1960

BELEGSCHAFT

	Volkswagenwerk AG	Konzern
Arbeiter	58.475	
Angestellte	5.664	
Gesamt	64.139	75.528

FAHRZEUGABSATZ

	Volkswagenwerk AG	Konzern
Inland	374.478	374.478
Ausland	489.272	514.029
Gesamt	863.750	888.507

FINANZDATEN (IN MIO. DM)

	Volkswagenwerk AG	Konzern
Umsatz	3.933	4.607
Investitionen	465	
Gewinn	72,2	

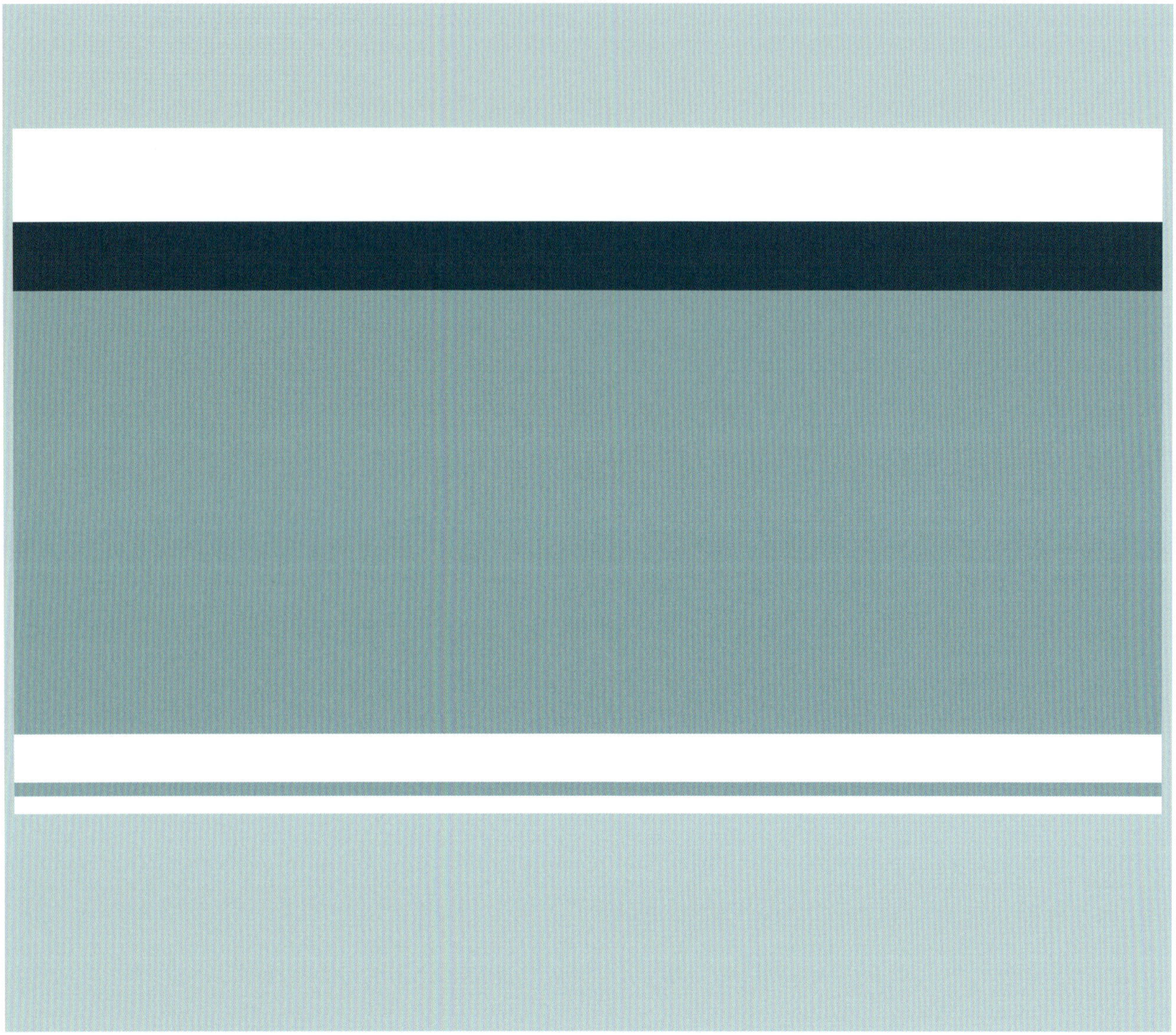

1961–1972

1961 – 1972

Boom und Krise des Ein-Produkt-Unternehmens

FERTIGUNG DES VW 1500

Die Massenfertigung der unter ihrem Kosenamen Käfer bekannt gewordenen Limousine und das florierende Exportgeschäft verhalfen der Volkswagenwerk AG zu einer Spitzenstellung in Deutschland. Mit hoher Produktivität baute das Unternehmen 1964 doppelt so viele Fahrzeuge wie der in der deutschen Produktionsstatistik zweitplatzierte Automobilhersteller. Im Inland hielt Volkswagen einen Marktanteil von knapp 33 Prozent bei den Pkw; mehr als die Hälfte der neu zugelassenen Lieferwagen trugen das Volkswagen Markenzeichen. Den Übergang vom Verkäufer- zum Käufermarkt meisterte die Volkswagenwerk AG Anfang der 1960er Jahre ohne Absatzeinbußen, indem es seine Modellpalette um den VW 1500 erweiterte und die Präsenz auf den internationalen Märkten verstärkte. Rund 60 Prozent der Produktion verkaufte der weltgrößte Automobilexporteur 1963 überwiegend ins europäische Ausland und in die USA, wo die Beliebtheit des Beetle seiner Popularität in Deutschland nicht nachstand. Nach vier guten Geschäftsjahren mit durchschnittlichen Steigerungsraten von 20 Prozent wuchs 1964 die Ausfuhr nach Amerika auf knapp 330 000 Fahrzeuge an. Zum Jahresende nahm das in Emden errichtete Werk die Montage des Typ 1 auf, um die Versorgung des nordamerikanischen Marktes sicherzustellen.

Der Export nach Europa gab indes Anlass zu Besorgnis. Einerseits erschwerten protektionistische Maßnahmen den Zugang zu einigen Märkten, und speziell in Italien und Frankreich konnte die Volkswagenwerk AG in den frühen 1960er Jahren kaum Boden gewinnen. Andererseits nahm der Wettbewerbsdruck in den europäischen Hauptabnehmerländern des Unternehmens spürbar zu, nachdem die Konkurrenz ihre Fahrzeuge in Qualität und Ausstattung auf Volkswagen Niveau gehoben hatte. Selbst der Binnenmarkt, den die Volkswagen Limousine lange Zeit als Epochenmodell dominierte, geriet in Bewegung. Opel und Ford brachten große 1,5-Liter-Wagen heraus, deren Optik den Geschmack breiter Käuferschichten eher traf als eine kompakte Konstruktion. Im Wettbewerb mit diesen Fahrzeugen blieb 1964 der Absatz des zunächst erfolgreichen VW 1500 hinter den Erwartungen zurück. Der Produktdiversifizierung blieb ein durchgehender Erfolg versagt.

Um seine Wettbewerbsposition zu stärken, lotete das Wolfsburger Automobilunternehmen Kooperationsmöglichkeiten mit der Daimler-Benz AG aus. Die 1964 vorgenommene Flurbereinigung überließ dem Wolfsburger Automobilhersteller die Produktion von Fahrzeugen unterhalb der Zwei-Liter-Grenze. Volkswagen nutzte die Gelegenheit und übernahm am 1. Januar 1965 zunächst 75,3 Prozent der Daimler-Benz-Tochter Auto Union GmbH. Als Aktivposten konnten die Fabrik mit einer Jahreskapazität von 100 000 Fahrzeugen, 11 000 Mitarbeiter, ein Vertriebssystem mit 1 200 Händlern und eine neue Motorengeneration verbucht werden. Diesem Potenzial standen auf der Passivseite ein hoher Lagerbestand und eine handfeste Finanzkrise gegenüber, denn die Auto Union baute auf vergleichsweise niedrigem Produktivitätsniveau ein zu teueres und deshalb schwer verkäufliches Fahrzeug. Organisatorische und modellpolitische Sofortmaßnahmen waren erforderlich, um die neue Tochter aus der Verlustzone zu führen. Der ab September 1965 in Ingolstadt produzierte Audi 72, den die Konstrukteure kurzfristig aus dem DKW F 102 entwickelt hatten, brachte in finanzieller Hinsicht keinen Durchbruch. Er bildete aber den Kern einer neuen Modellpalette, mit der Audi als selbstständige Marke im Volkswagen Konzern auf den Erfolgspfad zurückkehrte.

Mit geschmälerter Ertragslage trat Volkswagen 1966/67 in die erste Nachkriegsrezession ein, die nach einer außergewöhnlichen und lang anhaltenden Prosperitätsphase die Rückkehr zu wirtschaftlichen Normalbedingungen ankündigte. Die rückläufige Nachfrage auf dem Binnenmarkt zwang 1967 zu Produktionsanpassungen: Die Typ-1-Fertigung wurde um 14 Prozent, die Produktion des VW 1600 um 35 Prozent eingeschränkt. Obwohl die Konjunkturdaten ebenso wie die Verkaufszahlen Ende des Jahres wieder nach oben wiesen, wirkte die kurze Absatzkrise nach.

Sie demonstrierte die konjunkturelle Anfälligkeit der Großserienfertigung, die durch Veränderungen in der Produktion und Modellpolitik weiter unter Druck geriet. Die inzwischen erreichte Fertigungstiefe wie die zahlreichen Modell- und Ausstattungsvarianten hatten zu Produktivitätseinbußen geführt und schmälerten den Wirkungsgrad des Unternehmens. Damit drohte sich der elementare Konkurrenzvorteil – die Massenproduktion eines Typs – in einen gravierenden Nachteil zu verwandeln. Denn der

BUNDESPRÄSIDENT LÜBKE IM
GESPRÄCH MIT NORDHOFF UND HAHN

sich mit steigendem Motorisierungsgrad verschärfende Wettbewerb auf den wichtigsten Absatzmärkten beschnitt die Möglichkeiten, die Ertragsverluste durch Verkaufssteigerungen in bisherigem Umfang oder durch Preiserhöhungen zu kompensieren.

In dieser Umbruchsituation endet die Ära Heinrich Nordhoff. Sein Festhalten an der Volkswagen Limousine, die unter Nordhoffs Leitung technisch perfektioniert wurde, sowie die Verbindung von Massenproduktion und Weltmarktorientierung führten die Volkswagenwerk AG in die Spitze der europäischen Automobilindustrie. Um diese Position zu halten, bedurfte es nach dem Tod des 20 Jahre amtierenden Vorstandsvorsitzenden einschneidender Kurskorrekturen.

Zur Verbesserung der Ertragslage leitete Volkswagen 1968 Maßnahmen zur Kostensenkung ein. Parallel zur Rationalisierung der Produktion investierte das Unternehmen in den Ausbau von Forschung und Entwicklung, deren Stellenwert neu bestimmt wurde. Dabei kam der Rekrutierung von Technikern und Ingenieuren sowie der systematischen Führungskräfteentwicklung erhöhte Aufmerksamkeit zu.

Mit dem Produktionsanlauf des VW 411 im September 1968 löste sich der Wolfsburger Automobilhersteller ein weiteres Stück aus der Abhängigkeit vom Typ 1, der mit einer Tagesproduktion von 4 200 Wagen nach wie vor den Lebensnerv des Unternehmens bildete. Um seine Konkurrenzfähigkeit zu erhalten, entwickelte Volkswagen den mit neuem Fahrwerk und vergrößertem Kofferraum ausgestatteten VW 1302, der 1970 als Limousine und Cabrio in Serie ging. Alle Anstrengungen konnten indes nicht verhindern, dass der von einem luftgekühlten Heckmotor angetriebene Typ 1 an Attraktivität verlor. Eine neue Generation von Klein- und Mittelklassewagen eroberte den Markt – mit wassergekühlten Motoren und Frontantrieb, viel Innen- und Kofferraum und einer neuen Fahrzeugästhetik.

PRODUKTION DES VW 411 IN WOLFSBURG

Nach 1970 ging der Absatz des Typ 1 zurück, doch konnte der Rückgang durch Verkaufserfolge der südamerikanischen Töchter und der inzwischen fusionierten Audi NSU Auto Union AG aufgefangen werden, die mit ihren Modellen ein wachsendes Marktsegment bediente. Volkswagen konzentrierte sich auf die dringende Aufgabe, eine neue Produktpalette zu entwickeln.

Absatzprobleme ergaben sich ebenfalls im internationalen Geschäft, die durch den Übergang zu flexiblen Wechselkursen vertieft wurden. Die DM-Aufwertungen belasteten den Export von Volkswagen und führten auf dem Binnenmarkt zu verstärkter Konkurrenz der ausländischen Anbieter bei gleichzeitig sinkender Nachfrage. Auf die währungspolitischen Veränderungen reagierte Volkswagen mit Preiserhöhungen, zumal der anhaltende Kostendruck und die rückläufige Ertragslage kaum Spielraum ließen. Dadurch verschlechterte sich die Preisrelation zu den anderen Anbietern und mithin die Wettbewerbsposition auf wichtigen Volumenmärkten. Dies betraf vor allem den Export in das Hauptabnehmerland USA, wo Gewinne und Absatz der Volkswagen of America durch die wechselkursinduzierten Kostennachteile gegenüber japanischen und amerikanischen Automobilfirmen geschmälert wurden. Die Verkaufszahlen fielen zwischen 1970 und 1972 von rund 570 000 auf knapp 486 000 Fahrzeuge. Verschärfend kam hinzu, dass der Beetle auf der Beliebtheitsskala der Amerikaner zu sinken begann, weil er in punkto Antriebstechnik, Verbrauch und Sicherheit dem automobiltechnischen Fortschritt hinterher hinkte.

WINDKANAL

Die Volkswagenwerk AG begegnete der aufziehenden Krise mit einer Kombination aus kostensenkenden Maßnahmen in allen Unternehmensbereichen und hohen Investitionen, die in die Entwicklung der neuen Modellpalette und die Umstellung des Produktionsprozesses flossen. Im Kern zielte das aufwändige Rationalisierungsprogramm auf die Einführung neuer technischer und organisatorischer Systeme in die Fertigung, wobei die EDV-Technologie die wichtigsten Innovationsimpulse lieferte. Die elektronische Datenverarbeitung wurde zur Steuerung von Produktionsabläufen eingesetzt und zeitigte hier wie in der Konstruktion bedeutsame Rationalisierungseffekte. Damit hatte Volkswagen wesentliche Grundlagen für ein erfolgreiches Krisenmanagement gelegt. Alle Hoffnungen ruhten nun auf der neuen Volkswagen Generation.

1961

1. JANUAR Die Teilprivatisierung der Volkswagenwerk AG bringt in der Bundesrepublik Deutschland eine weitere Volksaktie hervor. Bis zum 15. März 1961 werden die Volkswagen Aktien im Gesamtnennwert von 360 Millionen DM zu einem Kurs von je 350 DM ausgegeben. Der Erlös aus dem Aktienverkauf fließt in die 1961 zur Wissenschaftsförderung gegründete Stiftung Volkswagenwerk, eine in ihren Entscheidungen unabhängige Institution bürgerlichen Rechts mit Sitz in Hannover.

21. SEPTEMBER Auf der Internationalen Automobil-Ausstellung (IAA) in Frankfurt am Main präsentiert Volkswagen den VW 1500, eine Mittelklasselimousine mit einem 45-PS-Boxermotor im Heck. Der intern als Typ 3 bezeichnete VW 1500 steht für „gediegene Eleganz". Das „vernünftige Auto" ist ab 5 990 DM zu haben und spricht „Fahrer mit gehobenen Ansprüchen" und „kluge Rechner" an. Im Februar 1962 geht die Kombivariante unter der Bezeichnung VW Variant an den Start. Mit Einführung des VW 1500 ergänzt Volkswagen seinen „berühmten Erfolgswagen" durch dessen „größeren Bruder".

21. SEPTEMBER Das VW 1500 Karmann Ghia Coupé erlebt auf der Internationalen Automobil-Ausstellung in Frankfurt am Main ebenfalls seine Premiere. Auf technischer Basis des neuen VW 1500 stehend, ist das zweitürige und zweisitzige Fahrzeug zu einem Preis von 8 750 DM zu haben. Im Prospekt als „vollendete Schönheit" angepriesen, stammen die Form von Ghia in Turin, die Karosserie von Karmann in Osnabrück und Chassis, Motor und Getriebe von Volkswagen. Die Produktion bleibt 1962 mit 8 653 Fahrzeugen hinter den Erwartungen zurück.

18. OKTOBER Nach 12 Jahren erfolgt zwischen der Volkswagenwerk AG und ehemaligen KdF-Wagen-Sparern ein Vergleich, die ihre gegenüber der Deutschen Arbeitsfront erworbenen Ansprüche auf einen Volkswagen auf dem Rechtsweg durchsetzen wollten. Je nach angespartem Betrag erhalten die Sparer beim Kauf eines Volkswagen einen Nachlass auf den Listenpreis von maximal 600 DM oder eine Barabfindung von bis zu 100 DM.

VW 1500

VW 1500 KARMANN GHIA COUPÉ

VOLKSWAGEN AKTIE

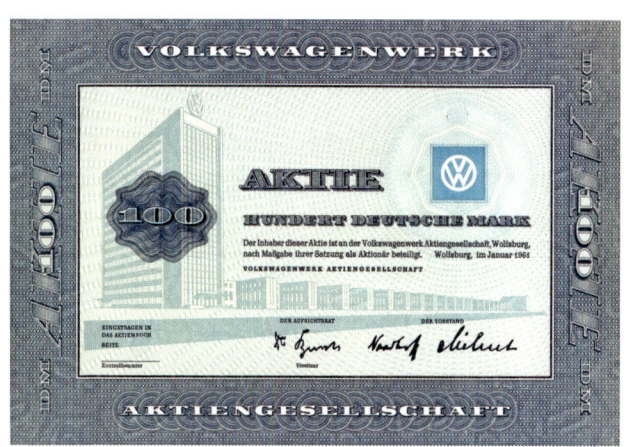

FAHRZEUGPRODUKTION

	Volkswagenwerk AG	Konzern
	959.773	1.007.113

PRODUKTION AUSGEWÄHLTER MODELLE

	Typ 1 „Käfer"	Transporter	VW 1500
	827.850	168.600	10.663

BELEGSCHAFT

	Volkswagenwerk AG	Konzern
Arbeiter	62.892	
Angestellte	6.554	
Gesamt	69.446	80.764

FAHRZEUGABSATZ

	Volkswagenwerk AG	Konzern
Inland	427.251	427.451
Ausland	533.420	580.740
Gesamt	960.871	1.008.191

1961

FINANZDATEN (IN MIO. DM)

	Volkswagenwerk AG	Konzern
Umsatz	4.423	5.190
Investitionen	596	
Gewinn	71,9	

1962

17. JANUAR Nachdem der Mauerbau im August 1961 die Zuwanderung von Arbeitskräften aus der DDR beendet hat, trifft zur Deckung des Arbeitskräftebedarfs ein erster Zug mit angeworbenen Italienern in Wolfsburg ein. Die Zahl ausländischer Arbeitnehmer der Volkswagenwerk AG steigt 1962 sprunghaft von 730 auf 4494 an. Zum Jahresende beschäftigt das Werk Wolfsburg 3188 Italiener, die im eigens für sie errichteten „Italienischen Dorf" wohnen.

2. OKTOBER Im Werk Hannover läuft der einmillionste Volkswagen Transporter vom Band.

20. DEZEMBER Volkswagen verstärkt sein Engagement auf dem Wohnungsmarkt durch Gründung der VW-Siedlungsgesellschaft mbH mit Sitz in Wolfsburg, um alle Möglichkeiten zum Bau und Erwerb von Wohnungen für die Belegschaft auszuschöpfen. Rund 40 Millionen DM investiert die Volkswagenwerk AG 1962 in den Wohnungsbau, davon 15 Millionen DM für die Italiener-Unterkünfte an der Berliner Brücke. Obwohl das betriebliche Wohnungsangebot mit dem Belegschaftswachstum nicht Schritt halten kann, trägt es maßgeblich dazu bei, die Inlandswerke mit Arbeitskräften zu versorgen und die Mitarbeiterfluktuation zu reduzieren. Die gemeinnützige Wohnungsbaugesellschaft schränkt 1964 die eigene Bautätigkeit zugunsten der Betreuung von Bauprojekten der Siedlungsgesellschaft ein, deren Gesellschaftskapital auf 20 Millionen DM verdoppelt wird. 1964 umfasst der Gesamtbestand beider Gesellschaften in Wolfsburg, Hannover und Kassel 7646 Wohnungen.

WERBEBOTSCHAFT: DIE KÄFER FORM

ITALIENER IN DER UNTERKUNFT AN DER BERLINER BRÜCKE

FAHRZEUGPRODUKTION

	Volkswagenwerk AG	Konzern
	1.112.424	1.184.675

PRODUKTION AUSGEWÄHLTER MODELLE

	Typ 1 „Käfer"	Transporter	VW 1500
	877.014	180.337	127.324

BELEGSCHAFT

	Volkswagenwerk AG	Konzern
Arbeiter	70.838	
Angestellte	7.166	
Gesamt	78.004	91.220

FAHRZEUGABSATZ

	Volkswagenwerk AG	Konzern
Inland	485.064	485.064
Ausland	627.613	698.601
Gesamt	1.112.677	1.183.665

1962

FINANZDATEN (IN MIO. DM)

	Volkswagenwerk AG	Konzern
Umsatz	5.518	6.382
Investitionen	338	
Gewinn	84,1	

1963

15. JANUAR Das Transportschiff Johann Schulte läuft vom Stapel. Mit einem Laderaum, der 1 750 Volkswagen fasst, und einer Geschwindigkeit von 17,25 Knoten erweitert das bisher größte und schnellste für Volkswagen gebaute Schiff die dringend benötigten Transportkapazitäten für den Export nach Übersee.

8. APRIL Der durch die expandierende Produktion verursachte und nur schwer zu behebende Arbeitskräftemangel in Wolfsburg verstärkt die Notwendigkeit zur Rationalisierung und Automatisierung der Fertigung. Im Werk Wolfsburg wird der Zusammenbau von Rohkarossen durch Inbetriebnahme einer 180 Meter langen Spezial-Transferstraße automatisiert, die im Zwei-Schicht-Betrieb täglich 3 300 Karossen produziert. Die in einjähriger Bauzeit installierte Anlage fasst 16 Arbeitsoperationen zusammen und verbindet mit rund 300 millimetergenau ausgeführten Schweißpunkten die Vorder- und Hinterwagen mit dem Dach. Die eingesparten 440 Arbeitskräfte ermöglichen den Kapazitätsausbau anderer Produktionsbereiche. Um die Transferstraße mit Karosserieteilen in ausreichender Stückzahl zu beschicken, werden 57 neue Großpressen aufgestellt. Die Lackiererei wird durch Inbetriebnahme von zwei neuen Lackierstraßen modernisiert und erweitert. Ende Dezember 1963 beschäftigt das Werk Wolfsburg 43 722 Mitarbeiter.

EIN WICHTIGER AUTOMATISIERUNGSSCHRITT: DIE TRANSFERSTRASSE

STAPELLAUF DER JOHANN SCHULTE

FAHRZEUGPRODUKTION

	Volkswagenwerk AG	Konzern
	1.132.080	1.209.591

PRODUKTION AUSGEWÄHLTER MODELLE

	Typ 1 „Käfer"	Transporter	VW 1500
	838.488	189.294	181.809

BELEGSCHAFT

	Volkswagenwerk AG	Konzern
Arbeiter	72.887	
Angestellte	7.539	
Gesamt	80.426	93.488

FAHRZEUGABSATZ

	Volkswagenwerk AG	Konzern
Inland	445.250	445.250
Ausland	685.763	764.447
Gesamt	1.131.013	1.209.697

1963

FINANZDATEN (IN MIO. DM)

	Volkswagenwerk AG	Konzern
Umsatz	5.775	6.843
Investitionen	400	
Gewinn	96	

1964

15. JANUAR Mit Gründung der Volkswagen de Mexico, S.A. de C.V. in Puebla geht Volkswagen in Mexiko von der Fahrzeugmontage zur Eigenproduktion über, nachdem durch die Importbestimmungen die Fahrzeugeinfuhr erschwert worden war. Die neue Volkswagen Tochter übernimmt die Promexa S.A., die zuvor das Wolfsburger Unternehmen in Mexiko vertreten hat, und führt die Montage von Volkswagen weiter. 1965 steigert sie den Absatz um 59 Prozent. Um die expandierende Nachfrage zu decken, wird in Puebla ein neuer Produktionsstandort aufgebaut. Dort läuft im November 1967 die Fertigung mit den von der Regierung festgelegten Zulieferungen aus mexikanischer Produktion an. Im Folgejahr erreicht die Volkswagen de Mexico mit 22 220 verkauften Fahrzeugen einen Marktanteil von 21,8 Prozent.

VOLKSWAGEN DE MEXICO

PRODUKTION UND VERLADUNG
IM WERK EMDEN

1964

16. JULI Zur Umsetzung der staatlichen Vorgaben zur Steigerung des nationalen Fertigungsanteils innerhalb von fünf Jahren auf 95 Prozent nimmt die Volkswagenwerk AG eine Neuordnung des australischen Konzernteils vor. Die Volkswagen (Australasia) Pty. Ltd. firmiert zur Volkswagen Australasia Ltd. um und übernimmt die gesamten Produktionseinrichtungen der Volkswagen Manufacturing (Australia) Pty. Ltd., die in Volkswagen (Distribution) Pty. Ltd. umbenannt wird. Der Direktvertrieb in den Staaten Victoria und Westaustralien geht von der 1964 aufgelösten Volkswagen (Sales) Pty. Ltd. auf die Volkswagen (Distribution) Pty. Ltd. über. 1964 werden in Australien 32 678 Volkswagen, darunter 22 943 Typ 1 und 6 978 VW 1500 verkauft. Die Produktion steigt auf 37 397 Fahrzeuge, davon 25 298 Typ 1 - 1 906 Fahrzeuge und 1 704 CKD-Sätze gehen in den Export. Trotz aller Anstrengungen verschlechtert sich die Wettbewerbsposition der australischen Tochter, denn sie produziert kostenintensiv und mit niedriger Kapazitätsauslastung Fahrzeuge, die den breiten Kundengeschmack nur bedingt treffen. Konkurrenzmodelle japanischer Hersteller werden speziell für den australischen Markt konstruiert und werden zu niedrigeren Preisen angeboten. Deshalb geht der Absatz der Volkswagen Australasia bis 1966 drastisch auf 19 586 Fahrzeuge zurück. Anhaltende Verluste und die starke Konkurrenz insbesondere der japanischen Anbieter, die sich durch intensive bilaterale Handelsbeziehungen eine günstige Ausgangsposition auf dem australischen Markt verschafft haben, zwingen Ende Februar 1968 zur Einstellung der Eigenfertigung. Die Volkswagen Australasia wird in Motor Producers Ltd. umfirmiert und beschränkt sich wieder auf den Zusammenbau zerlegt importierter Fahrzeuge.

8. DEZEMBER Im eigens für den Überseeexport errichteten Werk Emden läuft die Produktion des Typ 1 an. Die Fertigungsstruktur des neuen Standorts, der vier Werkshallen mit einer Gesamtfläche von 140 000 Quadratmetern umfasst, ist auf die Belieferung des nordamerikanischen Marktes ausgerichtet. Das Montagewerk wird mit Karosserien aus Wolfsburg, mit Motoren aus Hannover, mit Getrieben und Rahmen aus Kassel und mit Achsen aus Braunschweig versorgt; Sitze und Kabelstränge werden vor Ort produziert. Täglich rollen hier 500 Fahrzeuge vom Band, die über die werkseigene Verschiffungsanlage direkt in die USA und nach Kanada transportiert werden. Bis März 1966 weitet das Werk seine Montagekapazitäten auf 1 100 Wagen pro Tag aus. Parallel wächst die Belegschaft von 790 auf 4 487 Mitarbeiter zum Jahresende 1966 an.

WERKSANLAGEN DER
VOLKSWAGEN AUSTRALASIA

FAHRZEUGPRODUKTION

	Volkswagenwerk AG	Konzern
	1.317.295	1.410.715

PRODUKTION AUSGEWÄHLTER MODELLE

	Typ 1 „Käfer"	Transporter	VW 1500
	949.370	200.325	262.020

BELEGSCHAFT

	Volkswagenwerk AG	Konzern
Arbeiter	79.662	
Angestellte	8.464	
Beschäftigte in den Auslandsgesellschaften		16.485
Gesamt	88.126	104.778

FAHRZEUGABSATZ

	Volkswagenwerk AG	Konzern
Inland	517.956	517.956
Ausland	797.468	888.154
Gesamt	1.315.424	1.406.110

1964

FINANZDATEN (IN MIO. DM)

	Volkswagenwerk AG	Konzern
Umsatz	6.788	7.997
Investitionen	627	701
Gewinn	120	

1965

1. JANUAR Die Auto Union GmbH mit Sitz in Ingolstadt geht in den Besitz der Volkswagenwerk AG über, die das Gesellschaftskapital von der Daimler-Benz AG in drei Tranchen erwirbt. Durch Übernahme dieser traditionsreichen wie innovativen Marke erweitert der Volkswagen Konzern seine Produktpalette. Zugleich verschafft sich Volkswagen Zugriff auf eine neue Motorengeneration. Der aus dem DKW F 102 entwickelte und von September 1965 an produzierte Audi besticht durch einen wassergekühlten 1,7-Liter-Mitteldruckmotor, Frontantrieb, ein modernes Fahrwerk und eine Höchstgeschwindigkeit von 150 Stundenkilometern. Die Auto Union wird als selbstständige Tochter in den Konzern eingegliedert. Dies bildet den Auftakt zum heutigen Markenverbund.

8. FEBRUAR Um die Vertriebskosten zu reduzieren und unmittelbaren Einfluss auf die Händler zu nehmen, beginnt die Volkswagen of America, Inc. die Großhandelsebene in eigene Regie zu übernehmen. In Jacksonville, Florida gründet sie die Volkswagen Southeastern Distributor, Inc., die nach Übernahme des bislang zuständigen Großhändlers dessen Geschäfte fortführt. Bis 1969 entstehen vier weitere von der US-Tochter geführte Großhandelsbetriebe: 1966 die Volkswagen Northeastern Distributor, Inc. mit Sitz in Boston, Massachusetts, 1967 die Volkswagen North Central Distributor, Inc. in Deerfield, Illinois, 1969 die Volkswagen South Atlantic Distributor, Inc. in Washington D.C. und die Volkswagen South Central Distributor, Inc. in San Antonio, Texas.

9. MÄRZ Mit der feierlichen Schlüsselübergabe erhalten Vertreter der Deutschen Bundespost die ersten Fahrzeuge des Kleinlieferwagens Typ 147, der unter Berücksichtigung der Anforderungen der Post auf Basis des Typ 1 entwickelt wurde und bei den Westfalia-Werken in Rheda-Wiedenbrück hergestellt wird. Das vom Volksmund als Fridolin bezeichnete Fahrzeug mit seinen beiden breiten Schiebetüren und der Heckklappe ist mit einer Ladefläche von 1,86 Quadratmetern und einem Laderaum von 2,3 Kubikmetern sowie einer Nutzlast von 410 Kilogramm neben dem Behördenabnehmer auch für Gewerbetreibende interessant. Der 34-PS-Motor bringt den Kleinlieferwagen auf eine Höchstgeschwindigkeit von 100 Stundenkilometern, der Verbrauch liegt bei 7,8 Litern Benzin auf 100 Kilometer. Trotz des günstigen Preises von 6 500 DM bleibt der Absatz gering. Bis zur Produktionseinstellung 1974 werden insgesamt 6 123 Fahrzeuge gebaut.

12. JULI Der Expansion seines Transportsektors mit rund 1 700 Mitarbeitern und einer Flotte von 55 Schiffen trägt die Volkswagenwerk AG durch Gründung der Wolfsburger Transportgesellschaft mbH Rechnung. 90 Prozent der Anteile besitzt die Volkswagenwerk AG, 10 Prozent hält die ebenfalls neu gegründete Tochter HOLAD Holding & Administration AG, eine in Basel ansässige internationale Verwaltungsgesellschaft. Die rechtliche Ausgliederung des Frachtgeschäfts war geboten, um der drohenden Erhöhung der günstigen amerikanischen Einfuhrzölle und damit einer Einschränkung der Wettbewerbsfähigkeit zu begegnen. Die Wolfsburger Transportgesellschaft widmet sich der Aufgabe, See- und Lufttransporte sowie sonstige Speditionsgeschäfte vor allem für die Volkswagenwerk AG durchzuführen. Mit einem Stab von 59 Mitarbeitern nimmt sie Anfang Oktober 1965 die Geschäftstätigkeit auf und verschifft bis Jahresende auf Charter- und Linienschiffen rund 168 000 Volkswagen nach Übersee.

14. DEZEMBER Als Bestandteil des im Aufbau befindlichen Entwicklungszentrums, in dem Ingenieure und Techniker künftig Grundlagenforschung und Produktentwicklung betreiben sollen, geht in Wolfsburg ein moderner Klimawindkanal in Betrieb.

WERKSTOR
IN INGOLSTADT

KLEINLIEFERWAGEN
TYP 147

FAHRZEUGPRODUKTION

	Volkswagenwerk AG	Konzern
	1.447.660	1.594.861

PRODUKTION AUSGEWÄHLTER MODELLE

	Typ 1 „Käfer"	Transporter	VW 1500
	1.090.863	189.876	261.915

BELEGSCHAFT

	Volkswagenwerk AG	Konzern
Arbeiter	84.919	
Angestellte	9.424	
Beschäftigte in den Auslandsgesellschaften		18.625
Gesamt	94.343	125.157

FAHRZEUGABSATZ

	Volkswagenwerk AG	Konzern
Inland	592.485	632.671
Ausland	851.114	963.693
Gesamt	1.443.599	1.596.364

1965

FINANZDATEN (IN MIO. DM)

	Volkswagenwerk AG	Konzern
Umsatz	7.458	9.268
Investitionen	485	702
Gewinn	120	

1966

29. JUNI Josef Rust übernimmt den Vorsitz im Aufsichtsrat der Volkswagenwerk AG.

18. OKTOBER Mit Gründung der Volkswagen Leasing GmbH entsteht die erste deutsche Autoleasing-Gesellschaft, die durch Integration von Service und Versicherung auf die Gewinnung gewerblicher Kunden abzielt. Volkswagen entschließt sich zu diesem Schritt, weil in den USA bereits 10 Prozent der Neuwagen über das Leasing-Geschäft abgesetzt werden. Das Angebot der Volkswagen Leasing GmbH richtet sich zunächst vor allem an Großkunden, die zunehmend Leasingmöglichkeiten verlangen; später kommen in wachsendem Maße auch Privatkunden hinzu.

21. NOVEMBER Das südafrikanische Tochterunternehmen SAMAD, an dem die Volkswagenwerk AG 63 Prozent der Anteile hält, wird in Volkswagen of South Africa Ltd. umfirmiert. Es beschäftigt 2 458 Mitarbeiter und erzielt 1966 mit 21 888 verkauften Fahrzeugen einen Absatzzuwachs von rund 21 Prozent. Der Marktanteil bei den Personenwagen steigt auf 13,4 Prozent; bei den Transportern beträgt er 10 Prozent. 1974 geht die südafrikanische Tochtergesellschaft in den alleinigen Besitz der Volkswagenwerk AG über.

PRODUKTIONSANLAGEN
DER VOLKSWAGEN OF SOUTH AFRICA

DAS LOGO DER
VOLKSWAGEN LEASING GMBH

JOSEF RUST

FAHRZEUGPRODUKTION

	Volkswagenwerk AG	Konzern
	1.476.509	1.650.487

PRODUKTION AUSGEWÄHLTER MODELLE

	Typ 1 „Käfer"	Transporter	VW 1500
	1.080.165	191.373	311.701

BELEGSCHAFT

	Volkswagenwerk AG	Konzern
Arbeiter	81.564	
Angestellte	10.081	
Beschäftigte in den Auslandsgesellschaften		21.446
Gesamt	91.645	124.581

FAHRZEUGABSATZ

	Volkswagenwerk AG	Konzern
Inland	494.850	536.394
Ausland	964.576	1.068.873
Gesamt	1.459.426	1.605.267

1966

FINANZDATEN (IN MIO. DM)

	Volkswagenwerk AG	Konzern
Umsatz	7.797	9.998
Investitionen	703	872
Gewinn	120	348

1967

1. JANUAR Durch eine Vereinbarung zwischen der Volkswagenwerk AG und der IG Metall wird die Arbeitszeit der Normalschicht auf acht Stunden täglich reduziert. Damit gilt für alle bei Volkswagen Beschäftigten die 40-Stunden-Woche bei vollem Lohnausgleich.

2. JANUAR Mit Kurzarbeit passt die Volkswagenwerk AG ihre Produktion der rückläufigen Automobilnachfrage im Inland an. Während der Rezession 1966/67, die das Ende des Wirtschaftswunders ankündigt, erlebt auch der Volkswagen Konzern seine erste Absatzkrise. Die Volkswagen Produktion geht 1967 um knapp 300 000 Fahrzeuge zurück, der Absatz sinkt um gut 200 000 Einheiten. Auf den Nachfragerückgang antwortet Volkswagen mit einem preislich reduzierten „Sparkäfer", ein VW 1200 zu einem Angebotspreis von 4 485 DM.

3. AUGUST Die zweite Transporter Generation wird in der Stadthalle Hannover der Händlerschaft des In- und Auslands vorgestellt. Im Werk Hannover gefertigt, ist auch die zweite Generation mit seinem neuen Gesicht und der gewölbten Frontscheibe, den unterhalb der Frontscheibe angebrachten Luftschlitzen für die Frischluftanlage und den gewachsenen Abmessungen ein typischer Transporter. Das geräumige Fahrerhaus bietet Pkw-Komfort, die neue Armaturentafel beste Übersichtlichkeit. Neu ist auch die serienmäßige Schiebetür. Als Kastenwagen für 1 Tonne Nutzlast geeignet oder als Kombi mit 5 Kubikmeter Laderaum und als Bus mit Sitzen für bis zu 9 Personen ausgestattet, bleibt der Transporter der begehrte Vielfältigkeitsmeister. Sein 47-PS-Boxermotor im Fahrzeugheck bringt ihn auf eine Höchstgeschwindigkeit von 105 Stundenkilometern. Der Verbrauch von 10,4 Litern Benzin auf 100 Kilometer hält die Haltungskosten niedrig. Mit einem Einstiegspreis von 6 680 DM für den Kastenwagen ist das intern als T2 bezeichnete Fahrzeug weiterhin Marktführer im Inland. Die durch den Generationswechsel und die Konjunkturverbesserung angeregte Nachfrage lässt die Inlandsproduktion 1968 auf 228 280 Fahrzeuge anwachsen.

14. SEPTEMBER Auf der Frankfurter Internationalen Automobil-Ausstellung stellt das Volkswagenwerk AG eine Reihe technischer Innovationen und Konstruktionsverbesserungen vor. Für gesteigerten Fahrkomfort beim Typ 1 sorgt der VW 1500 mit seinem automatischen Getriebe, das über einen hydrodynamischen Drehmomentwandler die kupplungsfreie Bedienung und mehrstufige Fahrbereichswahl ermöglicht. Die Vollautomatik der VW-1600-Modellreihe besteht aus Drehmomentwandler und einem selbsttätig schaltenden Dreigang-Planetengetriebe. Alle Volkswagen werden fortan mit einer stoßabsorbierenden Sicherheitslenksäule, die Automatikmodelle mit einer neuen Doppelgelenk-Hinterachse ausgerüstet. Als vielbeachtete Neuheit im Automobilbau präsentiert Volkswagen ferner die elektronische Benzineinspritzung. Die Kraftstoff sparende Anlage wird zunächst nur in die für den US-Markt bestimmten Fahrzeuge eingebaut.

MESSESTAND AUF DER IAA   TRANSPORTER

FAHRZEUGPRODUKTION

	Volkswagenwerk AG	Konzern
	1.162.258	1.339.823

PRODUKTION AUSGEWÄHLTER MODELLE

	Typ 1 „Käfer"	Transporter	VW 1500
	925.787	162.741	201.800

BELEGSCHAFT

	Volkswagenwerk AG	Konzern
Arbeiter	81.636	
Angestellte	10.233	
Beschäftigte in den Auslandsgesellschaften		26.179
Gesamt	91.869	129.111

FAHRZEUGABSATZ

	Volkswagenwerk AG	Konzern
Inland	370.513	403.139
Ausland	812.959	995.401
Gesamt	1.183.472	1.398.540

1967

FINANZDATEN (IN MIO. DM)

	Volkswagenwerk AG	Konzern
Umsatz	6.464	9.335
Investitionen	615	787
Gewinn	319	328

1968

1. MAI Kurt Lotz, seit Juni 1967 stellvertretender Vorstandsvorsitzender der Volkswagenwerk AG, tritt die Nachfolge Heinrich Nordhoffs an.

14. JUNI Die Volkswagenwerk AG und die IG Metall schließen ein Rationalisierungsschutzabkommen, das die Arbeitnehmervertreter in die Umsetzung von Rationalisierungsmaßnahmen einbezieht.

7. AUGUST In der Stadthalle Braunschweig wird der Volkswagen Organisation der neue VW 411 präsentiert. Als Stufenhecklimousine und als Variant sowie als Zwei- und Viertürer zu Preisen ab 8 165 DM ab Werk lieferbar, nutzt der „Große aus Wolfsburg" weiterhin einen luftgekühlten Heckmotor mit 68 PS Leistung, der die geräumige Reiselimousine auf eine Geschwindigkeit von 145 Stundenkilometern bringt. Eine moderne Schräglenkerhinterachse, Querstabilisatoren und einzeln gefederte und einzeln aufgehängte Räder sorgen für eine sichere Straßenlage. Der Variant hat bei umgeklappter Rückbank Platz für 1 780 Liter Gepäck. Der im Werk Wolfsburg gefertigte Mittelklassewagen, der mit Automatik und Luxusausstattung auch Kunden mit gehobenen Ansprüchen locken soll, findet nicht den erhofften Zuspruch, sodass der Absatz 1969 auf 46 467 Einheiten begrenzt bleibt.

19. SEPTEMBER Am Südrand der Lüneburger Heide wird bei Ehra-Lessien ein Prüfgelände eröffnet, das im Endausbau über 100 Kilometer Versuchsstraßen mit unterschiedlichsten Belägen und Steigungen verfügt. Hier werden in Verbindung mit modernen Prüfeinrichtungen die Konzernfahrzeuge auf ihre Alltagstauglichkeit getestet. 1970 wird ein Fahrsimulator installiert, mit dem Fahrtestprogramme ohne Gefährdung von Menschen und Material durchgeführt werden können. Parallel dazu baut Volkswagen durch Einstellung von Ingenieuren und Technikern den qualifizierten Mitarbeiterstab aus, um die Forschungs- und Entwicklungstätigkeit zu verstärken.

16./29. DEZEMBER Die Volkswagenwerk AG und AB Scania Vabis schließen einen Konsortialvertrag, der eine Drittelbeteiligung von Volkswagen an der in Södertälje gegründeten Svenska Volkswagen AB vorsieht, die zum 1. Januar 1969 den Import und Vertrieb von Volkswagen und Porsche in Schweden übernimmt. Um angesichts der bevorstehenden Fusion des schwedischen Nutzfahrzeugherstellers mit dem Automobilunternehmen Saab einen Zugriff von Volkswagen auf das Vertriebsnetz des schwedischen Generalimporteurs zu behalten, schützen die Beteiligung und die zehnjährige Laufzeit des Konsortialvertrags den Marktzugang. 1970 erwirbt Svenska Volkswagen AB die Volkswagen i Stockholm AB, die das Verkaufsgeschäft im Raum Stockholm betreibt. Im Kern ist hier die fortan ausgebaute Vertriebsstrategie zu erkennen, auf allen wichtigen Märkten in Europa die Konzernprodukte auf der Großhandelsebene in eigener Regie zu vertreiben.

VW 411

KURT LOTZ

FAHRZEUGPRODUKTION

	Volkswagenwerk AG	Konzern
	1.548.933	1.777.320

PRODUKTION AUSGEWÄHLTER MODELLE

Typ 1 „Käfer"	Transporter	VW 1600	VW 411
1.186.134	253.919	244.427	22.922

BELEGSCHAFT

	Volkswagenwerk AG	Konzern
Arbeiter	94.010	
Angestellte	10.965	
Beschäftigte in den Auslandsgesellschaften		27.808
Gesamt	104.975	145.401

FAHRZEUGABSATZ

	Volkswagenwerk AG	Konzern
Inland	440.090	486.057
Ausland	1.104.752	1.289.455
Gesamt	1.544.842	1.775.512

1968

FINANZDATEN (IN MIO. DM)

	Volkswagenwerk AG	Konzern
Umsatz	8.388	11.700
Investitionen	508	708
Gewinn	339	543

1969

26. AUGUST Die Auto Union GmbH wird mit der NSU Motorenwerke AG zur Audi NSU Auto Union AG verschmolzen, an der die Volkswagenwerk AG zunächst 59,5 Prozent der Anteile hält. Die Fusion der süddeutschen Tochterunternehmen leitet eine Markenvereinheitlichung unter der Bezeichnung Audi ein, die 1977 mit dem Produktionsende des NSO Ro 80 abgeschlossen wird. Die Audi NSU Auto Union AG wird zum 1. Januar 1985 in Audi AG umbenannt, der Firmensitz von Neckarsulm nach Ingolstadt verlegt.

1. SEPTEMBER Zur systematischen Führungskräfteentwicklung eröffnet Volkswagen das Schulungszentrum Haus Rhode. Während die Volkswagenwerk AG bei der beruflichen Ausbildung eine führende Position einnimmt, bestehen in der Weiterbildung von leitenden Mitarbeitern und Führungsnachwuchskräften beträchtliche Lücken. Die bislang nur vereinzelt angebotenen Volontariate sowie die Fachseminare und Informationstagungen finden Eingang in ein neu konzipiertes System von Fortbildungsmaßnahmen, in denen die Führungskräfte mit den Grundlagen und Techniken der Personalführung und der koordinierten Teamarbeit vertraut gemacht werden. Die Seminare dienen zugleich der Herausbildung eines einheitlichen Führungsstils. Die Berufsausbildung und die berufsbegleitende Fachausbildung werden in den folgenden Jahren ebenfalls schrittweise erweitert.

10. SEPTEMBER Der im Auftrag der Bundeswehr entwickelte VW 181 wird auf der Internationalen Automobil-Ausstellung in Frankfurt am Main als „Vielzweckfahrzeug" vorgestellt, das mit seiner bewährten Heckmotorbauweise, der Motorleistung von 44 PS und seiner robusten Konstruktion eine erstaunliche Geländegängigkeit aufweist. Der Verkaufsprospekt spricht von einem „Wagen für Männer, die durchkommen müssen". Den offenen Viersitzer kennzeichnen seine nach vorn umlegbare Windschutzscheibe, das klappbare PVC-Allwetterverdeck und Aufsteckfenster für die vier Türen. Der Listenpreis ab Werk ist mit 8 500 DM angegeben.

HAUS RHODE

1969

10. SEPTEMBER Volkswagen zeigt auf der Internationalen Automobil-Ausstellung in Frankfurt am Main den neuen VW-Porsche 914, der als Gemeinschaftsprojekt der Volkswagenwerk AG und der Dr.-Ing. h.c. F. Porsche KG entsteht. Seine Gesamtkonzeption, so heißt es im Verkaufsprospekt, sei durch die 30-jährige Rennsporterfahrung des Hauses Porsche entscheidend beeinflusst worden. Daher verfüge der „echte Sportwagen" über einen Mittelmotor und damit über einen extrem tiefen Schwerpunkt und eine ideale Gewichtsverteilung. Der zweisizige VW Porsche 914 wird anfänglich in zwei Versionen angeboten: als 914 und als 914/6. Der 914 wird von einem 80 PS starken 1,7-Liter-Vierzylinder-Motor mit elektronischer Benzineinspritzung angetrieben, der 914/6 hat einen luftgekühlten 2-Liter-Sechszylinder-Motor mit 110 PS. Der Einstiegspreis beträgt 11 954,70 DM. Den Vertrieb übernimmt die am 11. März 1969 gemeinsam gegründete VW-Porsche Vertriebsgesellschaft mbH.

1. OKTOBER Die Volkswagen of America übernimmt auch die Importeursfunktion für Audi und Porsche Modelle und etabliert für die beiden Marken eine eigenständige Vertriebsorganisation, die Ende des Jahres 95 Audi und Porsche Händler umfasst.

MEHRZWECKWAGEN VW 181

VW-PORSCHE 914

FAHRZEUGPRODUKTION

	Volkswagenwerk AG	Konzern	Typ 1 „Käfer"	Transporter	VW 1600	VW 411
	1.639.630	2.094.438	1.219.314	273.134	267.358	48.521

PRODUKTION AUSGEWÄHLTER MODELLE

BELEGSCHAFT

	Volkswagenwerk AG	Konzern
Arbeiter	100.437	
Angestellte	12.017	
Beschäftigte in den Auslandsgesellschaften		28.659
Gesamt	112.454	168.469

FAHRZEUGABSATZ

	Volkswagenwerk AG	Konzern
Inland	534.732	669.513
Ausland	1.098.893	1.417.596
Gesamt	1.633.625	2.087.109

1969

FINANZDATEN (IN MIO. DM)

	Volkswagenwerk AG	Konzern
Umsatz	9.238	13.934
Investitionen	740	1.076
Gewinn	330	480

1970

1. MÄRZ Durch die Übernahme der Autovermietung Selbstfahrer Union GmbH, des größten Autovermieters in Deutschland, verstärkt der Volkswagen Konzern sein Engagement in einem zukunftsträchtigen Geschäftszweig. Die zum 1. Januar 1971 in SU interRent Autovermietung GmbH umfirmierte Tochter wird 1988 mit der Europcar zur Europcar International S.A. fusioniert. Volkswagen besitzt 50 Prozent der Anteile an dem in Boulogne-Billancourt ansässigen Unternehmen, das in acht Ländern Tochtergesellschaften unterhält und über eine Flotte von 40 000 eigenen Fahrzeugen verfügt. Die Europcar-Gruppe wird von Volkswagen zum 1. Januar 2000 komplett übernommen.

7. AUGUST Im neu errichteten Werk Salzgitter laufen die ersten K 70 vom Band, der erste Volkswagen mit Frontantrieb und Wasserkühlung. Als Antrieb für die viertürige Limousine der gehobenen Mittelklasse steht ein neuer 1,6-Liter-Vierzylinder-Reihenmotor mit wahlweise 75 oder 90 PS zur Verfügung. Beworben als „ganze Ansammlung guter Ideen", lässt der K 70 eine Höchstgeschwindigkeit von 158 Stundenkilometern zu und kann für einen Preis ab 9 450 DM gekauft werden. Die von NSU entwickelte Limousine wird unter dem Volkswagen Markenzeichen ins Programm genommen und leitet zu einer neuen Volkswagen Generation über.

20. OKTOBER Mit einer Pressekonferenz wird das neue Werk Salzgitter und der dort gefertigte K 70 der Öffentlichkeit vorgestellt. Neben Fahrzeugen produziert das in knapp zweijähriger Bauzeit entstandene Werk auch Motoren. Der Motorenbau, der in Halle 1 untergebracht ist, beschäftigt Ende 1970 mehr als 2 000 der insgesamt 5 108 Mitarbeiter. Mit dem Standort ist die langfristige Zielsetzung verbunden, den Motorenbau aus Hannover zu verlagern, um dort die Fertigungskapazitäten für den Transporter zu erhöhen. Ab Januar 1971 produziert Salzgitter die Motoren für den Audi 100, damit die Auto Union zusätzliche Kapazitäten zur Ausnutzung der sich bietenden Marktchancen gewinnt. Ende 1971 zählt die Belegschaft in Salzgitter rund 8 000 Mitarbeiter. Die Absatzkrise des K 70 und die einsetzende weltwirtschaftliche Rezession 1974/75 zwingen im September 1975 zur Einstellung des Fahrzeugbaus am Standort Salzgitter, der 1971 die Montage des VW 411 und 1973 einen Teil der Passat Fertigung übernommen hatte. Insgesamt liefert das Werk mehr als 400 000 Fahrzeuge aus, davon 210 891 des Modells K 70. Die Tagesausbringung im Motorenbau steigt 1975 auf fast 3 800 Einheiten an.

K 70

WERK SALZGITTER

FAHRZEUGPRODUKTION

	Volkswagenwerk AG	Konzern	Typ 1 „Käfer"	Transporter	VW 1600	VW 411
	1.621.197	2.214.937	1.196.099	288.011	272.031	42.587

PRODUKTION AUSGEWÄHLTER MODELLE

BELEGSCHAFT

	Volkswagenwerk AG	Konzern
Arbeiter	110.968	
Angestellte	13.824	
Beschäftigte in den Auslandsgesellschaften		35.421
Gesamt	124.792	190.306

FAHRZEUGABSATZ

	Volkswagenwerk AG	Konzern
Inland	565.843	725.055
Ausland	1.060.042	1.481.866
Gesamt	1.625.885	2.206.921

1970

FINANZDATEN (IN MIO. DM)

	Volkswagenwerk AG	Konzern
Umsatz	9.913	15.791
Investitionen	1.131	1.536
Gewinn	190	407

1971

6. JANUAR Die Volkswagenwerk AG übernimmt durch Kapitaleinbringung 75 Prozent der Geschäftsanteile an der Volkswagen Bruxelles S.A., die am 31. Dezember 1970 gegründet worden ist. Die Gesellschaft wickelt den Import von Volkswagen nach Belgien ab und betreibt das vom Generalimporteur errichtete Montagewerk, das über eine Tageskapazität von 400 Fahrzeugen verfügt. Ende 1975 geht die Volkswagen Bruxelles vollständig in den Besitz der Volkswagenwerk AG über. Im Zuge der Übernahme der Produktionsverantwortung für das Werk Brüssel durch Audi wird der Name der Gesellschaft am 30. Mai 2007 in Audi Brussels S.A./N.V. geändert.

2. SEPTEMBER Auf dem Hockenheimring wird deutschen Motorjournalisten die VW-Computer-Diagnose vorgestellt, die neue Maßstäbe in der Kfz-Reparatur setzt. Ab Ende Juni verfügen alle Volkswagen Fahrzeuge über eine zentrale Steckerverbindung zur Prüfung ihrer Verkehrs- und Betriebssicherheit. Ab August werden die Werkstätten der Kundendienstorganisation nach und nach mit Computern ausgerüstet. Auch in Forschung und Entwicklung liefert die elektronische Datenverarbeitung neue Impulse, wie der Einsatz einer automatischen Modellabtastanlage in der Karosseriekonstruktion demonstriert. In Verbindung mit Großrechnern und automatischen Zeichenmaschinen verkürzt diese Anlage die Entwicklungszeit der Karosserien erheblich. Damit hält die EDV Einzug in Fahrzeugtechnik und Kundendienst.

24. SEPTEMBER Siegfried Ehlers wird zum Betriebsratsvorsitzenden gewählt.

1. OKTOBER Rudolf Leiding, zuvor Präsident der Volkswagen do Brasil und Vorstandsvorsitzender der Audi NSU Auto Union AG, übernimmt den Vorsitz im Vorstand der Volkswagenwerk AG.

RUDOLF LEIDING

BEGINN DES EDV-ZEITALTERS

SIEGFRIED EHLERS   VOLKSWAGEN BRUXELLES

FAHRZEUGPRODUKTION

	Volkswagenwerk AG	Konzern	Typ 1 „Käfer"	Transporter	VW 1600	VW 411
	1.715.905	2.353.829	1.291.612	277.503	234.224	79.270

PRODUKTION AUSGEWÄHLTER MODELLE

BELEGSCHAFT

	Volkswagenwerk AG	Konzern
Arbeiter	114.866	
Angestellte	15.400	
Beschäftigte in den Auslandsgesellschaften		41.935
Gesamt	130.266	202.029

FAHRZEUGABSATZ

	Volkswagenwerk AG	Konzern
Inland	550.767	694.341
Ausland	1.154.652	1.623.044
Gesamt	1.705.419	2.317.385

1971

FINANZDATEN (IN MIO. DM)

	Volkswagenwerk AG	Konzern
Umsatz	11.237	17.310
Investitionen	1.216	1.925
Gewinn	12	147

1972

17. FEBRUAR Mit 15 007 034 montierten Wagen bricht der Käfer den legendären Produktionsrekord der Tin Lizzy, des von 1908 bis 1927 von der Ford Motor Company gebauten T-Modells. Der Käfer ist damit neuer Weltmeister.

8. MÄRZ Die Volkswagenwerk AG schließt mit dem jugoslawischen Generalimporteur UNIS einen Investitionsvertrag zur Errichtung einer lokalen Fertigungsstätte. Das daraufhin am 14. Juni gegründete Gemeinschaftsunternehmen Tvornica Automobila Sarajevo (TAS) mit Sitz in Vogosca tritt am 8. August dem Investitionsvertrag bei. Die TAS, an der die Volkswagenwerk AG 49 Prozent des Gesellschaftskapitals hält, stellt zunächst Ersatz- und Serienteile für Volkswagen her. Nach einjähriger Bauzeit läuft am 10. November 1973 in der neuen Fabrik die CKD-Montage der Modelle VW 1200, 1300 und 1303 an. Die Fertigungskapazität liegt anfänglich bei 20 Wagen pro Tag. 1976 wird die Produktion auf den Golf umgestellt. Mit Verlegung der gesamten Caddy-Produktion nach Sarajevo steigt das jugoslawische Unternehmen 1982 in die Exportfertigung ein. Im Herbst 1985 geht der Golf zweiter Generation in Produktion. 1988 bauen 3 109 Mitarbeiter insgesamt 28 341 Fahrzeuge, von denen 15 184 an die Volkswagen AG geliefert werden. Am 28. September 1989 läuft in Sarajevo der dreihunderttausendste Volkswagen, ein alpinweißer Golf, vom Band. 1990 erzielt das jugoslawische Unternehmen mit 37 411 Fahrzeugen einen Produktionsrekord. Der Bürgerkrieg und die Zerrüttung der wirtschaftlichen Verhältnisse führen 1992 zum Produktionsstopp.

21. JUNI Auf der Grundlage des novellierten Betriebsverfassungsgesetzes konstituiert sich im Volkswagenwerk ein Gesamtbetriebsrat mit erweiterten Mitbestimmungs- und Mitwirkungsrechten. Den Vorsitz übernimmt Siegfried Ehlers.

WELTMEISTER KÄFER

FAHRZEUGPRODUKTION

	Volkswagenwerk AG	Konzern
	1.483.350	2.192.524

PRODUKTION AUSGEWÄHLTER MODELLE

Typ 1 „Käfer"	Transporter	VW 1600	VW 411
1.220.686	294.932	157.543	70.368

BELEGSCHAFT

	Volkswagenwerk AG	Konzern
Arbeiter	101.866	
Angestellte	14.486	
Beschäftigte in den Auslandsgesellschaften		43.371
Gesamt	116.352	192.083

FAHRZEUGABSATZ

	Volkswagenwerk AG	Konzern
Inland	484.542	628.139
Ausland	987.019	1.568.839
Gesamt	1.471.561	2.196.978

1972

FINANZDATEN (IN MIO. DM)

	Volkswagenwerk AG	Konzern
Umsatz	10.399	15.996
Investitionen	785	1.573
Gewinn	86	206

114

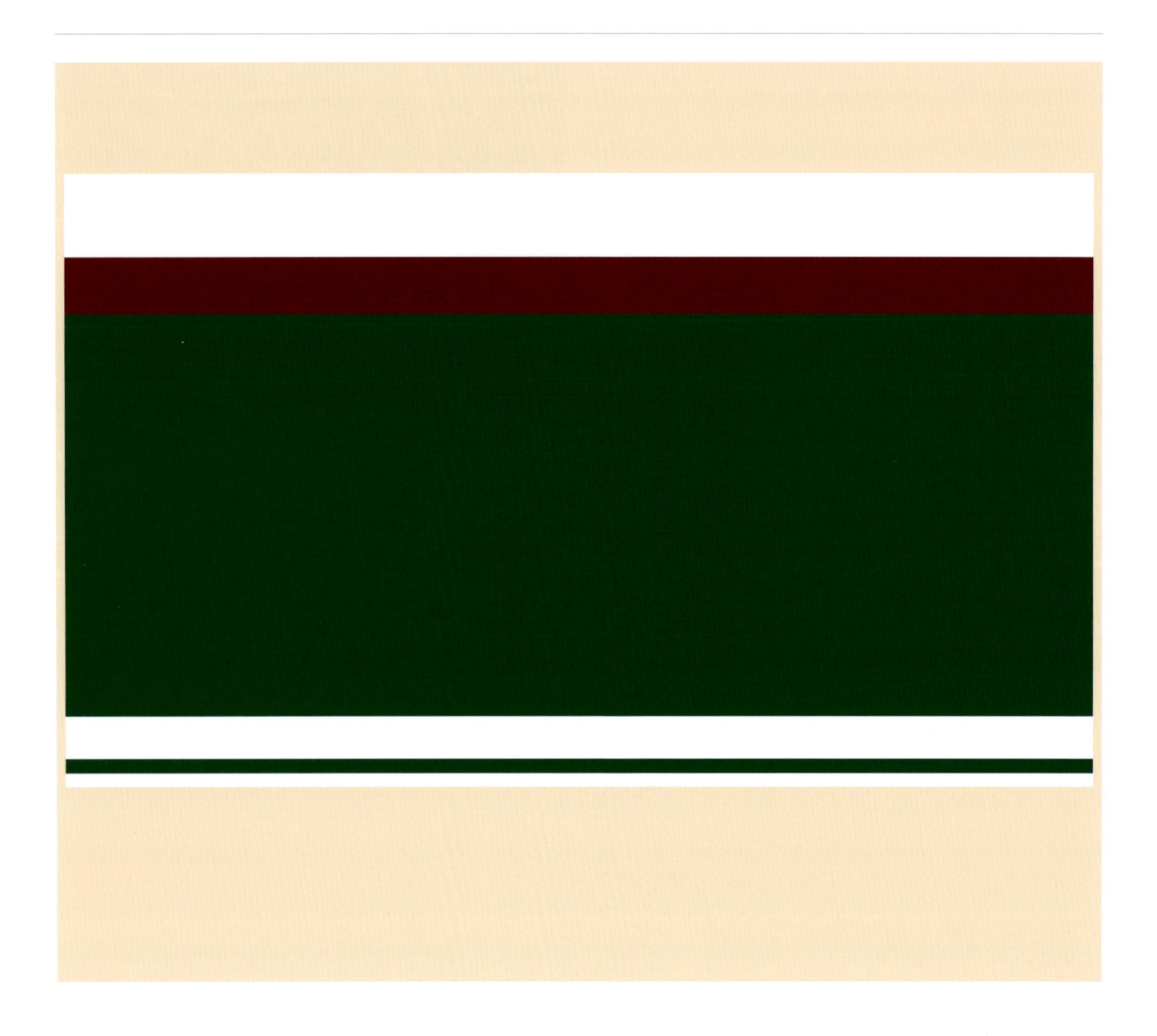

1973–1981

1973 – 1981

Der Umstieg zur Modellpalette mit wassergekühlten Motoren

Die neue Fahrzeuggeneration kam rechtzeitig. Sie führte die Volkswagenwerk AG aus der tiefen Krise, die sich 1974/75 infolge des Ölpreisschocks und der weltweiten Rezession einstellte und die Liquidität des Unternehmens akut bedrohte. Die gute Resonanz auf den Passat und die Verkaufserfolge des Golf, der seit 1975 die deutsche Zulassungsstatistik anführte und die Klasse der Kompaktfahrzeuge begründete, federten den allgemeinen Nachfragerückgang auf dem Binnenmarkt ab. Während die übrigen Hersteller Absatzeinbußen von bis zu 40 Prozent verzeichneten, konnte Volkswagen seine Verkaufszahlen 1975 auf Vorjahresniveau stabilisieren. Die finanziellen Verluste entstanden hauptsächlich durch rückläufige Exporte nach Europa und Nordamerika. Auch in Südafrika und Mexiko verschlechterte sich trotz führender Marktposition die Ertragslage, weil die inflationsbedingte Kostenexplosion und die Auswirkungen der Wechselkursentwicklung durch Preiserhöhungen nicht kompensiert werden konnten. Der Absatzrückgang auf den Exportmärkten ergab in den inländischen Werken Überkapazitäten, deren Auslastung 1975 bei 61 Prozent lag. Die Anpassung der Produktion an den Verkauf erforderte einen umfangreichen Belegschaftsabbau, der nach anfänglichen Konflikten zwischen Gesamtbetriebsrat und Unternehmensleitung einvernehmlich und sozialverträglich erfolgte. 1976 steigerte die Volkswagenwerk AG ihren Absatz wieder um gut 15 Prozent; der Volkswagen Konzern hatte die Krise überwunden.

Die Einführung von vier neuen Modellreihen innerhalb weniger Jahre ging mit tief greifenden Veränderungen des Fertigungsprozesses einher. Um den traditionell hohen Mechanisierungsgrad der Produktion auf die von Modellvielfalt geprägte Angebotspalette zu übertragen, bedurfte es innovativer technischer und organisatorischer Fertigungssysteme. Hierfür legte das Unternehmen ein Investitionsprogramm von 2,5 Milliarden DM auf, mit dem zwischen 1972 und 1975 die produktionstechnische Basis für die neue Produktpalette geschaffen wurde. Den Fahrzeugbau in den Werken Wolfsburg und Emden stellte Volkswagen 1973 auf Hängeband-Montage um, wodurch sich die Flexibilität der Produktion erhöhte und die Montagebedingungen verbesserten. Erhebliche Rationalisierungserträge ergaben sich aus dem EDV-Einsatz beispielsweise im Presswerk, wo die Fertigung von zentraler Stelle aus gesteuert und überwacht werden konnte. Im Aggregatebau schränkte das Unternehmen die Herstellung luftgekühlter Motoren ein, während die Produktionskapazität für die wassergekühlten Motoren

HÄNGEBAND-MONTAGE DES GOLF
IM WERK WOLFSBURG

ausgebaut und neue Motoren mit den entsprechenden Schalt- und Automatikgetrieben ins Programm aufgenommen wurden. Schrittweise schuf die Volkswagenwerk AG die Voraussetzungen zur Umsetzung des Baukastenprinzips, das die Verwendung gleicher Bauteile für verschiedene Konzernmodelle mit weitgehend identischer Fahrzeugtechnik erlaubte. Der Passat war eng an den Audi 80 angelehnt, der Polo ging aus dem baugleichen Audi 50 hervor. Das Baukastensystem war ein elementarer Bestandteil des neuen Fertigungskonzepts, um die langfristige Rentabilität des Unternehmens sicherzustellen.

Nach Beendigung der ersten Rationalisierungsphase konzentrierte sich Volkswagen auf die Steigerung seiner Exporte insbesondere in die USA, wo der Abwärtstrend anhielt. Zwischen 1973 und 1976 fiel der Absatz der Volkswagen of America von 540 364 auf 238 167 Fahrzeuge; der Marktanteil halbierte sich auf 2,3 Prozent. Um den preisbedingten Wettbewerbsnachteilen zu entgehen, die aus der ungünstigen Wechselkursrelation und dem hohen Produktionskostenniveau in der Bundesrepublik Deutschland resultierten, hatte die Unternehmensleitung bereits 1973 über die Errichtung einer Produktionsstätte in Amerika nachgedacht. Gegen dieses Projekt sprach vor allem die Festlegung auf ein Modell und damit die hohe Produktabhängigkeit auf einem wettbewerbsintensiven Markt, während die diskutierte Alternative, den Produktionsstandort Mexiko auszubauen und die USA von dort aus zu beliefern, um das Produktimage fürchten ließ. Doch der Absatzrückgang und die finanziellen Verluste aus dem Exportgeschäft verhalfen schließlich der Überzeugung zum Durchbruch, dass die wichtigste Exportbastion nur durch eine Produktion vor Ort gehalten werden konnte. Zudem erleichterte der fulminante Start des Golf die im Juni 1976 getroffene Entscheidung, den Rabbit, die amerikanische Golf Version, in den USA zu bauen. Das Werk Westmoreland nahm im April 1978 die Fertigung für den nordamerikanischen Markt auf, wo im Vorjahr die Volkswagen of America mit einem Absatzplus von 22 Prozent eine Trendwende herbeigeführt hatte. Selbst die 1980 einsetzende weltwirtschaftliche Rezession und die massive Konkurrenz der japanischen Hersteller, die den Weltmarktanteil der US-Automobilkonzerne innerhalb eines Jahrzehnts erheblich schrumpfen ließen, wirkten sich auf die Verkaufszahlen zunächst nicht negativ aus. Nach einer Absatzsteigerung von 13 Prozent im Jahr 1979 verzeichnete die US-Tochter im Folgejahr einen weiteren Anstieg von rund 337 000 auf 368 000 verkaufte Volkswagen und Audi

Modelle. Sie profitierte dabei von den drastisch gestiegenen Mineralölpreisen, die eine wachsende Nachfrage nach verbrauchsgünstigen Fahrzeugen auslösten.

Zur Stabilisierung seiner Position in Südamerika übernahm Volkswagen 1979 die brasilianische und 1980 die argentinische Tochter des finanziell angeschlagenen Chrysler-Konzerns. Mit Umstrukturierung der Chrysler Motors do Brasil Ltda. zu einem reinen Lkw-Hersteller erhielt zugleich der internationale Lieferverbund auf dem Nutzfahrzeugsektor neue Impulse. Volkswagen engagierte sich damit verstärkt in einem Segment, das 1977 durch die Kooperation mit der Maschinenfabrik Augsburg-Nürnberg AG (M.A.N.) erschlossen worden war. Schritt um Schritt erweiterte Volkswagen nach 1975 das Nutzfahrzeugangebot und schuf hier eine ähnliche Modellvielfalt wie bei den Pkw. Neben dem klassischen Transporter umfasste die Palette den LT, die gemeinsam mit M.A.N. entwickelte leichte Lkw-Baureihe sowie die von März 1981 an in Brasilien gebauten Lastkraftwagen. Der Produktionsanlauf der 11- und 13-Tonnen-Lkws bei der Volkswagen Caminhões Ltda. fiel indes mit einer dramatischen Verschlechterung der Lage der südamerikanischen Wirtschaft zusammen. Jährliche Inflationsraten von weit über 100 Prozent und die restriktive Geld- und Importpolitik der Regierungen führten 1981 in Brasilien und Argentinien zu einem Absatzeinbruch bei den Pkw. Die Auslieferungen der Volkswagen do Brasil lagen 35 Prozent unter dem Vorjahresvolumen. Bei der Volkswagen Argentina S.A., die Ende des Jahres zur Montage des Transporters aus brasilianischen Teilesätzen überging, sank der Fahrzeugverkauf um ein Drittel. Auch bei der Volkswagen of America kippte 1981 die Absatzentwicklung; im Jahr darauf brachen die Verkäufe um 40 Prozent ein, was teils auf die Weltwirtschaftskrise und teils auf die japanische Konkurrenz zurückzuführen war. Das 1982 fertig gestellte zweite Montagewerk in Sterling Heights ging nicht mehr in Betrieb und wurde 1983 verkauft.

Auf dem heimischen Markt flachte die Nachfrage im Sog der zweiten Ölkrise vor allem im Segment der oberen Mittelklasse ab. Während Audi 1980 Verkaufseinbußen hinnehmen musste, profitierte Volkswagen von der Nachfrageverschiebung hin zu den sparsamen Modellen. Golf, Golf Diesel und der neue Passat bewährten sich auf einem schrumpfenden Markt, sodass der Volkswagen Konzern seinen Marktanteil von knapp 30 Prozent halten konnte. Größere Besorgnis als die unsichere Energiesituation erregte denn auch die Expansionsstrategie der japanischen Fahrzeugindustrie, die inzwischen mehr als ein Fünftel der Weltautomobilproduktion stellte und sowohl in Amerika als auch in Europa Marktanteile hinzugewann. Dieser Erfolg beruhte auf einem flexiblen Fertigungssystem mit geringer Tiefe, das die Herstellung preisgünstiger Modelle

MITARBEITER AM STEUERPULT IN DER HALLE 54

und eine schnelle Anpassung der Produktion an veränderte Kundenbedürfnisse ermöglichte. Bislang hatte sich Volkswagen gegenüber der fernöstlichen Konkurrenz gut behauptet, weil das technologische Konzept der Fahrzeuge, die Produktqualität, die Vertriebs- und Kundendienstorganisation sowie der hohe Wiederverkaufswert den Preisnachteil ausglichen. Die 1980 von den USA nach Europa umgelenkte Exportoffensive der japanischen Hersteller verschärfte jedoch den Wettbewerb, der an der Preisfront nicht zu gewinnen war. Die Strategie des Volkswagen Konzerns konzentrierte sich deshalb darauf, den technischen Vorsprung der Fahrzeuge zu sichern und die Flexibilität des Produktionssystems zu erhöhen, um die Stückzahlen, Modelle und Ausstattungen der zunehmend differenzierten Nachfrage anzupassen.

Von 1979 bis 1982 investierte die Volkswagenwerk AG für den Inlandsbereich rund 10 Milliarden DM, die in erster Linie in die Weiterentwicklung energiesparender und umweltfreundlicher Modelle sowie in die Rationalisierung der Fertigung flossen. Der Einsatz mikroelektronisch gesteuerter Industrieroboter, typenunabhängiger Mehrzweckmaschinen und variabler Transportsysteme kennzeichnete die Automatisierungsphase. Mit neuen Steuerungssystemen konnten im Karosseriebau, in der Lackiererei und der Endmontage jedes Fahrzeug als Einzelauftrag behandelt und gemäß den individuellen Kundenpräferenzen gefertigt werden. Ein von Computern gesteuerter Materialfluss und Hochregallager mit fahrerlosen Systemen verhalfen der Materialwirtschaft zu mehr Effizienz. Im Karosseriebau wurde 1981 die typengebundene Mechanisierung auf programmierbare Handhabungsautomaten umgestellt.

Den Höhepunkt dieser Modernisierungsmaßnahmen bildete die erste voll automatisierte Montagelinie im Automobilbau, die in der Halle 54 des Wolfsburger Werks in Betrieb genommen wurde.

Gestärkt für den verschärften Wettbewerb, schlug der Volkswagen Konzern einen expansiven Kurs ein. Denn bei den begrenzten Wachstumsmöglichkeiten auf dem heimischen Markt hing die langfristige Existenzsicherung davon ab, die Expansionsspielräume auf den internationalen Märkten zu nutzen. Die automobile Hochkonjunktur der kommenden Dekade schuf hierfür günstige Voraussetzungen.

FUTURISTISCHE STUDIE AUTO 2000

1973

1. JANUAR Der Ausbau der Angebotspalette und das steigende Finanzierungsvolumen machen die Umwandlung der Volkswagen-Finanzierungs-Gesellschaft mbH in eine „Vollbank" erforderlich. Nachdem das Bundesaufsichtsamt für das Kreditwesen die Erlaubnis zum Betrieb von Bankgeschäften erteilt hat, wird die Gesellschaft in VW Kredit Bank GmbH umbenannt. Ihre Tätigkeit beschränkt sich weiterhin auf Kreditgeschäfte im Kraftfahrzeug-Umfeld. Ab 1978 firmiert sie unter V.A.G Kredit Bank GmbH.

7. FEBRUAR Mit Beteiligung der nigerianischen Regierung wird in Lagos die Volkswagen of Nigeria Ltd. gegründet, an der die Volkswagenwerk AG 40 Prozent der Anteile hält. Die Errichtung eines Produktionsstandortes in Westafrika erweitert die Fertigungskapazitäten auf dem afrikanischen Kontinent und zielt auf die Erschließung eines Exportmarktes für die Tochterunternehmen in Brasilien und Mexiko ab. Die Volkswagen of Nigeria nimmt am 21. März 1975 die Montage des VW 1300 auf. 1976 fertigt sie über 16 000 Fahrzeuge, darunter den Passat, den Brasilia und den Audi 100, und steigert ihren Marktanteil bei den Pkw auf 23,5 Prozent, während die Position auf dem Nutzfahrzeugmarkt mit einem Anteil von 16,8 Prozent stabilisiert werden kann. Im Dezember 1976 übernimmt die nigerianische Tochter vom bisherigen Generalimporteur die Einfuhr von Nutzfahrzeugen. Devisenmangel führt 1982 zu staatlichen Einfuhrbeschränkungen und Produktionsdrosselungen der importabhängigen Industrien. Erst 1985 kann die Volkswagen of Nigeria wieder kontinuierlich produzieren, nachdem sich die Materialversorgung durch ein bilaterales Handelsabkommen zwischen Nigeria und Brasilien verbessert hat. Bestandteil dieser Übereinkunft ist die Lieferung von Fahrzeugteilen durch Volkswagen do Brasil; im Gegenzug erhält Brasilien Erdöl aus Nigeria.

14. MAI Der Passat geht als erstes Modell der neuen Volkswagen Generation im Werk Wolfsburg in die Serienproduktion. Vom 21. Mai bis zum 6. Juni in Zürich deutschen und internationalen Pressevertretern vorgestellt, zeichnen sich Limousine und Variant durch Frontantrieb, einen wassergekühlten Vierzylindermotor mit 55, 75 oder 85 PS Leistung, obenliegende Nockenwellen und eine Ganzstahl-Karosse aus. In seiner technischen Konzeption ist er eng an den Audi 80 angelehnt und wird nach dem Baukastenprinzip gefertigt, das durch die Verwendung standardisierter Bauteile für verschiedene Konzernmodelle erhebliche Rationalisierungspotenziale freisetzt. Der Passat tritt in der Mittelklasse die Nachfolge des VW 1600 an. Das als Zwei- und Viertürer lieferbare Modell kostet 8 555 DM ab Werk.

1. JULI Die Neuordnung des US-Vertriebssystems durch Übernahme der Großhändlerfunktion findet einen vorläufigen Abschluss. Nach Übernahme der beiden kalifornischen Großhändler werden die Großhandelstöchter mit der Volkswagen of America, Inc. fusioniert. Für die Absatzgebiete sind fortan regionale Vertriebszentren zuständig. Den Handel mit Kraftfahrzeugteilen und -zubehör wickelt die 1973 in Englewood Cliffs gegründete Volume Export & Trading Corporation ab. Diese Gesellschaft befindet sich im Besitz der in Basel ansässigen Konzern-Tochter Holad Holding & Administration AG und wird 1976 in VOTEX, Inc. umfirmiert.

PASSAT   DER ERSTE KÄFER DER VOLKSWAGEN OF NIGERIA

FAHRZEUGPRODUKTION

	Volkswagenwerk AG	Konzern
	1.524.029	2.335.169

PRODUKTION AUSGEWÄHLTER MODELLE

Typ 1 „Käfer"	Transporter	VW 411	Passat
1.206.018	289.022	73.440	114.139

BELEGSCHAFT

	Volkswagenwerk AG	Konzern
Arbeiter	110.925	
Angestellte	14.862	
Beschäftigte in den Auslandsgesellschaften		54.093
Gesamt	125.787	215.058

FAHRZEUGABSATZ

	Volkswagenwerk AG	Konzern
Inland	422.711	619.074
Ausland	1.025.773	1.661.829
Gesamt	1.448.484	2.280.903

1973

FINANZDATEN (IN MIO. DM)

	Volkswagenwerk AG	Konzern
Umsatz	11.563	16.982
Investitionen	755	1.556
Gewinn	109	211

1974

HANS BIRNBAUM

4. FEBRUAR Der Scirocco, ein von Giorgio Giugiaro in Form gebrachtes zweitüriges Sportcoupé, geht beim Karosseriebauer Karmann in Osnabrück in Serie. Auf dem technischen Konzept des Golf basierend, zeichnet sich das Sportcoupé durch sein markantes Design, innovative Technik und ein hohes Maß an Alltagstauglichkeit aus. Der Scirocco ist mit 50-, 75- und 85-PS-Motoren lieferbar. Dank seines niedrigen Eigengewichts von 750 oder 775 Kilogramm erreicht der Scirocco je nach Motorisierung eine Höchstgeschwindigkeit von 144, 164 und 175 Stundenkilometern; der DIN-Kraftstoffverbrauch des Modell mit 50-PS-Motor wird mit 8,0 Liter Normalbenzin angegeben. Die Preise beginnen bei 9 480 DM. Mit 504 153 verkauften Exemplaren der ersten Generation gelingt es dem Scirocco, ein neues Marktsegment für Volkswagen zu erschließen.

29. MÄRZ In Wolfsburg beginnt die Serienproduktion des Golf. Mit seiner gradlinigen und kompakten Form, die der Italiener Giorgio Giugiaro beisteuert, und den wassergekühlten Frontmotoren mit 50 und 70 PS Leistung gelingt ein konzeptioneller Neuanfang. Die Kompaktklasse ist 3 705 mm lang, 1 610 mm breit und 1 410 mm hoch. Seine Preise beginnen ab 7 995 DM. Der Golf, nach Meeresstrom und Sport benannt, hat für fünf Personen und unter der Heckklappe für das Gepäck Platz. Er ist ein Leichtgewicht von 750 Kilogramm und bis zu 160 Stundenkilometer schnell. In München vom 20. Mai bis zum 10. Juni 1974 den Medien präsentiert, wird der Golf als „Fortschrittswagen" gerühmt, dessen Funktionalität und Fortschrittlichkeit zu Markenzeichen einer ganzen Fahrzeugklasse werden. 1976 um den sportlichen GTI und den sparsamen Diesel ergänzt, der erstmals das Marktsegment der kleinen Dieselfahrzeuge besetzt, entwickelt sich die Kompaktlimousine rasch zum Verkaufsschlager; am 27. Oktober 1976 rollt der einmillionste Golf vom Band. Volkswagen nimmt mit seinem Volumenfahrzeug auch wirtschaftlich wieder Fahrt auf.

12. JUNI Um den durch den drastischen Absatzeinbruch verursachten Personalüberhang zu reduzieren, bietet die Volkswagenwerk AG auf Basis einer mit dem Gesamtbetriebsrat geschlossenen Betriebsvereinbarung Lohnempfängern Aufhebungsverträge an. Letztlich kann der Belegschaftsabbau durch Aufhebungsverträge, vorzeitige Pensionierungen und innerbetriebliche Umsetzungen sozialverträglich erfolgen. 1974/1975 schrumpft die Konzernbelegschaft um 32 761 Beschäftigte.

17. JUNI In der Volkswagenwerk AG konstituiert sich ein Konzernbetriebsrat. Siegfried Ehlers wird zum Vorsitzenden gewählt.

1. JULI Nach fast zwölf Millionen gebauten Exemplaren läuft im Werk Wolfsburg um 11.19 Uhr der letzte Käfer vom Band.

6. NOVEMBER Hans Birnbaum tritt das Amt des Aufsichtsratsvorsitzenden der Volkswagenwerk AG an.

SCIROCCO   GOLF

FAHRZEUGPRODUKTION

	Volkswagenwerk AG	Konzern	Typ 1 „Käfer"	Transporter	Passat	Golf
	1.239.698	2.067.980	791.053	222.233	340.589	189.890

PRODUKTION AUSGEWÄHLTER MODELLE

BELEGSCHAFT

	Volkswagenwerk AG	Konzern
Arbeiter	96.595	
Angestellte	14.932	
Beschäftigte in den Auslandsgesellschaften		61.950
Gesamt	111.527	203.730

FAHRZEUGABSATZ

	Volkswagenwerk AG	Konzern
Inland	414.176	547.657
Ausland	820.234	1.504.156
Gesamt	1.234.410	2.051.813

1974

FINANZDATEN (IN MIO. DM)

	Volkswagenwerk AG	Konzern
Umsatz	11.219	16.966
Investitionen	1.187	1.883
Verlust	-555	-807

1975

10. FEBRUAR Toni Schmücker übernimmt den Vorstandsvorsitz der Volkswagenwerk AG.

5. MÄRZ In Wolfsburg beginnt die Serienfertigung des Polo. Nur 3,50 Meter lang, aber mit einem Laderaum von bis zu 900 Litern ausgestattet, ist der „Kurze zum kleinen Preis" weitgehend baugleich mit dem Audi 50 und für 7 500 DM zu haben. Vom 16. bis 22. März 1975 in Hannover den Medien vorgestellt, etabliert sich der Polo als der kleinste und sparsamste Volkswagen der neuen Generation und kommt angesichts stark gestiegener Benzinpreise zur rechten Zeit.

23. APRIL Der VW LT wird bis zum 30. April in Berlin zunächst der deutschen Presse, vom 20. bis zum 28. Mai in Hannover internationalen Medienvertretern vorgestellt. Der neue Lasttransporter für 1,25, 1,5 oder 1,75 Tonnen Nutzlast wird von einem in der Front eingebauten wassergekühlten Ottomotor mit 75 PS Leistung oder einem 65-PS-Dieselmotor angetrieben und ist als Kastenwagen, Hochraumkastenwagen, Pritsche oder Tiefladepritsche mit zwei Radständen und zu Preisen ab 14 065 DM zu haben. Der LT Kastenwagen bietet eine Ladefläche von sechs Quadratmetern und fasst ein Ladevolumen von fast acht Kubikmetern. Seine klare und zugleich moderne Form steht ganz im Dienst der Funktionalität. Zahlreiche Aufbauvarianten erweitern das Nutzfahrzeugprogramm.

VW LT

TONI SCHMÜCKER

POLO

FAHRZEUGPRODUKTION

	Volkswagenwerk AG	Konzern
	1.121.937	1.948.939

PRODUKTION AUSGEWÄHLTER MODELLE

Transporter	Passat	Golf	Polo
221.351	258.953	419.620	74.180

BELEGSCHAFT

	Volkswagenwerk AG	Konzern
Arbeiter	79.143	
Angestellte	13.883	
Beschäftigte in den Auslandsgesellschaften		59.157
Gesamt	93.026	176.824

FAHRZEUGABSATZ

	Volkswagenwerk AG	Konzern
Inland	454.745	625.555
Ausland	592.773	1.412.302
Gesamt	1.047.518	2.037.857

1975

FINANZDATEN (IN MIO. DM)

	Volkswagenwerk AG	Konzern
Umsatz	11.370	18.857
Investitionen	374	941
Verlust	-145	-157

1976

31. MÄRZ Die Volkswagenwerk AG veräußert die Motor Producers Ltd. an die Nissan Motor Company Ltd., die seit 1973 Anteile an der australischen Tochter hält. Bis Ende 1976 läuft die Montage von Volkswagen im Lohnauftrag weiter. Danach bringt ein unabhängiger Generalimporteur nur noch komplette Volkswagen und Audi Modelle ins Land.

21. JUNI Im Werk Salzgitter läuft der in einem mehrjährigen Forschungsprojekt entwickelte Vierzylinder-Dieselmotor mit 1,5 Liter Hubraum und 50 PS Leistung vom Band. Das neue Triebwerk, das erstmals im Golf Diesel zum Einsatz kommt und mit einem Verbrauch von sechs Litern auf 100 Kilometer neue Maßstäbe für wirtschaftliche Fahrzeuge setzt, begründet die führende Rolle von Volkswagen bei der verbrauchsarmen Dieseltechnologie. Ingenieure und Techniker widmen sich nachfolgend der Aufgabe, die Wirtschaftlichkeit des Dieselmotors mit dem Leistungsvermögen des Ottomotors zu verbinden. Das erste Produkt dieser Anstrengungen geht am 1. Dezember 1981 in die Serienfertigung: ein Fünfzylinder-Dieselmotor mit Turboaufladung. Im Jahr darauf nimmt das Motorenwerk Salzgitter die Produktion des 70 PS starken Vierzylinder-Turbodiesels mit 1,6 Liter Hubraum auf, der im März 1982 im Golf GTD der internationalen Fachpresse vorgestellt wird und die Innovationskraft von Volkswagen in der Motorentechnik unterstreicht.

6. JULI Unter dem Druck eines rückläufigen Dollar-Wechselkurses, der den Volkswagen Export in die USA belastet, wird die Volkswagen Manufacturing Corporation of America ins Leben gerufen, um eine Produktion in den USA aufzubauen. Die neue Tochter übernimmt ein Presswerk in South Charleston, West Virginia und eine Montagefabrik in Westmoreland, Pennsylvania, wo im April 1978 die Fertigung des Golf für den nordamerikanischen Markt anläuft. Motoren und Getriebe stammen aus Deutschland, Hinterachsen und Kühler von der Volkswagen de Mexico, die restlichen Bauteile vorwiegend aus der US-Zulieferindustrie. Die neue Produktionsgesellschaft wird am 31. Juli 1978 auf die Volkswagen of America, Inc. fusioniert, der Hauptverwaltungssitz von Englewood Cliffs, New Jersey nach Warren, Michigan verlegt. Nach Einführung des Zweischichtbetriebs 1979 erreicht das Werk Westmoreland mit 9 102 Beschäftigten das geplante Fertigungsniveau von täglich 1 000 Fahrzeugen.

MOTORENBAND IN SALZGITTER   WERK WESTMORELAND

FAHRZEUGPRODUKTION

	Volkswagenwerk AG	Konzern
	1.316.039	2.165.627

PRODUKTION AUSGEWÄHLTER MODELLE

Transporter	Passat	Golf	Polo
234.912	288.018	527.084	144.677

BELEGSCHAFT

	Volkswagenwerk AG	Konzern
Arbeiter	83.611	
Angestellte	13.811	
Beschäftigte in den Auslandsgesellschaften		59.006
Gesamt	97.422	183.238

FAHRZEUGABSATZ

	Volkswagenwerk AG	Konzern
Inland		726.457
Ausland		1.415.630
Gesamt	1.561.506	2.142.087

1976

FINANZDATEN (IN MIO. DM)

	Volkswagenwerk AG	Konzern
Umsatz	16.914	21.423
Investitionen	332	1.141
Gewinn	784	1.004

1977

7. JANUAR Die Stufenhecklimousine Derby geht im Werk Wolfsburg in die Serienproduktion. Auf technischer Basis des Polo entwickelt, hat der zweitürige Kleinwagen einen 515 Liter großen Kofferraum und Platz für fünf. Der vorn quer eingebaute 40-PS-Motor ist mit einem DIN-Verbrauch von 7,3 Litern Normalbenzin sparsam; der 60-PS-Motor bringt den Wagen auf eine Höchstgeschwindigkeit von 150 Stundenkilometern. Mit einem Basispreis von 9 055 DM bietet der Derby „viel Auto für wenig Geld". Bis Jahresende werden 95 049 Derby an Kunden ausgeliefert.

15. APRIL Die Volkswagenwerk AG gründet die Volkswagen International Finance N.V. mit Sitz in Amsterdam. Die hundertprozentige Tochter ist Eigentümerin der Volkswagen Overseas Finance N.V. in Willemstad und finanziert die Konzernaktivitäten auf den internationalen Märkten einschließlich der Beteiligungen an Auslandsgesellschaften.

29. JUNI In Wilmington, Delaware wird die am Delaware-Fluss errichtete Frachtanlage eingeweiht. Sie besteht aus einem schwimmenden Pier, Umschlags- und Lagereinrichtungen sowie einer Verladestation mit drei Eisenbahngleisen. Die zentrale Lage an der Ostküste macht Wilmington zum Hauptimporthafen für die USA.

5. JULI Auf der Grundlage des Mitbestimmungsgesetzes vom 1. Juli 1976 entsteht ein paritätisch besetzter Aufsichtsrat, dem jeweils zehn Vertreter der Arbeitnehmer und der Anteilseigner angehören.

25. AUGUST Die Volkswagenwerk AG verstärkt ihr Engagement im Nutzfahrzeug-Geschäft. Der mit der Maschinenfabrik Augsburg-Nürnberg AG (M.A.N.) geschlossene Kooperationsvertrag sieht die gemeinsame Entwicklung und Produktion leichter Lastkraftwagen vor. Um den künftigen Vertrieb in Europa zu vereinheitlichen, wird am 20. Dezember 1978 in München die GmbH für ausländische Vertriebsbeteiligungen M.A.N. Volkswagen gegründet. Sie nimmt die Interessen beider Hersteller bei ihren europäischen Importeuren wahr.

18. NOVEMBER Die Volkswagenwerk AG schließt mit dem DDR-Handelsunternehmen VE Außenhandel Transportmaschinen Export und Import einen Vertrag über die Lieferung von 10 000 Golf. Die Fahrzeuge gehen bis Ende Juli 1979 per Bahntransport in die DDR und werden durch Kompensationslieferungen, darunter Großpressen, Erdöl, Scheinwerfer und die technische Ausstattung des Wolfsburger Planetariums, bezahlt.

DERBY   DERBY PRODUKTION IN WOLFSBURG

FAHRZEUGPRODUKTION

	Volkswagenwerk AG	Konzern	Transporter	Passat	Golf	Polo
	1.371.453	2.218.880	211.024	274.992	553.989	112.774

PRODUKTION AUSGEWÄHLTER MODELLE

BELEGSCHAFT

	Volkswagenwerk AG	Konzern
Arbeiter	88.874	
Angestellte	14.427	
Beschäftigte in den Auslandsgesellschaften		58.638
Gesamt	103.301	191.891

FAHRZEUGABSATZ

	Volkswagenwerk AG	Konzern
Inland		810.536
Ausland		1.429.095
Gesamt	1.687.053	2.239.631

1977

FINANZDATEN (IN MIO. DM)

	Volkswagenwerk AG	Konzern
Umsatz	19.837	24.152
Investitionen	832	1.697
Gewinn	332	419

1978

19. JANUAR Im Werk Emden endet mit dem Bandablauf eines dakotabeige lackierten VW 1200L nach 16 255 500 Exemplaren die Inlandsfertigung des ersten Erfolgswagens. Eine Ära endet.

1. MAI Die neu gegründete V.A.G Transportgesellschaft mbH nimmt die Geschäftstätigkeit anstelle der Wolfsburger Transportgesellschaft auf. Insbesondere steuerrechtliche Änderungen und das durch neue Auslandsfabriken veränderte Transportaufkommen machen die Bündelung von Einkauf und Verkauf von Dienstleistungen im nationalen und internationalen Transportgeschäft sowie die Beratungstätigkeit für Dritte in einer neuen Gesellschaft erforderlich.

1. JULI Mit Einführung der Bezeichnung V.A.G erhält die Absatzorganisation für Volkswagen und Audi eine markenübergreifende Identität. Das mehrdeutige, nicht auflösbare Kürzel, in dem sowohl Volkswagen als auch Audi anklingt, hat den Charakter einer Handelsmarke. Unter dem gemeinsamen Dach V.A.G wird das Vertriebssystem vereinheitlicht und modernisiert, damit es den anspruchsvolleren Kundenerwartungen und dem verschärften Wettbewerb genügt. Die Vertriebsorganisation basiert nach wie vor auf dem Franchise-System, Einzelhändler nehmen als freie Unternehmer die Vertriebsaufgaben nach einheitlichen Richtlinien des Volkswagen Konzerns wahr. Ende 1978 beschäftigt die weltweite V.A.G Verkaufsorganisation in 10 600 Betrieben über 211 000 Mitarbeiter.

LOGO DER GEMEINSAMEN VERTRIEBSORGANISATION

KENNZEICHNUNG VAG

ABSCHIED IM
WERK EMDEN

FAHRZEUGPRODUKTION

	Volkswagenwerk AG	Konzern
	1.439.048	2.384.563

PRODUKTION AUSGEWÄHLTER MODELLE

Transporter	Passat	Golf	Polo
207.625	340.884	714.947	112.456

BELEGSCHAFT

	Volkswagenwerk AG	Konzern
Arbeiter	93.179	
Angestellte	15.197	
Beschäftigte in den Auslandsgesellschaften		68.256
Gesamt	108.376	206.948

FAHRZEUGABSATZ

	Volkswagenwerk AG	Konzern
Inland		894.988
Ausland		1.498.182
Gesamt	1.752.272	2.393.170

1978

FINANZDATEN (IN MIO. DM)

	Volkswagenwerk AG	Konzern
Umsatz	22.383	26.724
Investitionen	1.046	1.990
Gewinn	368	574

1979

14. FEBRUAR Beim Karossier Karmann in Osnabrück läuft die Serienfertigung des Golf Cabriolet an, das mit einem feststehenden Überrollbügel und dem gut gefütterten, wasserdichten Verdeck neue Maßstäbe bei der Fahrzeugsicherheit und beim Komfort setzt. Der Kunde kann zwischen zwei Motoren wählen, dem 1,5-Liter-Motor mit 70 PS und dem 1,6-Liter-GTI-Motor mit 110 PS. Der offene Golf zu Preisen ab 17 235 DM avanciert zum meistverkauften Cabriolet in Europa.

1. MÄRZ Auf dem Genfer Automobil-Salon hat der Iltis von Volkswagen Premiere. Die zivile Version des von Januar 1976 an für die Bundeswehr entwickelten Geländefahrzeugs wird als „ideales Handwerkszeug für den Alltag in Land- und Forstwirtschaft, für die Jagd oder auch für ausgefallene Hobbys – besonders dort, wo Straßen aufhören, Straßen zu sein" ausgelobt. Die Bundeswehr erhielt am 30. November 1978 den ersten Volkswagen Iltis, der mit seiner Schnelligkeit auf festen Straßen, der robusten Technik, der Bodenfreiheit von 22,5 Zentimetern, der Watfähigkeit von 60 Zentimetern und der Bergsteigefähigkeit von 77 Prozent bei voller Nutzlast von 700 Kilogramm für sich punktet. Der allradgetriebene Geländewagen wird zu einem Listenpreis von 33 600 DM angeboten. Die Fertigung erfolgt bei Audi in Ingolstadt.

1. MÄRZ Die Volkswagenwerk AG erwirbt zwei Drittel des Stammkapitals der Chrysler Motors do Brasil Ltda. in São Bernardo do Campo, um ihre Aktivitäten auf dem brasilianischen Nutzfahrzeugmarkt auszuweiten. Nach Übernahme der restlichen Anteile wird die Konzerntochter am 20. Februar 1981 in Volkswagen Caminhões Ltda. umbenannt. Inzwischen hat Volkswagen das Unternehmen zu einem reinen Nutzfahrzeughersteller umstrukturiert und die Entwicklung einer eigenen Lkw-Reihe vorangetrieben. Produkte dieser Anstrengungen sind ein 11- und 13-Tonnen-Lkw, die im März 1981 auf dem brasilianischen Markt eingeführt werden. Am 25. Juli 1984 wird die Volkswagen Caminhões Ltda. mit der Volkswagen do Brasil S.A. unter deren Firma verschmolzen, um Kapazitätsnutzung und Kostenstrukturen zu optimieren.

8. MÄRZ Durch eine Mehrheitsbeteiligung an der Triumph Werke Nürnberg AG steigt die Volkswagenwerk AG in die Büromaschinen- und Informationstechnik ein. Die neue Tochter wird 1980 in Triumph-Adler Aktiengesellschaft für Büro- und Informationstechnik umfirmiert, der Kapitalanteil auf 98,4 Prozent aufgestockt. Die Diversifikation entwickelt sich zum Zuschussgeschäft. Trotz beträchtlicher Investitionen, die in die Entwicklung neuer Produktlinien und in den Ausbau der inländischen und US-Vertriebsorganisation fließen, werden vor allem im Computerbereich keine zufriedenstellenden Ergebnisse erzielt. Nach anhaltend hohen Verlusten der Tochter konzentriert sich Volkswagen wieder auf sein Kerngeschäft. Das inzwischen in TA Triumph-Adler AG umbenannte Unternehmen sowie die Triumph-Adler North America (TANA) werden zum 1. September 1986 an die Olivetti Holding B.V. in Amsterdam veräußert.

8. MAI In Wolfsburg wird bis zum 11. Mai Medienvertretern die dritte Transporter Generation vorgestellt. Wie seine beiden Vorgänger verfügt der neue Volkswagen Transporter über einen luftgekühlten Boxermotor im Heck. Für eine Tonne Nutzlast ausgelegt, besticht der im Werk Hannover in vielen Karosserievarianten gefertigte Wagen durch eine

ILTIS   GOLF CABRIOLET

WERK
SÃO BERNARDO DO CAMPO

1979

134 DER UMSTIEG ZUR MODELLPALETTE

gefällige, an die LT Baureihe angepasste äußere Form, gute Aerodynamik und ein großes Raumangebot für Personen und Güter sowie ein modernes aktives und passives Sicherheitskonzept. Anfangs mit einem luftgekühlen 50- oder 70-PS-Flachbaumotor ausgestattet, beginnen die Preise ab 14 435 DM.

3. SEPTEMBER In Wolfsburg beginnt die Produktion des Jetta, einer Stufenhecklimousine der Mittelklasse, die die Angebotslücke zwischen dem Passat als Schräghecklimousine und dem Kompaktwagen Golf schließt. Technisch an den Golf angelehnt und anfangs mit Motoren von 60 PS, 70 PS oder 110 PS Leistung lieferbar, punktet die Mittelklasselimousine mit ihrem 630 Liter fassenden Gepäckraum. Für eine sportive Note sorgt der 1,6-Liter-Motor mit einer Leistung von 110 PS, die den Wagen auf eine Höchstgeschwindigkeit von 178 Stundenkilometern bringt. Mit einem Preis ab 11 395 DM findet der Jetta 1980 schon 144 758 Abnehmer.

12. SEPTEMBER Auf der Internationalen Automobil-Ausstellung in Frankfurt am Main wird die neue Modellreihe der 6- bis 9-Tonnen-Lastkraftwagen vorgestellt, die als Gemeinschaftsprojekt von M.A.N. und Volkswagen innerhalb von zwei Jahren entstanden sind. Die Fertigung erfolgt modularisiert, sodass M.A.N. beispielsweise die Dieselmotoren zuliefert und ein Großteil der Endmontage im Werk Hannover stattfindet. Für das Fahrzeug stehen zwei verbrauchsoptimierte Dieselmotoren mit 90 PS und 136 PS Leistung zur Verfügung.

16. NOVEMBER Karl Gustaf Ratjen tritt den Vorsitz im Aufsichtsrat der Volkswagenwerk AG an.

KARL GUSTAF RATJEN

LKW-ENDMONTAGE IM WERK HANNOVER

JETTA   TRANSPORTER

FAHRZEUGPRODUKTION

	Volkswagenwerk AG	Konzern
	1.396.916	2.541.761

PRODUKTION AUSGEWÄHLTER MODELLE

Transporter	Passat	Golf	Polo
186.870	291.575	833.625	132.947

BELEGSCHAFT

	Volkswagenwerk AG	Konzern
Arbeiter	99.227	
Angestellte	16.189	
Beschäftigte in den Auslandsgesellschaften		83.149
Gesamt	115.416	239.714

FAHRZEUGABSATZ

	Volkswagenwerk AG	Konzern
Inland		900.270
Ausland		1.638.299
Gesamt	1.725.060	2.538.569

1979

FINANZDATEN (IN MIO. DM)

	Volkswagenwerk AG	Konzern
Umsatz	24.257	30.707
Investitionen	1.709	3.100
Gewinn	438	667

1980

1. APRIL Um ihre Position auf dem instabilen südamerikanischen Pkw- und Lkw-Markt zu festigen, übernimmt die Volkswagenwerk AG die Mehrheitsanteile der Chrysler Fevre Argentina S.A.I.C., die am 21. November in Volkswagen Argentina S.A. umfirmiert wird. Die Fahrzeugfertigung wird 1987 vom Werk San Justo in die Standorte Pacheco und Monte Chingolo verlegt.

8. MAI Auf dem in Wolfsburg abgehaltenen Energie-Symposium präsentiert der Gastgeber Volkswagen die Formel E, eine energiesparende Neuabstufung der Getriebe, die praktisch für jedes Modell angeboten wird. Im dritten Gang kann bis zur Höchstgeschwindigkeit beschleunigt werden, der stark drehzahlsenkende vierte Gang reduziert den Benzinverbrauch. Mit dieser Neuerung reagiert der Volkswagen Konzern auf die seit der zweiten Ölkrise gestiegenen Energiepreise, die bei vielen Autofahrern zu einem Umdenken geführt haben. Sparsame Modelle sind gefragt, als sich die Absatzmöglichkeiten für Fahrzeuge der oberen Mittelklasse weltweit verschlechtern.

27. OKTOBER In Ascona im Tessin beginnt die Pressepräsentation der zweiten Passat Generation. Das Schrägheck-Modell und der Variant sind in der Form eleganter und im Innenraum größer als ihre Vorläufer. Beide werden anfänglich mit vier Motoren angeboten – vom kleinen 1,3-Liter-Vierzylinder mit 55 PS bis zum 2,2-Liter-Fünfzylinder mit 115 PS. Mit dem 4+E-Schaltgetriebe erreicht der Passat Diesel DIN-Verbrauchswerte von 7,2 Litern Dieselkraftstoff auf 100 Kilometer im Stadtzyklus. Bei konstant 90 Stundenkilometern sinkt der Verbrauch auf 4,7 Liter. Die Preise des Passat beginnen bei 14 295 DM.

19. DEZEMBER Die Volkswagenwerk AG gründet in Wolfsburg die VW Kraftwerk GmbH. Die Errichtung eines neuen Kohleheizkraftwerks zielt darauf ab, die Energiedienstleistungen an Dritte dem gewachsenen Bedarf nach Strom- und Wärmelieferungen anzupassen. Am 25. Februar 1985 wird das Heizkraftwerk West fertig gestellt, das ebenso wie das 1938 gebaute Kraftwerk Süd und das 1962 errichtete Kraftwerk Nord nach dem Prinzip der Kraft-Wärme-Kopplung arbeitet. Die Kraftwerke versorgen das Werk Wolfsburg mit Energie und die Lackiererei mit voll entsalztem Wasser. Sie speisen außerdem Energie und Wärme in das städtische und überregionale Netz ein.

PASSAT

HEIZKRAFTWERK WEST

FAHRZEUGPRODUKTION

	Volkswagenwerk AG	Konzern	Transporter	Passat	Golf	Polo
	1.346.755	2.573.871	217.876	265.627	831.527	126.860

PRODUKTION AUSGEWÄHLTER MODELLE

BELEGSCHAFT

	Volkswagenwerk AG	Konzern
Arbeiter	98.622	
Angestellte	20.144	
Beschäftigte in den Auslandsgesellschaften		99.060
Gesamt	118.766	257.930

FAHRZEUGABSATZ

	Volkswagenwerk AG	Konzern
Inland		787.591
Ausland		1.707.156
Gesamt	1.632.456	2.494.747

1980

FINANZDATEN (IN MIO. DM)

	Volkswagenwerk AG	Konzern
Umsatz	25.180	33.288
Investitionen	2.251	4.279
Gewinn	311	321

1981

5. MÄRZ Auf dem bis zum 15. März andauernden 51. Genfer Automobil-Salon zeigt Volkswagen die zweite, etwas rundlicher gestaltete Generation des eleganten Sportcoupés Scirocco. Die Kunden können zwischen der Basismotorisierung mit 60 PS und Motoren mit 70, 85 und 110 PS Leistung wählen. Die Preise liegen zwischen 16 600 und 22 545 DM ab Werk. Das Fahrzeug wird weiterhin bei Karmann in Osnabrück gefertigt.

1. JULI Die in Madrid gegründete Vertriebsgesellschaft V.A.G España, S.A. tritt an die Stelle des bisherigen Generalimporteurs, der neben Volkswagen auch die Marke Daimler-Benz vertreten hat. Die V.A.G España treibt den Aufbau einer eigenständigen Verkaufsorganisation für Volkswagen und Audi erfolgreich voran und weitet 1982 den Absatz auf 2 379 Fahrzeuge aus. Die Händlerorganisation wird im Zuge der zwischen Volkswagen und Seat vereinbarten Zusammenarbeit in das Vertriebssystem des spanischen Automobilherstellers integriert, der von Januar 1983 an Volkswagen und Audi Modelle über ein wesentlich dichteres Händlernetz anbieten kann. Gleichzeitig stellt die V.A.G España, S.A. ihre Geschäftstätigkeit ein.

14. SEPTEMBER Die Volkswagenwerk AG und die Nissan Motor Co., Ltd. schließen ein Basic Agreement, auf dessen Basis der Santana in Japan gefertigt werden soll. Nissan stellt die Produktionsanlagen und vertreibt das Produkt über seine Absatzorganisation, während Volkswagen Motoren, Getriebe und Fahrgestelle liefert. Der in Zama bei Tokio gebaute Santana kommt im Februar 1984 auf den japanischen Markt.

17. SEPTEMBER Die Stufenhecklimousine Santana, das neue Spitzenmodell von Volkswagen, hat auf der Internationalen Automobil-Ausstellung in Frankfurt am Main ihre Premiere. Größer und eleganter als alle bisherigen Modelle, nimmt Volkswagen mit dem Santana eine „große klassische Reiselimousine" ins Programm. Technisch weitgehend mit dem Passat identisch und in Wolfsburg gefertigt, ist mit dem Viertürer zu einem Preis ab 17 995 DM die Schließung einer Lücke im Produktangebot beabsichtigt. Der Santana findet trotz seines großzügigen Kofferrauminhalts von 535 Litern in Europa nicht den erwarteten Absatz. Der Santana wird ab 1983 auch in China gebaut und dort zum Millionenseller.

17. SEPTEMBER Auf der Internationalen Automobil-Ausstellung in Frankfurt am Main wird auch das vom Bundesministerium für Forschung und Technologie geförderte Auto 2000 gezeigt. Der Dreizylinder-Dieselmotor mit Direkteinspritzung, Turbolader und 45 PS Leistung benötigt bei einer Geschwindigkeit von 120 Stundenkilometern nur 4,1 Liter Dieselkraftstoff auf 100 Kilometer. Mit dieser Studie leistet Volkswagen einen Beitrag zur Ökologiedebatte, die das Energiesparen und die Reduzierung der Umweltbelastungen zur politischen Gestaltungsaufgabe macht.

DERBY

POLO

SANTANA

1981

30. SEPTEMBER Auf Sardinien erhalten bis zum 8. Oktober Journalisten aus Deutschland und Europa die Möglichkeit, den neuen Polo Probe zu fahren. Die zweite Generation des zweitürigen Kleinwagens von Volkswagen – als „ein zweckmäßiges, sparsames Auto" gerühmt und durch die „neue Sachlichkeit" geprägt – unterscheidet sich durch sein Steilheck vom Vorgängermodell. Mit seinen 40-, 50- und 60-PS-Motoren kombiniert er erhöhte Durchzugskraft mit verringertem Verbrauch. Der DIN-Verbrauch von 5,8 bis 7,9 Litern Normalbenzin gibt neben dem bei 11 185 DM beginnenden Preis ein Kaufargument für Sparfüchse.

15. DEZEMBER Im Werk Wolfsburg übersteigt die Tagesfertigung der zweiten Derby Generation die Vorgabe von 100 Fahrzeugen. Technisch mit dem Polo identisch, aber in seiner Formgebung deutlicher abgegrenzt, punktet die Stufenhecklimousine zu Preisen ab 11 595 DM mit seinem 540 Liter fassenden Kofferraum. Ab Januar 1985 erfolgt die Vermarktung unter der Modellbezeichnung Polo Stufenheck.

SCIROCCO

FAHRZEUGPRODUKTION

	Volkswagenwerk AG	Konzern	Transporter	Passat	Golf	Polo
	1.232.818	2.245.611	187.327	261.835	799.287	102.985

PRODUKTION AUSGEWÄHLTER MODELLE

BELEGSCHAFT

	Volkswagenwerk AG	Konzern
Arbeiter	99.832	
Angestellte	20.239	
Beschäftigte in den Auslandsgesellschaften		86.620
Gesamt	120.071	246.906

FAHRZEUGABSATZ

	Volkswagenwerk AG	Konzern
Inland		737.828
Ausland		1.541.212
Gesamt	1.564.900	2.279.040

1981

FINANZDATEN (IN MIO. DM)

	Volkswagenwerk AG	Konzern
Umsatz	26.402	37.878
Investitionen	2.182	4.851
Gewinn	120	136

142

1982–1991

1982 – 1991

Neue Marken, neue Märkte

Im Strukturwandel der Weltautomobilindustrie wuchs der Volkswagen Konzern zu einem global produzierenden Mehrmarkenverbund heran. Beherzt nutzte Volkswagen in den 1980er Jahren die Expansionschancen auf dem europäischen und asiatischen Kontinent, um die branchenspezifischen Negativtrends vor allem durch Volumenpolitik aufzufangen. Der verschärfte Verdrängungswettbewerb in Europa und Nordamerika, die Verteuerung der Energieträger, die Instabilität des internationalen Währungssystems sowie die umweltpolitischen Anforderungen verlangten nach neuen Produkt- und Fertigungskonzepten. Dem trug der Volkswagen Konzern durch einen gleichermaßen innovationsorientierten wie expansionsfreudigen Kurs Rechnung, der durch die Weiterentwicklung der Fahrzeugtechnologie und die Flexibilisierung der Produktion bestimmt wurde. Zum anderen gab die strategische Ausrichtung vor, grenzüberschreitende Kooperationsmöglichkeiten auszuschöpfen und durch die Verstärkung des Produktionsverbunds Kostenvorteile im Rahmen der internationalen Arbeitsteilung zu erzielen.

Zukunftsweisende Kooperationsprojekte initiierte die Volkswagenwerk AG im asiatisch-pazifischen Raum, der wegen seines dynamischen Wirtschaftswachstums als volumenträchtiger Exportmarkt und kostengünstiger Produktionsstandort ins Blickfeld rückte. Indem der Hersteller Nissan Anfang 1984 in Japan die Montage des Santana aufnahm und über seine Absatzorganisation vertrieb, verstärkte Volkswagen auf dem dortigen Markt seine Präsenz. Darüber hinaus intensivierte der Volkswagen Konzern die Analyse des im Hinblick auf Flexibilität und Produktivität vorbildlichen japanischen Produktionssystems. Obwohl der Volkswagen Konzern zum führenden ausländischen Automobilimporteur in Japan aufstieg, wurde eine spürbare Ausweitung der Fahrzeugexporte durch protektionistische Maßnahmen blockiert. Erst die Öffnung des japanischen Marktes Ende der 1980er Jahre schuf die Voraussetzungen für eine volumenorientierte Exportstrategie. Die Volkswagen Audi Nippon K.K., die Mitte 1989 aus der Beratungsgesellschaft Volkswagen Asia Ltd. hervorging, begann deshalb mit dem Aufbau eines eigenständigen Vertriebssystems.

Im Zentrum des Engagements in Asien stand die Volksrepublik China, die sich durch ihre Reformpolitik als Zukunftsmarkt und aufstrebender industrieller Partner empfahl. Umgekehrt vertraute die chinesische Führung auf das Wolfsburger Unternehmen, weil es in Brasilien und

QUALITÄTSPRÜFER DER
SHANGHAI VOLKSWAGEN

Mexiko beim Aufbau der Automobilindustrie Pionierarbeit geleistet hatte. Von 1978 an verhandelten beide Seiten über die Errichtung einer Automobilfertigung. Das avisierte Großprojekt entsprach jedoch weder den industriellen Gegebenheiten Chinas noch den begrenzten finanziellen Spielräumen des Volkswagen Konzerns und wurde zu Gunsten eines stufenweisen Produktionsaufbaus fallen gelassen. Der 1982 unterzeichnete Montagevertrag mit der Shanghai Tractor & Automobile Corporation bildete den Prolog zu einer deutsch-chinesischen Erfolgsgeschichte, die am 11. April 1983 mit dem Bandablauf des ersten in China montierten Santana begann und sich 1985 mit der Gründung des Joint Ventures Volkswagen Shanghai Automotive Company, Ltd. fortsetzte. Im Zuge des Kapazitätsausbaus entwickelte sich das Gemeinschaftsunternehmen zur größten Pkw-Fabrik Chinas und machte Volkswagen zum Marktführer in der Volksrepublik. Diese Position konnte durch die Gründung eines zweiten Joint Ventures im Februar 1991 langfristig gesichert werden. Die FAW-Volkswagen Automotive Company, Ltd. in Changchun produzierte wie die Volkswagen Shanghai sowohl für den chinesischen Markt als auch für den Konzernverbund.

Parallel zum Einstieg in den chinesischen Markt ebnete der Volkswagen Konzern den Weg zur Führungsposition in Europa, wo 1982 eine Belebung des Exportgeschäfts einsetzte. Trotz einer schwächelnden Automobilkonjunktur übertraf der Gesamtabsatz mit knapp 619 000 Fahrzeugen das Vorjahresniveau, wobei Frankreich, Italien und Großbritannien mit jeweils mehr als 100 000 verkauften Fahrzeugen zu den wichtigsten Abnehmern zählten. In Spanien hingegen, dessen bevorstehende Mitgliedschaft in der Europäischen Gemeinschaft eine kräftige Expansion der Automobilimporte erwarten ließ, war Volkswagen kaum vertreten. Nach Aufhebung der Importbeschränkungen für Pkw hatte Volkswagen mit Gründung einer eigenen Vertriebsgesellschaft im Mai 1981 den ersten Schritt zur Erschließung des iberischen Marktes unternommen. Der zweite folgte durch eine Kooperation mit dem staatlichen Automobilhersteller Seat. Schnell stieß Volkswagen in die Lücke vor, die der Rückzug des Autoproduzenten Fiat aus dem spanischen Unternehmen ergeben hatte. Den Lizenzvertrag zur Produktion des Polo, Passat und Santana schloss der Vorstand in der Absicht, Volkswagen zur Nr. 1 in Europa zu machen. Denn erst die Verlagerung der Polo Fertigung nach Spanien setzte in Wolfsburg die Kapazitäten für eine Ausweitung der Golf Produktion frei. Die Zusammenarbeit mit Seat trug bereits 1984 erste Früchte. Der Absatz von Volkswagen und Audi Modellen schnellte in Spanien von 2 379 Fahrzeugen im Jahre 1982 auf 28 667 Fahrzeuge hoch, und auch in der Schweiz, in den Niederlanden, in Belgien sowie in den skandinavischen Ländern konnte Volkswagen seine Marktposition ausbauen. Mit knapp 760 000 verkauften Fahrzeugen und einem Absatzplus von gut 24 Prozent erreichte der Volkswagen Konzern 1985 erstmals die Spitzenstellung in Europa. Dies gab Rückenwind für die Übernahme von Seat im Juni 1986. Wie die Auto Union gut zwanzig Jahre zuvor, fand Seat als eigenständige Marke unter dem Konzerndach Platz. Die Trennung von Fiat hatte jedoch Spuren hinterlassen, denn sie stellte das spanische Unternehmen vor die schwierige Aufgabe, eine eigenständige und konkurrenzfähige Produktpalette zu entwickeln. Beträchtliche Investitionen waren notwendig, die in die Rationalisierung der Produktion und in die Fahrzeugentwicklung flossen, bevor die spanische Konzerntochter 1988 schwarze Zahlen schrieb.

Während die Volkswagen AG in Europa und Asien neues Terrain eroberte, nahmen ihre Geschäfte in Amerika in den 1980er Jahren einen krisenhaften Verlauf. Im verschärften Wettbewerb mit den japanischen Herstellern, die sowohl ihre Exportquote in die USA erhöht als auch ihre dortigen Produktionskapazitäten ausgebaut hatten, stagnierten 1986 die Absatzzahlen der Volkswagen of America. Während der Jetta ebenso wie im Vorjahr verkaufsstärkstes Modell war, blieb der in den USA gefertigte Golf, dessen Produktion um 13 Prozent eingeschränkt wurde, weiter hinter den Erwartungen zurück. Anhaltend hohe finanzielle Verluste und die Unterauslastung der Kapazitäten nötigten der Konzernleitung im November 1987 die Entscheidung ab, das Werk Westmoreland zu schließen. Innerhalb des Fertigungsverbunds übernahm der mexikanische Standort Puebla die Aufgabe, den nordamerikanischen Markt mit den Modellen Golf und Jetta zu beliefern.

In Südamerika verursachten die wechselhafte wirtschaftliche Entwicklung und die hohe Inflation anhaltende Ertragsverluste der brasilianischen und argentinischen Tochterunternehmen. Nachdem die dortige Regierung einen Preisstopp verhängt hatte, war die Rentabilität der Volkswagen do Brasil untergraben. Um das Engagement in Südamerika bei begrenztem Kapitaleinsatz zu sichern und das finanzielle Gesamtrisiko zu reduzieren, bahnte die Volkswagen AG eine Kooperation mit Ford an. Durch Gründung der Autolatina bündelten am 27. Mai 1987 die beiden Hersteller ihre Aktivitäten in Brasilien und Argentinien unter dem Dach einer Holdinggesellschaft. Volkswagen übernahm die technische, Ford die finanzielle Führung des Gemeinschaftsunternehmens. Die geplante Fusion der Volkswagen do Brasil und der Ford Brasil scheiterte am brasilianischen Händlergesetz, sodass beide Unternehmen als rechtlich selbstständige Gesellschaften bestehen blieben. Deren Kostenstruktur konnte durch Synergieeffekte und den Aufbau gemeinsamer Produktlinien verbessert werden. Die Situation der Autolatina Argentina hingegen blieb kritisch, weshalb 1990 über die Zusammenlegung der Vertriebsnetze nachgedacht wurde. Ein 1991 in Argentinien und dann Ende März 1992 in Brasilien geschlossener Sozialpakt zwischen Wirtschaftsministerium, Gewerkschaften und Fahrzeugindustrie trug zur nachhaltigen Belebung des Automobilgeschäfts bei. Aus der Kooperation zwischen Volkswagen und Ford ging 1991 ein zweites Joint Venture in Portugal hervor, um mit Kapital- und Risikoteilung eine Großraumlimousine für den europäischen Markt zu bauen.

DER ERSTE POLO AUS ZWICKAU

Der Zusammenbruch der sozialistischen Planwirtschaften in Osteuropa gab dem Expansionskurs des Wolfsburger Unternehmens eine unerwartete Richtung. Unmittelbar nach dem Fall der Mauer im November 1989 intensivierte die Volkswagen AG die Verhandlungen mit der sächsischen Automobilindustrie, zu der sie langjährige Geschäftsbeziehungen unterhielt. Mit dem in Chemnitz ansässigen IFA-Kombinat Personenkraftwagen gründete Volkswagen im Dezember 1989 eine Planungsgesellschaft, um die Entwicklung und Produktion international konkurrenzfähiger Fahrzeuge vorzubereiten. In Erwartung eines Nachfragebooms nach westlichen Pkw investierte Volkswagen in den Ausbau der Produktionsstätten Mosel, Chemnitz und Eisenach, deren technischer Standard und die Kapazitäten den Anforderungen an eine effiziente Massenfertigung genügten. In Mosel entstand eine moderne Montagefabrik mit einer Jahreskapazität von 250 000 Fahrzeugen. Aggregate lieferten die Motorenwerke in Chemnitz sowie die Zylinderkopffertigung in Eisenach, die nach einem Kapazitätsausbau auch für den Konzernverbund produzierten.

Die Umbrüche nach 1989 gaben der Volkswagen AG die gleichsam einmalige Möglichkeit, die Automobilmärkte Ostmitteleuropas für sich zu öffnen. Als lohnendes Ziel machte der Vorstand das tschechische Automobilunternehmen Škoda aus, das über eine wertvolle Marke, eine lange Tradition und eine hochqualifizierte Belegschaft verfügte. In Erwartung einer automobilen Sonderkonjunktur sicherte Volkswagen eine großzügige Produktionsausweitung und umfangreiche Sozialleistungen, insbesondere den befristeten Verzicht auf betriebsbedingte Kündigungen zu. Škoda konnte 1991 als vierte eigenständige Marke in den Volkswagen Konzern eingegliedert werden. Das Wegbrechen des Binnen- und der osteuropäischen Märkte durchkreuzte die allzu optimistischen Prognosen.

Durch die rasant fortschreitende Internationalisierung entwickelte sich der Volkswagen Konzern zum globalen Produktionsverbund, der Fertigungsstätten auf fünf Kontinenten unterhielt. Mit der Errichtung eines starken Standbeins in Asien sowie in Osteuropa konnten nicht nur Zukunftsmärkte erschlossen, sondern auch kostengünstige Produktionsstandorte aufgebaut werden. Die Wachstums- und Mehrmarkenstrategie führte den Volkswagen Konzern an die Spitze der europäischen Automobilindustrie und versetzte ihn durch die Erweiterung der Modellpalette in die Lage, Fahrzeuge für jeden Geschmack und Anspruch zu bauen. Die ansteigenden Kosten dieser Expansionswelle untergruben die wirtschaftliche Lage der Volkswagen AG in der 1992 ausbrechenden Wirtschaftskrise.

1982

1. JANUAR Carl H. Hahn übernimmt den Vorsitz im Vorstand der Volkswagenwerk AG.

1. JANUAR Die Volkswagen of Nigeria Ltd. gerät in eine Dauerkrise, verursacht durch die anhaltende Rezession, die eingeschränkte preisliche Wettbewerbsfähigkeit und die fehlende Unterstützung der nigerianischen Regierung, die auf den Devisenmangel mit staatlichen Einfuhrbeschränkungen und Produktionsdrosselungen der importabhängigen Industrien reagiert. Infolgedessen wird der Fertigungsprozess in den 1980er Jahren mehrfach durch eine unzureichende Materialversorgung unterbrochen. Im März 1990 entschließt sich der Volkswagen Konzern zu einem geordneten Rückzug aus dem Nigeria-Geschäft, weil das Marktpotenzial auf absehbare Zeit nicht erschlossen werden kann. Die Kapazitätsauslastung der Volkswagen of Nigeria liegt bei fünf Prozent, und den minimalen Erträgen aus dem Liefergeschäft stehen hohe Verbindlichkeiten gegenüber. Die 1992 aufgenommenen Verhandlungen über den Verkauf an eine nigerianische Unternehmensgruppe gelangen wegen innenpolitischer Machtkämpfe zu keinem Abschluss. 1994 zieht Volkswagen die letzten deutschen Mitarbeiter ab. Seitdem ruht die Produktion. Im April 2006 veräußert die Volkswagen AG die von ihr gehaltenen Restanteile an die Barbedos Ventures Ltd. mit Sitz in Tortola auf den British Virgin Islands.

8. JUNI Ein Probemontage-Vertrag mit der Shanghai Tractor & Automobil Corporation bildet den Auftakt zum Engagement des Volkswagen Konzerns in der Volksrepublik China. Ziel dieser Zusammenarbeit ist ein Joint Venture zur Produktion des Santana. Am 11. April 1983 läuft im Werk Anting der erste Santana chinesischer Fertigung vom Band.

CARL H. HAHN

30. SEPTEMBER Der mit der Sociedad Española de Automóviles de Turismo, S.A. (Seat) abgeschlossene Kooperationsvertrag eröffnet dem Volkswagen Konzern die Erschließung des iberischen Marktes. Der spanische Automobilhersteller organisiert fortan den Vertrieb von importierten Volkswagen und Audi Modellen über das eigene Händlernetz und baut ab Frühjahr 1984 den Passat und Polo in Lizenz. Letztlich dient die Verlagerung der Polo Fertigung nach Spanien dem Ziel, in Wolfsburg zusätzliche Kapazitäten für eine Ausweitung der Golf Produktion zu schaffen und auf diesem Weg in der europäischen Automobilindustrie die Spitzenposition zu erreichen.

2. NOVEMBER In der Eifel beginnt die Fahrpräsentation des Volkswagen Caddy, der zur Golf Familie gehört und ab Dezember 1982 als offener Pritschenwagen (Pick-up), Pritschenwagen mit Plane und Spriegel und als Hardtop-Kastenwagen auf den europäischen Kernmärkten startet. In den USA von 1979 an auf dem Markt, wird der Wagen im Joint-Venture-Unternehmen TAS in Sarajevo gefertigt. Für eine Nutzlast von 0,5 Tonnen ausgelegt, ist der Caddy mit einem 70-PS-Ottomotor oder einem 54-PS-Dieselmotor zu haben. Die Preise beginnen bei 14 330 DM ab Werk.

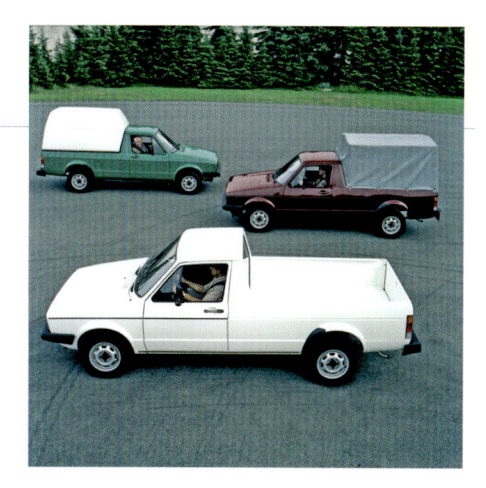

BEGINN DER SANTANA FERTIGUNG IN SHANGHAI

CADDY

FAHRZEUGPRODUKTION

	Volkswagenwerk AG	Konzern	Transporter	Passat	Golf	Polo
	1.196.868	2.130.075	188.681	219.795	656.359	142.356

PRODUKTION AUSGEWÄHLTER MODELLE

BELEGSCHAFT

	Volkswagenwerk AG	Konzern
Arbeiter	98.046	
Angestellte	20.837	
Beschäftigte in den Auslandsgesellschaften		81.103
Gesamt	118.883	239.116

FAHRZEUGABSATZ

	Volkswagenwerk AG	Konzern
Inland		672.058
Ausland		1.447.860
Gesamt	1.529.398	2.119.918

FINANZDATEN (IN MIO. DM)

	Volkswagenwerk AG	Konzern
Umsatz	27.028	37.434
Investitionen	1.962	4.892
Gewinn/Verlust	33	-300

1982

1983

18. MAI Der Produktionsanlauf der zweiten Golf Generation in der eigens gebauten Endmontagehalle 54 leitet im Volkswagen Konzern eine neue Ära der Fertigungstechnik ein. Erstmals wird hier roboterunterstützt ein Fahrzeug gebaut, das in seinen konstruktiven Details auf eine weitgehend automatisierte Montage abgestimmt ist. Das neue Produktionskonzept erhöht den Mechanisierungsgrad und fördert die ergonomische Arbeitsplatzgestaltung. Die Halle 54 wird am 22. Februar 1984 offiziell eröffnet. Mit einer weicheren, eleganteren Form, einem größeren Innenraum und überarbeitetem Fahrwerk kann der neue Golf an die Verkaufserfolge der Vorgängergeneration anknüpfen. Dafür sorgt die Vielfalt an Motoren, die vier Benzinmotoren mit einer Leistung von 40 kW/55 PS bis zu 82 kW/112 PS sowie einen Dieselmotor mit 40 kW/54 PS und einen Turbodiesel mit 51 kW/70 PS umfasst. Der Golf GTI erreicht eine Höchstgeschwindigkeit von 191 Stundenkilometern; der DIN-Verbrauch des Golf GTD liegt bei 4,3 Litern Dieselkraftstoff auf 100 Kilometer bei konstant 90 Stundenkilometern. Die Preise beginnen bei 13 490 DM. Im Februar 1986 wird der Golf syncro als allradgetriebene Version vorgestellt.

20. DEZEMBER Die mit Beteiligung des Landes Berlin und der Schleicher GmbH & Co. Relais-Werke KG gegründete Volkswagen-Gesellschaft für Datenverarbeitungssysteme mbH wird ins Handelsregister eingetragen. Die Volkswagen AG hält 50 Prozent der Anteile an der Berliner Unternehmung, die auf dem Gebiet der technisch-wissenschaftlichen Software das im Konzern vorhandene Know-how konzentrieren soll. In den kommenden Jahren erweitert die IT-Tochter ihr Leistungsspektrum und den Kundenkreis. Das zum 1. Januar 1998 in gedas GmbH umfirmierte Unternehmen entwickelt und implementiert Systemlösungen für die gesamte Fahrzeug- und Fertigungsindustrie. Am 27. Mai 2001 wird die gedas GmbH in eine Aktiengesellschaft umgewandelt.

FERTIGUNG DER ZWEITEN GOLF GENERATION

GOLF

FAHRZEUGPRODUKTION

	Volkswagenwerk AG	Konzern
	1.179.993	2.115.924

PRODUKTION AUSGEWÄHLTER MODELLE

Transporter	Passat	Golf	Polo
155.500	244.173	626.797	146.873

BELEGSCHAFT

	Volkswagenwerk AG	Konzern
Arbeiter	94.127	
Angestellte	20.395	
Beschäftigte in den Auslandsgesellschaften		75.430
Gesamt	114.522	231.710

FAHRZEUGABSATZ

	Volkswagenwerk AG	Konzern
Inland		749.863
Ausland		1.377.355
Gesamt	1.538.395	2.127.218

FINANZDATEN (IN MIO. DM)

	Volkswagenwerk AG	Konzern
Umsatz	29.187	40.089
Investitionen	2.444	4.858
Verlust	-85	-215

1983

1984

27. JANUAR Zu Preisen ab 14 715 DM kommt die zweite Jetta Generation auf den Inlandsmarkt. Mit einer Länge von 4,32 Metern und einem Kofferraumvolumen von 570 Litern bietet der Jetta nach Angaben des Stern den „besten Fahrkomfort" seiner Klasse. Die „leichte Bedienbarkeit" und „leises Fahren" sowie viel Platz im Inneren bilden seine besten Verkaufsargumente. Gefälliger gestaltet als der Vorgänger, wird der neue Jetta in vier Ausstattungslinien und mit fünf Motoren, darunter einen 70-PS-Turbodiesel, im Werk Wolfsburg produziert.

3. FEBRUAR In dem im Werk Wolfsburg eingeweihten Forschungszentrum sitzen über 600 Mitarbeiter unter einem Dach. Mit Ausnahme des Klimawindkanals und von Teilen der zentralen Messtechnik sind sämtliche Forschungsbereiche in dem neuen Gebäude mit 15 000 Quadratmeter Nutzfläche untergebracht, das mit modernsten technischen Mitteln ausgerüstet ist.

10. OKTOBER In Anwesenheit von Bundeskanzler Helmut Kohl schließt die Volkswagenwerk AG mit der Shanghai Tractor and Automobile Corporation (STAC), der Bank of China, der Shanghai Trust and Consultancy Company (BOC) und der China National Automotive Industry Corporation den Joint-Venture-Vertrag, der die Gründung eines gemeinsamen Unternehmens zur Herstellung des Santana in Shanghai zum Gegenstand hat. Volkswagen ist der erste Joint-Venture-Partner auf dem Gebiet des Automobilbaus und legt damit den Grundstein seines nachfolgenden Erfolgs in der Volksrepublik China.

2. NOVEMBER Die in Regionalmedien geschaltete Anzeige „Wir sind bereit." unterstreicht, dass bereits elf verschiedene Volkswagen und Audi Modelle mit einem Drei-Wege-Katalysator ausgerüstet sind. Als Vorreiter dieser Technik hat sich die Volkswagenwerk AG frühzeitig auf die Nachfrage nach schadstoffarmen Fahrzeugen vorbereitet und den Schadstoffausstoß in den letzten 15 Jahren um bis zu 60 Prozent gesenkt. Die handgeschalteten Golf und Jetta Modelle mit Vierzylinder-Diesel und Turbodiesel erfüllen bereits die strengen US-amerikanischen Vorschriften für Abgas und Partikel. Alle seit 1977 in Europa gebauten Pkw können mit unverbleitem Benzin gefahren werden. Für die im Markt befindlichen Modelle bietet Volkswagen ab 1984 spezielle Nachrüstsätze an, die den Ausstoß von Kohlenwasserstoffen und Stickoxyden halbieren. Ein neu entwickelter Mikrokatalysator ermöglicht auch die Umrüstung von Fahrzeugen mit kleinem Hubraum. Bis November 1987 hat die Volkswagenwerk AG die Umstellung der Fahrzeugproduktion auf die Katalysatortechnik abgeschlossen. Seitdem sind alle mit einem Ottomotor ausgestatteten Volkswagen Pkw serienmäßig mit Katalysator lieferbar.

12. NOVEMBER Mit dem Außenhandelsbetrieb der DDR Industrieanlagen-Import schließt die Volkswagenwerk AG einen Vertrag über die Lizenzfertigung von 1,05- und 1,3-Liter Motoren. Volkswagen stellt die dazu notwendigen Anlagen bereit. Im Gegenzug soll die DDR Erzeugnisse der Maschinen- und Elektroindustrie liefern. Die ebenfalls geplante Fertigung von Rumpfmotoren für den Konzernverbund verzögert sich wegen der planwirtschaftlichen Vorgaben und Qualitätsproblemen bis Ende 1989.

VERTRAGSUNTERZEICHNUNG ZUR GRÜNDUNG
VON SHANGHAI VOLKSWAGEN

JETTA

FAHRZEUGPRODUKTION

	Volkswagenwerk AG	Konzern	Transporter	Passat	Golf	Polo
	1.280.836	2.147.706	157.596	184.945	685.303	146.249

PRODUKTION AUSGEWÄHLTER MODELLE

BELEGSCHAFT

	Volkswagenwerk AG	Konzern
Arbeiter	95.825	
Angestellte	20.049	
Beschäftigte in den Auslandsgesellschaften		77.703
Gesamt	115.874	238.353

FAHRZEUGABSATZ

	Volkswagenwerk AG	Konzern
Inland		708.446
Ausland		1.436.688
Gesamt	1.638.000	2.145.134

FINANZDATEN (IN MIO. DM)

	Volkswagenwerk AG	Konzern
Umsatz	33.774	45.671
Investitionen	1.809	4.803
Gewinn	183	228

1984

1985

16. FEBRUAR Die am 10. Oktober 1984 in Peking unterzeichnete Vereinbarung führt zur Gründung der Shanghai-Volkswagen Automotive Company, Ltd.. Die Volkswagenwerk AG hält 50 Prozent der Anteile an dem chinesisch-deutschen Gemeinschaftsunternehmen, das bis Jahresende 1 700 Fahrzeuge baut. Qualifizierte Arbeitskräfte stellt das Ende August 1988 eröffnete Aus- und Weiterbildungszentrum bereit. Nach Inbetriebnahme der neuen Lackiererei im Oktober 1989 läuft im Jahr darauf die Produktion im Presswerk und Motorenbau an, der 1991 knapp 37 600 Rumpfmotoren in den Konzernverbund liefert. Im Zuge des Kapazitätsausbaus entwickelt sich Shanghai Volkswagen zur größten und modernsten Pkw-Fabrik Chinas. Zwischen 1986 und 1991 vervierfacht sich die Jahresproduktion von 8 471 auf 35 000 Fahrzeuge, die Belegschaft wächst von 1 911 auf 3 064 Beschäftigte an. Der nationale Fertigungsanteil beträgt inzwischen 70,4 Prozent, weshalb die Shanghai Volkswagen seit Juni 1991 keine Lizenz für den Import von Fahrzeugsätzen mehr benötigt.

VOLKSWAGEN LOGO UND WORTBILDMARKE VOLKSWAGEN AG

4. JULI Die Hauptversammlung beschließt, das Unternehmen von Volkswagenwerk AG in Volkswagen AG umzubenennen.

SANTANA FERTIGUNG IN SHANGHAI

FAHRZEUGPRODUKTION

	Volkswagen AG	Konzern
	1.457.272	2.398.196

PRODUKTION AUSGEWÄHLTER MODELLE

Transporter	Passat	Golf	Polo
155.423	225.947	790.342	166.259

BELEGSCHAFT

	Volkswagen AG	Konzern
Arbeiter	102.653	
Angestellte	20.945	
Beschäftigte in den Auslandsgesellschaften		88.703
Gesamt	123.598	259.047

FAHRZEUGABSATZ

	Volkswagen AG	Konzern
Inland		721.812
Ausland		1.676.192
Gesamt	1.817.208	2.398.004

FINANZDATEN (IN MIO. DM)

	Volkswagen AG	Konzern
Umsatz	38.921	52.502
Investitionen	1.791	3.388
Gewinn	477	596

1985

1986

24. APRIL Walter Hiller wird zum Vorsitzenden des Gesamtbetriebsrats gewählt und übernimmt am 6. Mai zugleich die Leitung des Konzernbetriebsrats.

18. JUNI Nach bewährter Zusammenarbeit übernimmt die Volkswagen AG zunächst 51 Prozent des Aktienkapitals des spanischen Automobilherstellers Seat, S.A., der als dritte eigenständige Marke in den Volkswagen Konzern integriert wird. Damit erschließt Volkswagen einen neuen Absatzmarkt, komplettiert seine Produktpalette in den unteren Modellbereichen und stabilisiert die führende Position in Europa. Im Zuge der Sanierung der Seat Gruppe wird im Dezember 1993 das mit der Polo Fertigung belegte Werk Pamplona ausgegliedert und unter dem Namen Fábrica Navarra de Automóviles, S.A. an die Volkswagen-Audi-España, S.A. übertragen. Die Produktion von Seat Modellen konzentriert sich fortan in dem am 22. Februar 1993 offiziell eröffneten Werk Martorell bei Barcelona, das mit einer Tageskapazität von 1 500 Wagen und einer Fahrzeugdurchlaufzeit von weniger als 20 Stunden eine Spitzenposition in der europäischen Automobilfertigung einnimmt.

30. JUNI Wegen der expansiven Entwicklung des Leasinggeschäfts in Nordamerika und zur Verbesserung der internen Abwicklung werden die Geschäfte der Volkswagen Financial Corporation auf die VW Credit, Inc. übertragen und die Vorelco, Inc. am 31. Dezember auf die Volkswagen of America, Inc. verschmolzen.

31. DEZEMBER Um die Vertriebsaktivitäten auf dem US-amerikanischen Markt zu straffen, lässt die Volkswagen of America, Inc. die Vertragsbeziehungen mit dem in Oregon ansässigen Volkswagen und Audi Großhändler Riviera Motors, Inc. in beiderseitigem Einvernehmen auslaufen und übernimmt selbst die Großhändlerfunktion. Ziel ist es, unmittelbaren Einfluss auf Marketing und Service der in dieser Region tätigen Händler auszuüben und Möglichkeiten zu kostensenkenden Rationalisierungsmaßnahmen konsequenter auszunutzen.

UNTERZEICHNUNG DES ÜBERNAHMEVERTRAGS
ZWISCHEN VOLKSWAGEN UND SEAT

WALTER HILLER

FAHRZEUGPRODUKTION

	Volkswagen AG	Konzern
	1.509.439	2.776.554

PRODUKTION AUSGEWÄHLTER MODELLE

Transporter	Passat	Golf	Polo
161.712	264.387	891.466	214.508

BELEGSCHAFT

	Volkswagen AG	Konzern
Arbeiter	109.502	
Angestellte	22.686	
Beschäftigte in den Auslandsgesellschaften		106.334
Gesamt	132.188	281.718

FAHRZEUGABSATZ

	Volkswagen AG	Konzern
Inland		837.926
Ausland		1.919.867
Gesamt	1.926.652	2.757.793

FINANZDATEN (IN MIO. DM)

	Volkswagen AG	Konzern
Umsatz	41.134	52.794
Investitionen	4.469	6.366
Gewinn	485	580

1986

1987

27. MAI Unter dem Druck kräftiger Absatzeinbußen auf dem südamerikanischen Markt fassen die Volkswagen AG und die Ford Motor Company ihre Aktivitäten unter dem Dach des Gemeinschaftsunternehmens Autolatina Comércio, Negócios e Participações Ltda. zusammen, um dadurch ihre Wettbewerbsfähigkeit auf dem krisenhaft schrumpfenden brasilianischen Markt zu stärken. Die Autolatina koordiniert die Aktivitäten der Volkswagen do Brasil S.A. und der Ford do Brasil S.A., die als rechtlich selbstständige Unternehmen bestehen bleiben. Die argentinischen Tochtergesellschaften beider Konzerne werden zur Autolatina Argentina S.A. verschmolzen. Beide Partner operieren weiterhin mit einer eigenständigen Markenidentität. Daher bleiben Vertrieb und Kundendienst auf der Basis unabhängiger Verkaufsorganisationen und Händlernetze getrennt. Nach der Öffnung des brasilianischen Marktes für Automobilimporte stellen Ford und Volkswagen ihre Zusammenarbeit im April 1995 ein. Die rechtliche Trennung der dortigen Tochterunternehmen von Ford und Volkswagen wird in Brasilien zum 1. Dezember des Jahres und in Argentinien zum 1. Januar 1996 vollzogen.

23. JUNI Die Volkswagen AG und die Toyota Motor Corporation unterzeichnen ein Memorandum of Understanding, das im Werk Hannover den Bau eines Pick-up der 1-Tonnen-Klasse auf Basis des Toyota Hilux vorsieht.

2. JULI Klaus Liesen tritt das Amt des Aufsichtsratsvorsitzenden der Volkswagen AG an.

KLAUS LIESEN

TARO

FAHRZEUGPRODUKTION

	Volkswagen AG	Konzern	Transporter	Passat	Golf	Polo
	1.473.780	2.771.379	145.380	211.936	907.753	232.158

PRODUKTION AUSGEWÄHLTER MODELLE

BELEGSCHAFT

	Volkswagen AG	Konzern
Arbeiter	107.791	
Angestellte	23.385	
Beschäftigte in den Auslandsgesellschaften		88.176
Gesamt	131.176	260.458

FAHRZEUGABSATZ

	Volkswagen AG	Konzern
Inland		920.901
Ausland		1.852.712
Gesamt	1.978.440	2.773.613

FINANZDATEN (IN MIO. DM)

	Volkswagen AG	Konzern
Umsatz	43.199	54.635
Investitionen	3.532	4.592
Gewinn	494	598

1987

1988

14. MÄRZ Bis zum 25. März überzeugen sich in Nizza deutsche und internationale Medienvertreter von den Vorteilen der dritten Passat Generation. Mit einem auf 2,62 Meter verlängerten Radstand bieten Stufenhecklimousine und Variant in der Mittelklasse beste Innenraumverhältnisse. Erstmalig werden die Motoren mit einer Leistung zwischen 53 kW/72 PS und 100 kW/136 PS quer eingebaut. Die strömungsoptimierte Karosserie, die in einer neuen Anlage im Werk Emden vollautomatisch zusammengeschweißt wird, verhilft zu einem c_w-Wert von 0,29. Der Verbrauch liegt bei der 59 kW/80-PS-Turbodieselmotorisierung zwischen 4,4 und 6,8 Litern Dieselkraftstoff je 100 Kilometer bei konstant 90 Stundenkilometern oder innerstädtischer Fahrt. Die Preise der Stufenhecklimousine beginnen bei 23 200 DM, die des Variant bei 23 930 DM.

14. JULI Nach anhaltend hohen finanziellen Verlusten zwingt die Unterauslastung der Kapazitäten in den USA zur Schließung des Werks Westmoreland, das im Oktober 1990 an den Staat Pennsylvania verkauft wird. Zur Belieferung des US-Marktes mit den Modellen Golf und Jetta wird das mexikanische Werk Puebla ausgebaut und modernisiert. Bis Mitte der 1990er Jahre entsteht dort ein kostengünstiger Produktionsstandort für den Export in die USA, die seit 1994 mit Kanada und Mexiko eine Freihandelszone bilden.

22. AUGUST In Nürnberg stellt Volkswagen mit dem Corrado seinen „ersten reinrassigen Sportwagen" vor. Oberhalb des Scirocco positioniert, bringt schon sein Name, der sich vom spanischen „correr" für laufen, rennen, spurten ableitet, die Dynamik des kraftvoll gestalteten Kompaktsportwagens zur Geltung. Ein mechanisch angetriebener G60-Lader und Digifant-Steuerung bringen den 1,8-Liter-Vierzylinder auf 118 kW/160 PS Leistung. Der Drittelmix-Verbrauch liegt bei 8,4 Litern Superbenzin auf 100 Kilometer. Der 225 Stundenkilometer schnelle Zweitürer ist ab 42 500 DM zu haben.

24. AUGUST Mit dem chinesischen Autohersteller First Automobile Works in Changchun schließt die Volkswagen AG eine Grundsatzvereinbarung zur Lizenzfertigung des Audi 100.

31. AUGUST Volkswagen übergibt in einer Feierstunde Anlagen zur Produktion von Viertakt-Ottomotoren an das in Chemnitz ansässige VEB IFA-Kombinat Personenkraftwagen.

CORRADO

PASSAT

FAHRZEUGINSPEKTION IN CHANGCHUN

FAHRZEUGPRODUKTION

	Volkswagen AG	Konzern	Transporter	Passat	Golf	Polo
	1.453.286	2.847.616	150.999	280.571	887.679	215.332

PRODUKTION AUSGEWÄHLTER MODELLE

BELEGSCHAFT

	Volkswagen AG	Konzern
Arbeiter	104.202	
Angestellte	23.336	
Beschäftigte in den Auslandsgesellschaften		85.655
Gesamt	127.538	252.066

FAHRZEUGABSATZ

	Volkswagen AG	Konzern
Inland		848.311
Ausland		2.006.076
Gesamt	1.948.949	2.854.387

FINANZDATEN (IN MIO. DM)

	Volkswagen AG	Konzern
Umsatz	44.237	59.221
Investitionen	3.772	4.251
Gewinn	523	780

1988

1989

10. JANUAR Im Werk Hannover beginnt im Anwesenheit von Tatsuro Toyoda die Serienfertigung des baugleichen Toyota Hilux und des neuen Volkswagen Taro, der eine Angebotslücke auf dem Gebiet der Pick-up-Modelle der 1-Tonnen-Klasse schließt. Durch eine robuste Konstruktion charakterisiert, sind Fahrerhaus und Pritschenaufbau getrennt auf einem stabilen Leiterrahmen verschraubt. Der 61-kW-Dieselmotor bringt das Fahrzeug auf eine Höchstgeschwindigkeit von 145 Stundenkilometern. Der DIN-Kraftstoffverbrauch liegt bei konstant 90 Stundenkilometern bei 7,4 Litern Dieselkraftstoff auf 100 Kilometer. Der Listenpreis beträgt 21 300 DM.

14. AUGUST Die 1983 in Tokio gegründete Beratungsgesellschaft Volkswagen Asia Ltd., die den japanischen Hersteller Nissan beim Vertrieb des in Lizenz gefertigten Santana unterstützt hat, wird in Volkswagen Audi Nippon K.K. umfirmiert. Mit der Ernennung der ersten Direkthändler im November 1990 beginnt der Aufbau einer eigenständigen Vertriebsorganisation in Japan. Im Zuge der Öffnung des japanischen Marktes und der geplanten Ausweitung des Exportvolumens zielt die Absatzstrategie der Volkswagen AG auf den Verkauf hoher Stückzahlen. Übergangsweise wickelt die Volkswagen Audi Nippon K.K. parallel zur japanischen Firma Yanase die Einfuhr von Volkswagen ab, bis sie am 1. Januar 1993 die Importeursfunktion in eigener Regie übernimmt. Das Händlernetz von Volkswagen und Audi umfasst zu diesem Zeitpunkt 70 Betriebe. Kurz darauf erwirbt die Vertriebsgesellschaft die Mehrheitsanteile an dem früheren Renault-Importeur JAX Co. Ltd., um das Händlernetz im Großraum Tokio zu stärken.

12. SEPTEMBER Der Dieselkatalysator hat bei Volkswagen auf der Internationalen Automobil-Ausstellung in Frankfurt am Main Premiere in den dort gezeigten Volumenmodellen Golf und Jetta. Der 1,6-Liter-Dieselmotor mit Turboaufladung ist mit einem Oxydationskatalysator ausgestattet und unterschreitet die strengen US-amerikanischen Abgas- und Partikel-Grenzwerte erheblich.

22. DEZEMBER Unmittelbar nach Öffnung der innerdeutschen Grenze unternimmt die Volkswagen AG einen Vorstoß auf den ostdeutschen Markt und nutzt ihre langjährigen Geschäftsbeziehungen zur sächsischen Automobilindustrie. Zusammen mit dem VEB IFA-Kombinat Personenkraftwagen in Chemnitz gründet sie die Planungsgesellschaft Volkswagen IFA-PKW GmbH, um die Entwicklung und Produktion international konkurrenzfähiger Fahrzeuge vorzubereiten. Am 21. Mai 1990 werden in der früheren Trabant-Fabrik die ersten Polo montiert, die Golf Montage läuft im Februar 1991 an. Um die Kapazitäten dem erwarteten Nachfrageschub anzupassen, investiert Volkswagen in den Ausbau der Produktionsstätten Mosel, Chemnitz und Eisenach.

WERBUNG FÜR DIE DIESEL-KATALYSATORTECHNIK

PRODUKTIONSUMSTELLUNG VON TRABANT AUF POLO

GRÜNDUNG DER VOLKSWAGEN IFA-PKW GMBH

FAHRZEUGPRODUKTION

	Volkswagen AG	Konzern
	1.548.175	2.947.569

PRODUKTION AUSGEWÄHLTER MODELLE

Transporter	Passat	Golf	Polo
147.539	346.442	890.158	228.867

BELEGSCHAFT

	Volkswagen AG	Konzern
Arbeiter	104.792	
Angestellte	23.513	
Beschäftigte in den Auslandsgesellschaften		93.982
Gesamt	128.305	250.616

FAHRZEUGABSATZ

	Volkswagen AG	Konzern
Inland		848.649
Ausland		2.092.301
Gesamt	2.066.189	2.940.950

FINANZDATEN (IN MIO. DM)

	Volkswagen AG	Konzern
Umsatz	48.533	65.352
Investitionen	4.278	5.606
Gewinn	655	1.038

1989

1990

1. JANUAR Mit Gründung der V.A.G Transport GmbH & Co. OHG ordnet der Volkswagen Konzern sein Transportwesen neu. Die bisher von der Volkswagen AG, der Audi AG und der V.A.G Transport GmbH ausgeübten Steuerungsfunktionen für das weltweite Transportgeschäft werden in der neuen Gesellschaft konzentriert. Die Volkswagen AG hält 81 Prozent, die Audi AG 19 Prozent der Anteile. Die Geschäftsführung liegt bei der V.A.G Transport GmbH.

14. JUNI Die Umbenennung der V.A.G Kredit Bank GmbH in V.A.G Bank GmbH signalisiert den Einstieg in das Direktbankgeschäft, das neben die Händler- und Kundenfinanzierung tritt. Seit November 1990 bietet sie mit dem Volkswagen/Audi Card System erstmals in Deutschland die beiden Marktführer EUROCARD und VISA in einem Paket an. Die Angebotspalette der am 14. Dezember 1994 in Volkswagen Bank GmbH umfirmierten Finanzdienstleistungstochter wird sukzessive erweitert, beispielsweise durch die Vergabe von Ratenbarkrediten an externe Kunden oder den 1995 eingeführten AutoCredit. Die Kauffinanzierung mit niedrigen Monatsraten ist hierbei für den Kunden mit der Option verbunden, bei Vertragsablauf den Wagen zurückzugeben, die Schlussrate abzulösen oder den Finanzierungsvertrag zu verlängern. 1999 dehnt die Volkswagen Bank ihre Leistungen auf die Vergabe von Hypothekendarlehen und den Handel mit Investmentfonds aus.

26. JUNI Klaus Volkert wird zum Vorsitzenden des Gesamt- und Konzernbetriebsrats gewählt.

28. AUGUST Die in Braunlage der Presse vorgestellte vierte Transporter Generation setzt beim technischen Konzept und beim Design eine klare Zäsur. Unter seiner kurzen, flachen Haube arbeitet ein quer eingebauter Frontmotor, der die Vorderräder antreibt. Dank der veränderten Bauform kann der Transporter mit zwei Radständen und in drei Gewichtsklassen sowie komplett nach dem Baukastensystem gefertigt werden. Als Motorisierungen werden für Kastenwagen, Kombi und Pritschenwagen anfangs zwei Dieselmotoren mit 45 und 57 kW Leistung sowie zwei Ottomotoren mit 62 und 81 kW Leistung angeboten. Dank eines hervorragenden c_w-Werts von 0,36 liegen die erreichbaren Höchstgeschwindigkeiten je nach Motorisierung zwischen 128 und 161 Stundenkilometern – der DIN-Verbrauch des 1,9-Liter-Dieselmotors liegt bei 7,9 Litern Dieselkraftstoff auf 100 Kilometer. Aufgrund des 80-Liter-Tanks verfügt der Transporter über eine große Reichweite. Die Preise beginnen bei 25 405 DM. Pünktlich zum Produktionsanlauf nimmt das Werk Hannover eine neue Fertigungsanlage in Betrieb, die für Mensch und Umwelt gleichermaßen Vorteile bringt. Der automatisierte Einbau von Achsen, Motor und Getriebe macht Überkopfarbeit weitgehend überflüssig. In der 1988 eröffneten Lackiererei, die sich ebenfalls durch einen hohen Automatisierungsgrad auszeichnet, werden chemische Lösungsmittel zu einem großen Teil durch Wasser ersetzt.

MULTIVAN

KLAUS VOLKERT

1990

31. AUGUST Im Volkswagen Konzern konstituiert sich der Europäische Konzernbetriebsrat, der sich aus Arbeitnehmervertretern der Volkswagen AG, der Audi AG, der Seat, S.A. und der Volkswagen Bruxelles S.A. zusammensetzt. Der Euro-Betriebsrat ist ein Novum in der Automobilindustrie und nimmt seine Tätigkeit bereits vor der Verabschiedung der europäische Betriebsratsrichtlinie vom 22. September 1994 auf. Die Vertragsunterzeichnung durch Arbeitnehmervertretung und Konzernvorstand findet am 7. Februar 1992 statt.

12. DEZEMBER Zur Errichtung eines effizienten Produktionsstandorts in Ostdeutschland wird die Volkswagen IFA-PKW GmbH in Volkswagen Sachsen GmbH umfirmiert. Sie betreibt den Kapazitätsausbau in Mosel und übernimmt 1991/92 die Motorenwerke Chemnitz GmbH und die Zylinderkopffertigung Eisenach GmbH, die 1996 nach Inbetriebnahme einer neuen Fertigungslinie für Vierventil-Zylinderköpfe in Chemnitz veräußert wird. Bis zur Fertigstellung der neuen Produktionsanlagen ist die von Volkswagen und der Treuhandanstalt am 19. Dezember 1990 gegründete Sächsische Automobilbau GmbH (SAB) für die Polo und Golf Montage im alten Werk Mosel zuständig. Im Juni 1994 geht die SAB in den Besitz der Volkswagen AG über, die von Beginn an die Managementverantwortung ausgeübt hat. Die Fusion der Volkswagen Sachsen auf die SAB und deren Umbenennung in Volkswagen Sachsen GmbH erfolgt am 15. August 1998. Zum Jahresende beschäftigt die Gesellschaft 6 700 Mitarbeiter.

EUROPÄISCHER
KONZERNBETRIEBSRAT

FAHRZEUGPRODUKTION

	Volkswagen AG	Konzern
	1.598.346	3.057.598

PRODUKTION AUSGEWÄHLTER MODELLE

Transporter	Passat	Golf	Polo
130.370	393.222	896.874	225.806

BELEGSCHAFT

	Volkswagen AG	Konzern
Arbeiter	105.373	
Angestellte	23.307	
Beschäftigte in den Auslandsgesellschaften		95.934
Gesamt	128.680	268.744

FAHRZEUGABSATZ

	Volkswagen AG	Konzern
Inland		945.384
Ausland		2.084.795
Gesamt	2.131.787	3.030.179

FINANZDATEN (IN MIO. DM)

	Volkswagen AG	Konzern
Umsatz	51.493	68.061
Investitionen	3.702	5.372
Gewinn	670	1.086

1990

1991

1. JANUAR Der Volkswagen Konzern erhält eine dem Markenverbund angepasste Organisationsstruktur. Das operative Geschäft der Marke Volkswagen führt fortan ein neu etablierter Markenvorstand. Der Konzernvorstand entscheidet die markenübergreifenden Themen.

6. FEBRUAR Die Volkswagen AG verschafft sich ein zweites Standbein in China. Aus der seit 1988 bestehenden Kooperation mit der First Automobile Works geht das Gemeinschaftsunternehmen FAW-Volkswagen Automotive Company, Ltd. in Changchun hervor, an dem die Volkswagen AG 40 Prozent der Anteile hält. Mit diesem Joint Venture baut der Volkswagen Konzern seine Position in China aus, um die Marktführerschaft langfristig zu sichern und einen weiteren kostengünstigen Produktionsstandort in Asien aufzubauen. Der Jetta wird zunächst aus importierten Fahrzeugsätzen montiert. 1994 nimmt die neu errichtete Fabrik mit einer Jahreskapazität von 150 000 Fahrzeugen die Produktion des Jetta auf. Zwei Jahre später geht eine Getriebe- und Motorenfertigung in Betrieb, die für den Lieferverbund innerhalb Chinas und für den Export nach Deutschland produziert.

1. MÄRZ Im Zuge der Regionalisierung seiner außereuropäischen Geschäfte fasst der Volkswagen Konzern die Standorte USA, Kanada und Mexiko zur North American Region (NAR) zusammen, um die Aktivitäten in Produktion und Vertrieb zu bündeln. Ebenso wie bei der 1993 geschaffenen Region Südamerika/Afrika liegt das operative Geschäft in den Händen des regionalen Managements, während die zuständigen Vorstandsmitglieder für die Neuorganisation sowie für die strategische Ausrichtung und Koordinierung der Regionen verantwortlich sind.

4. MÄRZ Die Volkswagen AG fasst ihre Finanzdienstleistungen unter dem Dach der Volkswagen Finanz GmbH zusammen. Den Kern der organisatorischen Neuordnung bildet die Zusammenlegung von Leasing und Bank, um Synergieeffekte im Außendienst zu erzielen. Das Stammkapital beider Gesellschaften wird auf die Volkswagen Finanz GmbH übertragen, die zugleich sämtliche Aufgaben der V.A.G Leasing GmbH sowie die Vertriebs- und Marketingaktivitäten der V.A.G Bank übernimmt. In Europa ist der Volkswagen Konzern inzwischen zum führenden industriellen Anbieter von Finanzdienstleistungen aufgestiegen, die mehr als 25 Prozent zur Konzernbilanzsumme beitragen.

16. APRIL Mit der Eingliederung der Škoda automobilová, a.s. als vierte eigenständige Marke erweitert sich der Konzernverbund um das in Mladá Boleslav ansässige traditionsreiche tschechische Automobilunternehmen, das sein qualifiziertes Personal und eine jährliche Fertigungskapazität von 190 000 Fahrzeugen einbringt. Die Volkswagen AG hatte am 10. Dezember 1990 von der tschechischen Regierung die Übernahmegenehmigung der bestens eingeführten Marke erhalten und sich dadurch einen guten Zugang zu den Automobilmärkten Ostmittel- und Osteuropas verschafft.

30. MAI Die Volkswagen AG rundet ihr Engagement in der ČSFR ab. Die mit der slowakischen Regierung am 12. März getroffene Vereinbarung über eine Zusammenarbeit mit dem Autohersteller Bratislavské Automobilové Závodi macht den Weg zur Gründung der Volkswagen Bratislava, spol. s. r. o. frei. Volkswagen übernimmt einen Fertigungskomplex mit ausgebauter Infrastruktur, wo ab

ERSTER SCHRITT ZUR GRÜNDUNG
DER VOLKSWAGEN BRATISLAVA

ŠKODA WERK IN MLADÁ BOLESLAV

1991

Dezember 1991 Passat Modelle gebaut werden. Nach Erweiterung der Produktionskapazitäten und Errichtung eines Getriebewerks wird der Volkswagen Bratislava 1995 die alleinige Fertigung des Golf syncro übertragen. Nach dem Anlauf des Golf vierter Generation im Jahr 1997 verdreifacht sich die Produktion im Folgejahr auf 125 281 Fahrzeuge; die Belegschaft wächst auf 5 250 Beschäftigte an.

24. JUNI Die Volkswagen AG und die Ford Motor Company gründen im portugiesischen Palmela das Joint Venture AutoEuropa Automóveis Lda., um mit Kapital- und Risikoteilung das chancenreiche Marktsegment der Großraumlimousinen zu besetzen. Das auf den europäischen Markt zugeschnittene Produktkonzept ist unter Federführung von Volkswagen entwickelt worden.

12. JULI Mit Bandablauf des ersten Golf am Zählpunkt 8 im Werk Wolfsburg beginnt die Fertigung der dritten, rundlicher gestalteten Golf Generation. Die Markteinführung des neuen Modells erfolgt am 8. November 1991 gleichzeitig in sechs europäischen Ländern. Weniger Kanten und mehr fließende Formen mit einer deutlich nach außen gezogenen Blechkante entlang der Fahrzeugflanke lassen die Karosserie dynamischer und eleganter wirken. Sicherheitstechnisch legt der neue Golf ein hohes Fortschrittstempo vor. Mit einem in die Tür integrierten Flankenschutz, verstärkten Türschwellern, einem zusätzlichen Sicherheitsquerträger unterhalb des Armaturenbretts und „quetschnahtgeschweißten" Längsträgern erfüllt er selbst jene Crash-Test-Anforderungen, die noch keinen Gesetzescharakter haben. Mit der Verpflichtung, alle neuen Golf der dritten Generation ab Modelljahr 1992 als Altfahrzeug kostenlos zurückzunehmen, leistet Volkswagen einen weiteren Beitrag für die Umwelt. Die Preise des Golf beginnen bei 19 975 DM. Das Motorspektrum umfasst Einspritzmotoren vom 1,4-Liter-Benziner mit 44 kW/60 PS bis zum 2,0-Liter-Ottomotor mit 85 kW/115 PS. Das Spitzenmodell ist der Golf VR6 mit 2,8-Liter-Sechszylindermotor mit 128 kW/174 PS. Weiterhin stehen zwei Dieselmotoren mit 47 kW/64 PS und 55 kW/75 PS und Abgaskatalysator zur Auswahl.

7. OKTOBER Im Werk Salzgitter beginnt das TDI-Zeitalter. Der erste Turbo-Diesel-Direkteinspritzer mit 1,9 Liter Hubraum und 66 kW/90 PS Leistung geht in Produktion. Der Motor wird zunächst für den Audi 80 angeboten.

WERK PALMELA IM ROHBAU

GOLF

FAHRZEUGPRODUKTION

	Volkswagen AG	Konzern
	1.576.086	3.128.338

PRODUKTION AUSGEWÄHLTER MODELLE

T4	Passat	Golf	Polo
137.682	427.395	808.100	325.282

BELEGSCHAFT

	Volkswagen AG	Konzern
Arbeiter	102.202	
Angestellte	23.680	
Beschäftigte in den Auslandsgesellschaften		94.895
Gesamt	125.882	265.566

FAHRZEUGABSATZ

	Volkswagen AG	Konzern
Inland	901.821	1.245.907
Ausland	845.479	1.880.100
Gesamt	1.747.300	3.126.007

FINANZDATEN (IN MIO. DM)

	Volkswagen AG	Konzern
Umsatz	47.328	76.315
Investitionen	5.406	9.910
Gewinn	447	1.114

1991

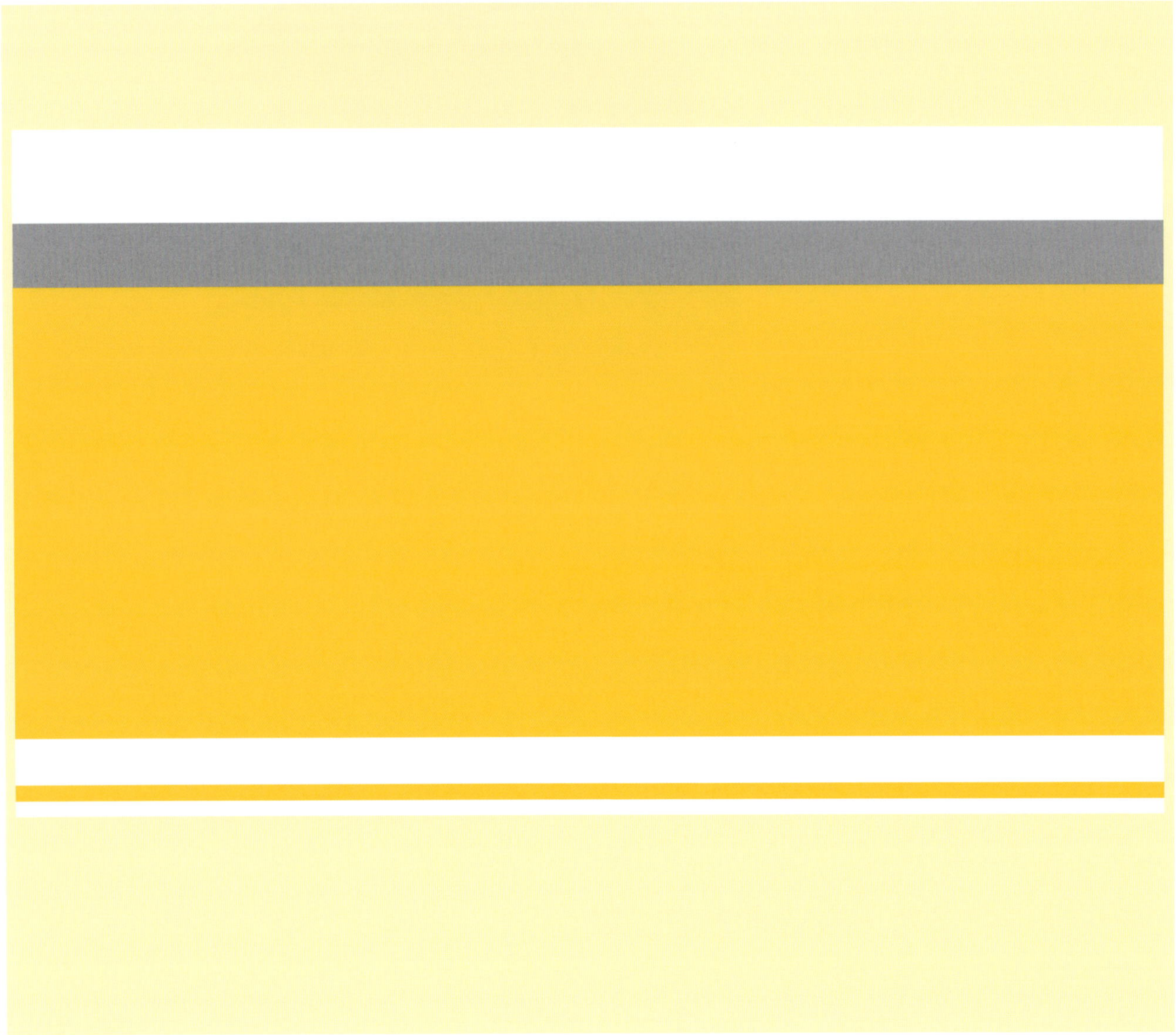

1992–2012

1992–2012

Die Globalisierung des Mobilitätskonzerns

In der schweren Weltwirtschaftskrise 1992/93 nahm der Volkswagen Konzern einen strategischen Richtungswechsel vor. Standen die 1980er Jahre im Zeichen der Internationalisierung und Volumenpolitik, konzentrierte sich Volkswagen seither stärker auf die Anhebung der Produktvielfalt sowie auf die Steigerung der Arbeitsproduktivität und der Ertragskraft des Unternehmens. Die Konzernmodernisierung war mit einem Globalisierungsprozess verbunden, der auf die Errichtung effizienter Produktionsstandorte zielte und die funktionale Arbeitsteilung innerhalb des weltweiten Fertigungsverbunds veränderte. Damit reagierte der Volkswagen Konzern auf branchen- und unternehmensspezifische Strukturprobleme, die in der Wirtschaftskrise infolge massiver Absatzverluste scharf hervortraten. Die Preiskonkurrenz insbesondere der japanischen und aufstrebenden koreanischen Automobilindustrie erhöhte den Rationalisierungs- und Kostendruck, während die Marktsättigung in Westeuropa nach Abkühlung der vereinigungsbedingten deutschen Sonderkonjunktur die Wachstumserwartungen dämpfte.

Zur Bewältigung der Unternehmenskrise begann der Volkswagen Konzern mit der Reorganisation des Produktionssystems nach dem Vorbild der schlanken Fertigung, die sich durch flache Hierarchien, eine teamförmige Arbeitsorganisation, eine geringe Fertigungstiefe und die logistische Vernetzung mit den Zulieferern auszeichnete. Für das Gelingen dieses mittelfristig angelegten Projekts war die konzeptionelle Mitarbeit der Betriebsräte unentbehrlich. Gleiches galt für die sozial verantwortliche und marktorientierte Beschäftigungspolitik, die nicht mehr nur auf gleichmäßige Kapazitätsauslastung, sondern auf die schnelle Anpassung an Kundenwünsche und Nachfrageschwankungen ausgerichtet war. Diese schwierige Synthese gelang zeitweise mit der zum 1. Januar 1994 eingeführten Viertagewoche. Die mit einer Flexibilisierung verbundene Verkürzung der Wochenarbeitszeit von 36 auf 28,8 Stunden war ein innovatives Instrument, den auf 30 000 Beschäftigte bezifferten Personalüberhang bei der Volkswagen Aktiengesellschaft abzubauen. Parallel dazu trieb Volkswagen die Einführung der schlanken Produktion und die Globalisierung des Unternehmens voran, um die Kostenstrukturen wirksam zu verbessern.

Musterbeispiele schlanker Fertigung gaben die in den frühen 1990er Jahren errichteten Fabriken. Sowohl das Werk Mosel in Ostdeutschland als auch das Seat Werk in Martorell waren nach dem Vorbild japanischer Transplants organisiert. Die Produktionsabläufe der bestehenden Werke erfuhren meist in Verbindung mit der Einführung neuer Modelle systematische Verbesserungen. Zur Etablierung wirtschaftlicher Fabrikstrukturen trug insbesondere die Plattformstrategie bei. Durch die Vernetzung der 16 Konzernplattformen, deren Zahl schrittweise reduziert wurde, verringerte Volkswagen die Entwicklungs- und Fertigungstiefe bei zugleich steigender Produktqualität und einem differenzierteren Angebot für die Kunden. Die Plattformstrategie ging Hand in Hand mit einer neuen, Global Sourcing genannten Beschaffungspolitik. Das Verfahren zum weltweiten Einkauf von Komponenten zielte darauf ab, die Entwicklung, Produktion und Logistik mit kostengünstigen und leistungsfähigen Systemlieferanten langfristig zu vernetzen und auf komplexe, just-in-time anzuliefernde Komponenten und Module auszurichten. Die 1995 eröffnete Automobilfabrik der Volkswagen Argentina beispielsweise arbeitet nach dem Modulkonzept, demgemäß die Zulieferer die von ihnen auf dem Werksgelände montierten Komponenten in Eigenverantwortung in die Fahrzeuge einbauen. Auch in die inländische Automobilfertigung schaltete Volkswagen in den 1990er Jahren verstärkt externe Lieferanten ein, was die konzerneigenen Komponentenhersteller zur Kostensenkung sowie zur Ausbildung von Systemkompetenz anhielt.

Mit der Einführung eines dezentralen Produktionsmanagements wurden in der Arbeitsorganisation die Prinzipien der schlanken Produktion verankert. Nach 1992 forcierte

WORKSHOP ZU NEUEN FORMEN
DER ARBEITSORGANISATION

Volkswagen die Einführung der Teamarbeit, die mit einer Verflachung der hierarchischen Strukturen einherging. Die Beseitigung ganzer Führungsebenen verlagerte 1993 Entscheidungskompetenzen an die operativ tätigen Organisationsstellen, um die Eigenverantwortung und Motivation der Mitarbeiter zu fördern. Parallel dazu praktizierte Volkswagen die von den Japanern perfektionierte Methode des kontinuierlichen Verbesserungsprozesses. Um die Qualität und Produktivität aller Fertigungsabläufe zu heben, wurden die Mitarbeiterinnen und Mitarbeiter vor Ort an der Optimierung ihres jeweiligen Arbeitsbereichs beteiligt. Das gleiche Ziel verfolgte der 1993 eingeleitete Wechsel von der sequenziellen Fahrzeugentwicklung zum Simultaneous Engineering, das die Projektzeiten verkürzte und ein schnelles, kundennahes Reagieren auf aktuelle Marktveränderungen ermöglichte.

Nach einigen Jahren zeigte der Umbau des Produktionssystems messbare Erfolge. Zwischen 1994 und 1996 stieg die Arbeitsproduktivität im Volkswagen Konzern um fast 30 Prozent an, während die Herstellungskosten infolge kürzerer Produktionszeiten sanken. 1997 dauerte die Kernfertigung des Polo 15 statt vormals 24 Stunden, die des Passat 22 statt 31 Stunden. Die Vorzüge der schlanken Fertigung nahmen für jedermann sichtbar in der vierten Generation des Golf Gestalt an, der 1997 an vier Standorten in Produktion ging. Er überzeugte sowohl durch sein hohes Qualitätsniveau als auch durch das umweltgerechte technologische Konzept. Durch die Weiterentwicklung der Direkteinspritz- und Leichtbautechnik sowie durch den Aufbau einer Kreislaufwirtschaft weitete die Volkswagen Aktiengesellschaft in den folgenden Jahren den produktions- und produktintegrierten Umweltschutz systematisch aus.

MOTORENFERTIGUNG IM WERK SALZGITTER

Das produktinduzierte Wachstum und ein gesteigerter Absatz und Ertrag gaben Rückenwind für eine Ausweitung der Mehrmarkenstrategie. 1998 versammelte die Volkswagen Aktiengesellschaft die legendären Marken Bentley, Lamborghini und Bugatti unter ihrem Konzerndach, um das Produktangebot im Luxussegment zu verbreitern. Dem steuerte die Marke Volkswagen Ende 2001 die Oberklasselimousine Phaeton bei und stieß im Jahr darauf mit dem Produktionsanlauf des luxuriösen Geländewagens Touareg und des Kompakt-Vans Touran erfolgreich in zwei neue Marktsegmente vor. Die Ausdehnung der Marktabdeckung wurde auf organisatorischer Ebene durch die anhaltenden Bemühungen des Volkswagen Konzerns um eine kostensenkende Flexibilisierung und Standardisierung der komplexen Fertigungsstruktur flankiert.

Durch den Aufbau eines global flexiblen Produktionsnetzwerks stärkte der seit 1993 amtierende Vorstandsvorsitzende Ferdinand Piëch die internationale Wettbewerbsfähigkeit des Volkswagen Konzerns. Unter seiner Führung schritt die Globalisierung des Unternehmens voran. Verschiedene Modelle für den Weltmarkt wurden ausschließlich an ausländischen Standorten gefertigt: der New Beetle und der Jetta in Mexiko, der Touareg in der Slowakei, der Sharan in Portugal, der Caddy in Polen und der Fox in Brasilien. Bernd Pischetsrieder setzte nach 2002 den eingeschlagenen Weg fort, um die Entwicklung von Volkswagen zu einem schlagkräftigen Mehrmarkenkonzern voranzutreiben. Die Kostensenkung entlang der Wertschöpfungskette stellte sich hierbei als vordringliche Aufgabe, die mit dem 2004 aufgelegten Programm zur Leistungssteigerung angegangen wurde. Weitere Schritte zur Verbesserung der Ertragskraft unternahmen die Tarifpartner der Volkswagen Aktiengesellschaft mit den 2004 und 2006 abgeschlossenen Tarifverträgen. Unternehmenserfolg und Beschäftigungssicherung wurden zu gleichrangigen Zielen.

2007 formulierte der neue Vorstandsvorsitzende Martin Winterkorn seine eindeutige Wachstumsstrategie: Bis 2018 soll sich der Wolfsburger Konzern zum absatzstärksten und nachhaltigsten Automobilhersteller und Volkswagen zur innovativsten Volumenmarke weltweit entwickeln. Um diese ambitionierten Ziele zu erreichen, will der Mehrmarkenkonzern mit intelligenten Produktinnovationen neue Kunden überzeugen und die Expansionschancen auf den Zukunftsmärkten nutzen. Mit der Errichtung von Produktionsstandorten in Russland und Indien hat sich der Volkswagen Konzern eine viel versprechende Wettbewerbsposition verschafft, um das enorme Wachstumspotenzial dieser Märkte auszuschöpfen. In der Volksrepublik China steht Volkswagen vor der Aufgabe, die seit 1985 fast ununterbrochene Marktführerschaft gegen die amerikanischen und japanischen Hersteller zu behaupten, die nach dem Beitritt Chinas zur Welthandelsorganisation 2004 ihre Fertigungskapazitäten beträchtlich erweitert haben. Trotz des verschärften Wettbewerbs wuchs das Reich der Mitte für die Marke Volkswagen Pkw zum mit Abstand größten Einzelmarkt heran; der Konzernabsatz schnellte dort bis 2012 auf 2,815 Millionen Fahrzeuge hoch.

Mit dem 2012 erneut erzielten Absatz- und Ergebnisrekord befindet sich der Volkswagen Konzern auf gutem Weg, Volumen- mit Produktivitätswachstum zu verknüpfen. Damit dies weiterhin gelingt, setzt Volkswagen auf die Optimierung der Arbeits- und Prozessorganisation. Daneben soll die wachsende Zahl markenübergreifend verwendeter Fahrzeugmodule zur Senkung der Entwicklungs- und Fertigungskosten sowie zur Beschleunigung von Produktinnovationen beitragen. Die gewachsene Komplexität ruft dabei nach neuen Lösungen, um die Prozesse auf Dauer sicher zu steuern. Darüber hinaus kommt der Volkswagen Konzern seiner Verantwortung für Mensch und Umwelt umfassend nach, um auch als nachhaltigster Automobilhersteller zu gelten. Dass dabei Ertrag, Innovationen und soziale Verantwortung in Balance gehalten werden müssen, unterstreicht die Herausforderung, die der robuste und durch Markenvielfalt ausgezeichnete Konzern meistert.

1992

19. JANUAR In Wiesbaden erfahren Vertreter deutscher und internationaler Medien auf der bis zum 31. Januar andauernden Pressepräsentation alle Vorteile der neuen Stufenhecklimousine Vento (italienisch: Wind), die die Nachfolge des Jetta antritt. Als „Reiselimousine par excellence" angekündigt, ist der Innenraum des Viertürers geräumig und gleichermaßen behaglich wie funktional gestaltet. Der Kofferraum fasst urlaubsmäßige 676 Liter und kann durch Umklappen der Rückbank sogar auf 1 053 Liter vergrößert werden. Mit vier Benzinmotoren mit einer Leistung zwischen 55 kW/75 PS und 128 kW/174 PS sowie zwei Dieselmotoren mit einer Leistung von 47 kW/74 PS und 55 kW/75 PS lässt sich der Vento schneller als eine Windböe oder auch so sanft und sparsam wie ein Windhauch bewegen. Mit dem VR6-Motor erreicht der Vento eine Höchstgeschwindigkeit von 225 Stundenkilometern, mit dem Turbodiesel bei konstant 90 Stundenkilometern einen Verbrauch von 4,9 Litern Dieselkraftstoff auf 100 Kilometer. Der Einstiegspreis der in Mexiko und Südafrika gefertigten Stufenhecklimousine liegt bei 25 960 DM.

13. AUGUST Mit einer Werbekampagne weist Volkswagen auf die Sicherheitsvorteile seines Airbag-Systems hin. Fahrer- und Beifahrerairbags, die für Golf, Vento und Passat angeboten werden, helfen Leben zu retten. Zum passiven Sicherheitssystem gehören ferner der in die Tür integrierte Flankenschutz, verstärkte Türschweller und Querträger. Volkswagen demokratisiert den automobiltechnischen Fortschritt: „Wir finden, Sicherheit darf heutzutage nicht mehr ein Privileg der Luxusklasse sein. Sondern: Der Airbag ist für jeden da."

23. NOVEMBER Mit Kurzarbeit in den Werken Emden und Kassel sowie einem sozialverträglichen Belegschaftsabbau endet für den Volkswagen Konzern eine Dekade der automobilen Hochkonjunktur und Unternehmensexpansion. Der abrupt endende Vereinigungsboom und Stagnationstendenzen im internationalen Automobilgeschäft charakterisieren die in der zweiten Jahreshälfte einsetzende Krise, die 1993 in die schwerste weltwirtschaftliche Rezession der Nachkriegszeit übergeht. Der Volkswagen Konzern verzeichnet herbe Absatzeinbußen im Inland und auf den westeuropäischen Volumenmärkten. Die durchschnittliche Beschäftigtenzahl sinkt um 7,4 Prozent.

VENTO

WERBUNG FÜR DEN FAHRER- UND
BEIFAHRER-AIRBAG

FAHRZEUGPRODUKTION

	Volkswagen Aktiengesellschaft	Konzern
	1.657.605	3.499.678

PRODUKTION AUSGEWÄHLTER MODELLE

T4	Passat	Golf	Polo
167.830	358.105	927.286	306.490

BELEGSCHAFT

	Volkswagen Aktiengesellschaft	Konzern
Arbeiter	95.565	
Angestellte	23.022	
Beschäftigte in den Auslandsgesellschaften		110.434
Gesamt	118.587	274.103

FAHRZEUGABSATZ

	Volkswagen Aktiengesellschaft	Konzern
Inland	872.519	1.210.606
Ausland	1.003.615	2.222.025
Gesamt	1.876.134	3.432.631

FINANZDATEN (IN MIO. DM)

	Volkswagen Aktiengesellschaft	Konzern
Umsatz	53.182	85.403
Investitionen	4.063	9.254
Gewinn	132	147

1992

1993

1. JANUAR Ferdinand Piëch tritt den Vorsitz im Vorstand der Volkswagen Aktiengesellschaft an.

5. FEBRUAR Die Volkswagen Aktiengesellschaft übernimmt über ihr Tochterunternehmen Volkswagen Group Holdings UK Ltd. von dem Londoner Unternehmen Lonrho Plc. mit Rückwirkung zum 1. Januar 1993 den britischen Importeur V.A.G (United Kingdom) Ltd. und komplettiert damit ihre Vertriebsstrategie, auf allen wichtigen europäischen Märkten die Konzernprodukte auf der Großhandelsebene in eigener Regie zu vertreiben. Am 3. November 1995 erfolgt die Umfirmierung zur Volkswagen Group United Kingdom Ltd., die wie die Groupe Volkswagen France S. A. für den Vertrieb der Konzernmarken zuständig ist.

19. MAI Die Volkswagen Aktiengesellschaft und das polnische Staatsunternehmen FSR Polmo gründen das Joint-Venture-Unternehmen Volkswagen Poznań Sp.z o.o., an dem die Volkswagen Aktiengesellschaft anfänglich 25,4 Prozent der Gesellschaftsanteile hält. Nach Abschluss der ersten Ausbauphase werden dort Anfang 1994 am Tag 20 Transporter montiert. Der Volkswagen Konzern nutzt die Möglichkeiten der Transformation der vormaligen Staatswirtschaft, um die osteuropäischen Märkte zu erschließen und einen kostengünstigen Produktionsstandort für leichte Nutzfahrzeuge aufzubauen. Am 10. Januar 1996 erhöht sich der Anteil der Volkswagen Aktiengesellschaft am Gesellschaftskapital auf 59,2 Prozent. Der polnische Standort entwickelt sich zum zweiten Standbein von Volkswagen Nutzfahrzeuge in Europa.

19. JULI Mit der Gründung der Volkswagen Asia-Pacific Ltd. mit Sitz in Hongkong bündelt der Volkswagen Konzern die Steuerung seiner Beteiligungsgesellschaft und laufenden Projekte in der Region. Die Unternehmung untersteht dem mit Wirkung zum 13. Januar 1993 geschaffenen Vorstandsressort Asien-Pazifik, das die „Konzeption, Entwicklung und Produktion der Konzernfahrzeuge in Asien" verantwortet und den Vertrieb auf den asiatisch-pazifischen Märkten übernimmt. Die Ausrichtung des Konzerns auf die Triade China, Japan und Singapur zielt auf eine kostensenkende Flexibilisierung der Fertigung in der Region sowie auf die Erschließung der asiatischen Schwellenländer, wie Thailand, Südkorea oder Indien, wo der Volkswagen Konzern bisher kaum Marktanteile besitzt. Nach dem Vorbild der in Asien dominierenden japanischen Anbieter soll im asiatisch-pazifischen Raum ein regionaler Liefer- und Leistungsverbund entstehen, der Importrestriktionen wie Devisenprobleme minimiert und sowohl für die Belieferung der regionalen Märkte als auch für Exporte innerhalb des Volkswagen Konzerns produziert.

24. SEPTEMBER Die Golf Familie erhält Zuwachs. Mit der Markteinführung des auf der dritten Golf Generation basierenden Golf Cabriolet modernisiert Volkswagen sein Cabriolet-Angebot. Der „Traum in Golf" wird bei Karmann in Osnabrück gefertigt und erfüllt alle aktuellen Crash-Anforderungen und besteht dank seines bewährten Überrollbügels auch den Überschlagstest nach US-Vorschrift. Ebenso wie bei der Limousine gehört ein umfangreiches Sicherheitssystem zur Serienausstattung, bestehend aus Airbag für Fahrer und Beifahrer, ABS, höhenverstellbaren Sicherheitsgurten, Türverstärkungen zum Schutz gegen Seitenaufprall und wirksamen Knautschzonen. Die für das Golf Cabriolet angebotene Motorenpalette umfasst das 1,8-Liter-Triebwerk mit 55 kW/75 PS und 66 kW/90 PS sowie den 2,0-Liter-Motor mit 85 kW/115 PS. Die Preise beginnen bei 37 490 DM.

24. SEPTEMBER Den Golf gibt es erstmals sogar mit „Happy End". Der Golf Variant, der die wachsende Nachfrage nach Kombis in der Kompaktklasse bedient, ist um 32 Zentimeter länger als die Kurzhecklimousine und bietet bei einer Gesamtlänge von 4,34 Metern im Gepäckraum 466 Liter Raum. Bei vorgeklappten Rücksitzen steht eine 164 Zentimeter lange, weitgehend ebene Fläche zur Verfügung; das maximale Ladevolumen wächst auf 1 425 Liter – und das alles zu Preisen ab 24 960 DM. Das Motorenprogramm beginnt wie beim Golf beim 44 kW/60 PS-Ottomotor und umfasst auch den 2-Liter-Motor mit 85 kW/115 PS. Dazu steht ab Anfang 1994 neben den beiden 1,9-Liter-Saugdieselmotoren auch ein TDI mit 66 kW/90 PS bereit. Bringt die Topmotorisierung den Golf Variant auf 195 Stundenkilometern, begnügt sich der TDI im Drittelmix mit 5,3 Litern Dieselkraftstoff auf 100 Kilometer, kann aber den Variant auch auf 176 Stundenkilometer bringen.

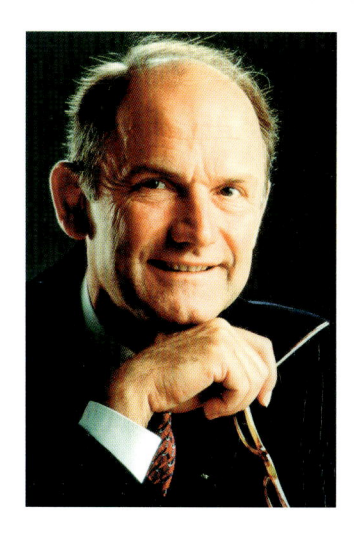

FERDINAND PIËCH

1993

GOLF CABRIOLET

29. OKTOBER Gewohnt geräumig, zuverlässig, kraftvoll, sparsam, aber mit neuem Gesicht und dynamischer Optik kommen Passat Limousine und Passat Variant auf den Markt. Die umfangreiche serienmäßige Sicherheitsausstattung umfasst neben Fahrer- und Beifahrerairbag und ABS auch Gurtstraffer vorn sowie eine stabile A- und B-Säule und Verstärkungsprofile in den Türen, womit der Passat auch die erst später eingeführten US-Sicherheitsvorgaben erfüllt. Ob komfortabel oder sportlich oder auch mit dem Allradantrieb syncro, der Passat passt sich mit seinen Ausstattungsvarianten und der Motorenvielfalt bis hin zum 2,8-Liter-VR6 mit 128 kW/174 PS den Bedürfnissen seiner Kunden an. Auch in puncto Umweltverträglichkeit ist der zunächst im Werk Emden und dann auch im Werk Bratislava gebaute Passat Vorbild seiner Klasse, indem beispielsweise alle eingesetzten Kunststoffteile wiederverwendbar sind. Die Preise für die Limousine beginnen bei 32 730 DM, des Variant bei 33 830 DM.

GOLF VARIANT

PASSAT

VOLKSWAGEN POZNAŃ

FAHRZEUGPRODUKTION

	Volkswagen Aktiengesellschaft	Konzern
	1.240.124	3.018.650

PRODUKTION AUSGEWÄHLTER MODELLE

T4	Passat	Golf	Polo
129.779	255.002	795.916	176.327

BELEGSCHAFT

	Volkswagen Aktiengesellschaft	Konzern
Arbeiter	86.176	
Angestellte	22.291	
Beschäftigte in den Auslandsgesellschaften		102.434
Gesamt	108.467	251.643

FAHRZEUGABSATZ

	Volkswagen Aktiengesellschaft	Konzern
Inland	685.170	914.488
Ausland	717.783	2.047.671
Gesamt	1.402.953	2.962.159

FINANZDATEN (IN MIO. DM)

	Volkswagen Aktiengesellschaft	Konzern
Umsatz	42.949	76.586
Investitionen	1.793	4.840
Gewinn/Verlust	71	-1.940

1993

1994

1. JANUAR Mit Einführung der Viertagewoche für die Tarifbeschäftigten der Volkswagen Aktiengesellschaft beschreiten Vorstand, Betriebsrat und IG Metall einen neuen Weg zur Standort- und Beschäftigungssicherung. Um den auf 30 000 Mitarbeiter bezifferten Personalüberhang abzubauen, wird in den Inlandswerken die wöchentliche Arbeitszeit bei gleichzeitiger Flexibilisierung von 36 auf 28,8 Stunden reduziert, verbunden mit Lohn- und Gehaltskürzungen. Bis 1999 findet das ausgebaute Konzept flexibler Arbeitszeiten für fast alle Beschäftigten der Volkswagen Aktiengesellschaft Anwendung.

2. MÄRZ Die Umwandlung der Volkswagen Finanz GmbH in eine Aktiengesellschaft markiert den Schritt zur Internationalisierung der Finanzaktivitäten. Mit der Volkswagen Financial Services AG entsteht ein eigenständiger Finanzkonzern, der die meisten konzerneigenen Finanzdienstleistungstöchter in Europa integriert und deren Angebote vereinheitlicht. Er verfügt über Zugang zu den internationalen Geldmärkten und ermöglicht die Erschließung der weltweit günstigsten Finanzquellen. Die Bilanzsumme beträgt am Jahresende 21,4 Milliarden DM. 1 435 Mitarbeiter im Inland und 801 Auslandsbeschäftigte erzielen einen Jahresüberschuss von 187 Millionen DM.

POLO FERTIGUNG IN NAVARRA

ERSATZTEILZENTRUM KASSEL

POLO

1994

15. MÄRZ Im Werk Mosel, das nach Fertigstellung des Karosseriebaus im Juli 1992 in die Golf Fertigung eingebunden worden ist, nimmt die Volkswagen Sachsen GmbH ihr neues Presswerk in Betrieb. Die nach den Maßgaben der schlanken Produktion ausgebaute Fabrik verfügt über eine Jahreskapazität von 250 000 Fahrzeugen und fertigt im Jahr 1994 insgesamt 90 100 Golf, davon 1 469 Golf Ecomatic, die ausschließlich in Mosel gebaut werden. Zugeliefert wird von der Motorenfabrik Chemnitz, die ab 1994 auch die Werke Wolfsburg und Brüssel mit fertigen Motoren versorgt, und von der Zylinderkopffertigung Eisenach. An den Standorten Mosel, Chemnitz und Eisenach sind 1994 rund 3 200 Mitarbeiter beschäftigt.

26. APRIL Die Volkswagen Aktiengesellschaft übernimmt die für die Polo Fertigung in Pamplona verantwortliche Gesellschaft Fábricia Navarra de Automóviles, S. A., die am 28. Dezember 1994 in Volkswagen Navarra, S. A. umbenannt wird und im laufenden Jahr knapp 146 000 Polo fertigt.

4. JULI Im Werk Kassel geht das weltweit größte Ersatzteilzentrum in Betrieb, das für den internationalen Produktionsverbund des Volkswagen Konzerns die Ersatzteile bereithält.

22. AUGUST Die dritte Generation des Polo, erstmals als Viertürer erhältlich, wird in Paris der Presse vorgestellt. Um 50 mm kürzer als sein Vorgänger ist der neue Polo in seiner Kurzheckform von erstaunlicher innerer Größe und Funktionalität. Der behagliche Innenraum mit Vollverkleidung, das Platzangebot, das ausgezeichnete Handling, die gute Straßenlage, das Sicherheitspaket mit Airbags, ABS, elektronischer Bremskraftverteilung, mechanisch-pyrotechnischen Gurtstraffern und einer verwindungssteifen Karosserie sowie der 245 Liter fassende Gepäckraum machen den Polo zu einem funktionalen Fünfsitzer mit vielen Anleihen beim Golf. Zunächst mit drei Otto- (33 kW/45 PS, 40 kW/55 PS und 55 kW/75 PS) und einem Dieselmotor (47 kW/64 PS) angeboten, sorgt das Fünfgang-Schaltgetriebe für gute Fahrleistungen und mit dem 1,6-Liter-Motor für eine Höchstgeschwindigkeit von 172 Stundenkilometern. Der Dieselmotor begnügt sich bei konstant 90 Stundenkilometern mit 4,2 Litern Dieselkraftstoff. Der Polo wird im spanischen Pamplona und in Wolfsburg gefertigt. Auf die europäischen Märkte zielend, erfolgt die Markteinführung am 7. Oktober 1994. Die Preise beginnen bei 18 295 DM. Am 18. Juli 1997 erfolgt die Pressevorstellung des Polo Variant in Bonn.

SCHLANKE FERTIGUNG IM WERK MOSEL

FAHRZEUGPRODUKTION

	Volkswagen Aktiengesellschaft	Konzern
	1.246.392	3.042.383

PRODUKTION AUSGEWÄHLTER MODELLE

T4	Passat	Golf	Polo
135.144	254.176	853.940	151.993

BELEGSCHAFT

	Volkswagen Aktiengesellschaft	Konzern
Arbeiter	83.230	
Angestellte	22.208	
Beschäftigte in den Auslandsgesellschaften		96.459
Gesamt	105.438	242.232

FAHRZEUGABSATZ

	Volkswagen Aktiengesellschaft	Konzern
Inland	673.523	901.239
Ausland	725.825	2.206.558
Gesamt	1.399.348	3.107.797

FINANZDATEN (IN MIO. DM)

	Volkswagen Aktiengesellschaft	Konzern
Umsatz	41.886	80.041
Investitionen	5.282	5.651
Gewinn	165	150

1994

1995

9. MÄRZ Der Sharan, die neue Großraumlimousine von Volkswagen, feiert in Genf Weltpremiere. Positioniert zwischen Passat Variant und der Caravelle, bietet der Sharan viel Platz für bis zu sieben Personen. Mit seinem One-Box-Design und der glatten Karosserielinie besitzt das Multi Purpose Vehicle einen vorbildlich niedrigen c_w-Wert von 0,33. Die Sicherheitsfeatures, darunter Seitenverstärkungen, Gurtstraffer, Doppel-Airbags und eine verwindungssteife Karosserie, machen den Sharan ebenso hochwertig wie die Spitzenmotorisierung mit dem VR6-Motor und 128 kW/174 PS Leistung, der den Wagen auf eine Spitzengeschwindigkeit von 200 Stundenkilometern bringt. Sparfüchse benötigen mit den 66 kW/90 PS-Dieselmotor bei konstant 90 Stundenkilometern nur 4,9 Liter Dieselkraftstoff auf 100 Kilometer. Gebaut in der gemeinsam mit Ford errichteten Fabrik im portugiesischen Palmela, ist der komfortable Reisebegleiter ab 41 950 DM zu haben. Die Markteinführung erfolgt am 22. September 1995.

4. JULI Mit Einführung der Marke Volkswagen Nutzfahrzeuge wandelt die Volkswagen Aktiengesellschaft diesen Unternehmensbereich in eine Konzernmarke um, die das Nutzfahrzeuggeschäft verantwortlich koordiniert. Zum 1. Januar 2000 übernimmt die neue Marke auch die industrielle Steuerung für die Nutzfahrzeugsparte der Volkswagen do Brasil.

14. SEPTEMBER Die zweite Generation des vielseitigen Stadtlieferwagens Caddy hat auf der Internationalen Automobil-Ausstellung in Frankfurt am Main Premiere. Als Kombi und als Kastenwagen ab Mitte Dezember lieferbar, bietet der Caddy Platz für fünf Personen oder eine Ladefläche von 2,1 Quadratmeter und ein Ladevolumen von 2,9 Kubikmeter. Die asymmetrische geteilte Hecktür erleichtert das Beladen. Mit einer Nutzlast von 550 Kilogramm spricht der Caddy zum einen kleinere und mittlere Gewerbebetriebe für Transporte über kurze Strecken an. Darüber hinaus dient der im spanischen Matorell gefertigte Caddy als universell einsetzbares Freizeitfahrzeug. Zwei Ottomotoren mit 44 kW/60 PS und 55 kW/75 PS und zwei Dieselmotoren mit 47 kW/64 PS sorgen für den erforderlichen Vortrieb. Der Einstiegspreis des Caddy Kastenwagen beträgt 20 695 DM.

MARKE VOLKSWAGEN NUTZFAHRZEUGE

7. OKTOBER Mit der Markteinführung des 7,5-Tonnen-Lkw L 80 erweitert Volkswagen Nutzfahrzeuge zunächst in Deutschland sein Produktangebot nach oben. Ursprünglich für den südamerikanischen Markt entwickelt und dort schon mehr als 100 000 Mal verkauft, bietet der mit zwei Radständen lieferbare Lkw für den Verteilerverkehr eine wirtschaftlich attraktive Synthese aus bewährter Konstruktion und Innovation. Der 4,3-Liter-Vierzylinder-Dieselmotor leistet 103 kW und erfüllt bereits die Euro-2-Abgasnorm. Der Markterfolg des im brasilianischen Ipiranga gefertigten leistungsstarken und extrem robusten 7,5-Tonnen-Lkw bleibt allerdings in Europa weit hinter den Erwartungen zurück.

SHARAN

L 80

1995

16. NOVEMBER Gesamtbetriebsrat und Unternehmensleitung der Volkswagen Aktiengesellschaft unterzeichnen eine Betriebsvereinbarung zum Umweltschutz. Sie schreibt Regeln für den sparsamen und sorgfältigen Umgang mit Rohstoffen und Energie sowie für die verantwortungsbewusste Behandlung von Abfällen, Emissionen, Abwässern und Gefahrenstoffen fest. Die Betriebsvereinbarung folgt dem Prinzip „Vermeiden geht vor Verringern, Verringern vor Verwerten, Verwerten vor Entsorgen." Die Forschungs- und Entwicklungsarbeiten, die seit Beginn der 1980er Jahre den genannten umweltpolitischen Leitlinien folgen, werden noch stärker auf die Umweltverträglichkeit von Automobilen und Fertigungsprozessen fokussiert. Zu den Forschungsschwerpunkten gehören die Optimierung der Otto- und Dieselmotoren, elektronische Kontroll- und Steuerungssysteme, eine verbesserte Aerodynamik, die Leichtbauweise, die recyclinggerechte Konstruktion und der Einsatz von umweltverträglichen Stoffen und Komponenten, wie FCKW-freie Klimaanlagen oder lösemittelarme Lacke. Mit der Präsentation seines ersten Umweltberichts am 20. Dezember 1995, der zahlreiche Errungenschaften, aber auch Aufgaben des modernen betrieblichen und produktbezogenen Umweltschutzes ausweist, vertieft Volkswagen seinen Dialog mit Umweltverbänden und Kunden und zeigt sich auch auf dem Feld der Nachhaltigkeitskommunikation als Innovator.

17. NOVEMBER In Pacheco bei Buenos Aires nimmt die Volkswagen Argentina S. A. ein neues Automobilwerk mit einer Jahreskapazität von 150 000 Fahrzeugen in Betrieb. Die Fabrik, in der das Erfolgsmodell Golf und ab 1996 der Polo gefertigt werden, arbeitet nach dem Modul-Konzept: Die Zulieferer montieren auf dem Werksgelände u.a. Instrumententafeln, Türen und Kraftstoffbehälter, die sie anschließend in eigener Verantwortung in die Fahrzeuge einbauen.

WERK PACHECO DER VOLKSWAGEN ARGENTINA   CADDY

FAHRZEUGPRODUKTION

	Volkswagen Aktiengesellschaft	Konzern
	1.317.656	3.408.422

PRODUKTION AUSGEWÄHLTER MODELLE

	T4	Passat	Golf	Polo
	141.355	260.169	815.875	382.785

BELEGSCHAFT

	Volkswagen Aktiengesellschaft	Konzern
Arbeiter	79.031	
Angestellte	21.667	
Beschäftigte in den Auslandsgesellschaften		117.147
Gesamt	100.698	259.342

FAHRZEUGABSATZ

	Volkswagen Aktiengesellschaft	Konzern
Inland	657.604	937.323
Ausland	917.931	2.504.623
Gesamt	1.575.535	3.441.946

FINANZDATEN (IN MIO. DM)

	Volkswagen Aktiengesellschaft	Konzern
Umsatz	44.598	88.119
Investitionen	5.618	6.863
Gewinn	410	336

1995

1996

22. APRIL Die zweite Generation des Volkswagen LT wird auf der Hannover-Messe vorgestellt. Der in drei Längen und mit vier Dieselmotoren lieferbare Lasttransporter ist das Ergebnis einer Entwicklungsgemeinschaft mit Daimler-Benz und baugleich mit dem Mercedes Sprinter. Der Volkswagen LT wird im Werk Hannover hergestellt und ist in vielen Karosserievarianten erhältlich.

27. AUGUST Bis Monatsende wird in Dresden die fünfte Passat Generation den internationalen Medien vorgestellt. Mit einem Kuppeldach in eine dynamische Form gebracht, steigt der Mittelklassewagen in eine höhere Dimension der Wertigkeit und vorbildlichen Langlebigkeit auf. Technik, Sicherheitskonzept und Komfort machen ihn „aufregend elegant, beruhigend sicher". In drei Ausstattungslinien lieferbar, sorgen fünf Ottomotoren für eine Leistung zwischen 74 kW/100 PS und 142 kW/192 PS. Zwei TDI-Motoren leisten 66 kW/90 PS und 81 kW/110 PS. Die Preise beginnen bei 34 950 DM. Die Fertigung erfolgt in den Werken Emden und Zwickau. Passat Variant und Passat syncro werden vom 20. Mai 1997 an in Hamburg den Medien vorgestellt.

1. NOVEMBER Die Volkswagen do Brasil S. A. eröffnet in Resende im Bundesstaat Rio de Janeiro eine Lkw- und Bus-Fabrik mit einer Jahreskapazität von rund 30 000 Fahrzeugen. Am 12. Oktober des Jahres hat die neue Motorenfabrik in São Carlos im Bundesstaat São Paulo die Fertigung aufgenommen. Komponenten liefern die Motorenwerke in Salzgitter und Chemnitz zu. Durch den Ausbau der Produktionsanlagen schließt Volkswagen auf dem südamerikanischen Markt die Kapazitätslücke, die nach Beendigung der Zusammenarbeit mit Ford entstanden ist. 1997 setzt die Volkswagen do Brasil, die zum Jahresende rund 31 000 Mitarbeiter beschäftigt, 609 000 Fahrzeuge ab und bleibt damit Marktführer sowohl bei den Pkw (32,6 Prozent) als auch im Segment der leichten Nutzfahrzeuge (25,8 Prozent).

4. NOVEMBER Der Beschluss des Markenvorstands, das Werk Braunschweig in eine Business Unit umzuwandeln, treibt die beim Komponentenhersteller eingeleitete Entwicklung zum Systemlieferanten voran und stärkt dessen Wettbewerbsfähigkeit gegenüber der internationalen Zulieferindustrie. Dem ersten Konzernstandort, der als ergebnisverantwortliche, weitgehend selbstständige Geschäftseinheit operiert, kommt eine Vorbildfunktion für die Transformation weiterer Werke zu. Die Business Unit Braunschweig nutzt die gewonnene Autonomie zum Ausbau der Entwicklungskompetenz und Prozessflussverantwortung sowie zum Einstieg in zukunftsweisende Fertigungstechnologien.

LT PRÄSENTATION

LKW-FERTIGUNG IN RESENDE
PASSAT

FAHRZEUGPRODUKTION

	Volkswagen Aktiengesellschaft	Konzern	T4	Passat	Golf	Polo
	1.331.886	3.976.896	141.454	260.466	828.574	513.720

PRODUKTION AUSGEWÄHLTER MODELLE

BELEGSCHAFT

	Volkswagen Aktiengesellschaft	Konzern
Arbeiter	74.569	
Angestellte	20.607	
Beschäftigte in den Auslandsgesellschaften		123.042
Gesamt	95.176	260.811

FAHRZEUGABSATZ

	Volkswagen Aktiengesellschaft	Konzern
Inland	675.864	958.522
Ausland	1.016.454	3.035.790
Gesamt	1.692.318	3.994.312

FINANZDATEN (IN MIO. DM)

	Volkswagen Aktiengesellschaft	Konzern
Umsatz	49.891	100.123
Investitionen	3.725	8.742
Gewinn	630	678

1996

1997

15. APRIL Mit der Auflösung des zuständigen Vorstandsressorts nimmt der Volkswagen Konzern eine organisatorische Neuordnung für die Region Asien-Pazifik vor, die in die Bereiche China, Japan und Singapur gegliedert wird. Die als Regionalimporteur tätige Volkswagen Group Singapore Pte. Ltd. steuert die Konzernaktivitäten auf den CKD- und FBU-Märkten im südostasiatischen und pazifischen Raum, um näher an den strategisch wichtigen Ländern Taiwan, Thailand, Australien und Neuseeland zu operieren.

1. AUGUST Die am 14. Juli unterzeichneten Tarifverträge für die Volkswagen Aktiengesellschaft treten in Kraft. Sie verlängern die Maßnahmen zur Beschäftigungssicherung bis Ende 1999, wobei die im Kern beibehaltene Viertagewoche durch eine weitere Flexibilisierung der Arbeitszeit den Produktionserfordernissen angepasst wird. Wichtigster Bestandteil der Tarifvereinbarungen ist eine Altersteilzeitregelung, die weiterhin einen gleitenden Übergang in den Ruhestand ermöglicht.

10. AUGUST Die vierte Golf Generation wird in Bonn den Medien vorgestellt und ab 12. September auf der Internationalen Automobil-Ausstellung in Frankfurt am Main gezeigt. Das Karosseriedesign mit dem langen Dach, dem steilen Heck und der geschwungenen C-Säule greift die Formensprache der ersten Golf Generation prägnant auf und setzt mit einer fehlerlosen Optik, verringerten Spaltmaßen, absoluter Bündigkeit und einem harmonischen Fugenverlauf einen neuen Qualitätsstandard in der nach ihm benannten Kompaktklasse. Der Qualitäts- und Anmutungssprung des neuen Golf verdankt sich einem schlanken Fertigungsprozess sowie dem Einsatz modernster Technologien wie dem Laserschweißen. Ausdruck seiner Vielfalt ist auch, dass der Kunde anfänglich schon zwischen fünf Otto- und drei Dieselmotoren zwischen 50 kW/68 PS und 110 kW/150 PS wählen kann. Verbesserte Aerodynamik und modernste TDI-Motoren drücken den Kraftstoffverbrauch auf 4,9 Liter pro 100 Kilometer. Die Preise für die im Werk Wolfsburg gefertigten Golf Modelle beginnen bei 25 700 DM.

GOLF WERBUNG   GOLF

FAHRZEUGPRODUKTION

	Volkswagen Aktiengesellschaft	Konzern
	1.187.869	4.290.875

PRODUKTION AUSGEWÄHLTER MODELLE

T4	Passat	Golf	Polo
155.436	380.157	625.336	593.392

BELEGSCHAFT

	Volkswagen Aktiengesellschaft	Konzern
Arbeiter	77.713	
Angestellte	21.049	
Beschäftigte in den Auslandsgesellschaften		133.906
Gesamt	98.762	279.892

FAHRZEUGABSATZ

	Volkswagen Aktiengesellschaft	Konzern
Inland	668.485	992.886
Ausland	1.068.198	3.257.528
Gesamt	1.736.683	4.250.414

FINANZDATEN (IN MIO. DM)

	Volkswagen Aktiengesellschaft	Konzern
Umsatz	54.285	113.245
Investitionen	7.840	9.843
Gewinn	966	1.361

1997

1998

5. JANUAR Der New Beetle hat auf der Detroit Motor Show seine Weltpremiere. Nicht als Tochter des legendären Beetle erdacht, sondern als Schwester des neuen Golf bildet der New Beetle einen zeitgemäßen Designausdruck einer ganzen Generation. Vor allem in den USA löst das Modell eine regelrechte Beetlemania aus. Unter dem sympathisch gerundeten Blechkleid mit den großen Augen steckt modernste Technik, die sich in der vierten Golf Generation bewährt hat. Auf Basis der Plattform-Strategie konstruiert, entsteht der New Beetle im Werk Puebla der Volkswagen de Mexico S.A. de C.V., das mit schlanker Fertigung für die qualitative Hochwertigkeit sorgt. Zur Markteinführung sind jeweils ein Otto- und Dieselmotor zu Preisen ab 34 950 DM lieferbar. Der New Beetle legt große Gefühle frei und beschert Volkswagen in den USA ein deutliches Absatzplus.

NEW BEETLE

5. MÄRZ Das Golf Cabriolet zeigt sich auf dem Genfer Automobil-Salon in neuer Form. Der offene Viersitzer, der technisch auf der dritten Golf Generation basiert, orientiert sich in seinem Erscheinungsbild an der aktuellen vierten Generation mit den innovativen Doppelscheinwerfern und klarer Streuscheibe. Die weit nach unten gezogene Motorhaube und das vergrößerte Volkswagen Logo machen das neue Golf Cabriolet noch markanter. Mit aufgewerteter Ausstattung und dem bewährten Motorenangebot aus vier Otto- und zwei Dieselaggregaten richtet sich das Golf Cabriolet an Menschen, die den Genuss lieben und den hohen Sicherheitsstandard des stabilen Überrollbügels schätzen. Das Golf Cabriolet, das bei Karmann in Osnabrück gefertigt wird und ab 36 650 DM zu haben ist, findet im Jahr 1998 39 126 glückliche Erstbesitzer.

13. MAI Volkswagen gründet die Motor Polska Sp.z o.o. mit Sitz in Polkowice. Nach knapp einjähriger Bauzeit wird das neu errichtete Motorenwerk mit einer Jahreskapazität von maximal 540 000 Motoren am 25. August 1999 eröffnet. Der Standort Polkowice beliefert Fahrzeug bauende Werke des Volkswagen Konzerns mit Vierzylinder-Dieselmotoren neuester Technologie.

13. MAI Der Volkswagen Welt-Konzernbetriebsrat konstituiert sich. Am 20. Mai 1999 wird der Vertrag zwischen den Arbeitnehmervertretern und der Konzernleitung unterzeichnet. Zum Präsidenten des internationalen Arbeitnehmergremiums wird Klaus Volkert gewählt.

LOGOS DER MARKEN BENTLEY,
BUGATTI UND LAMBORGHINI

3. JULI Der Volkswagen Konzern weitet durch den Kauf der Marke Bentley sein Angebot im Luxussegment aus. Die Volkswagen Group United Kingdom übernimmt die Rolls-Royce Motor Cars Ltd., die ab September 2002 unter der Firma Bentley Motors Ltd. im englischen Werk Crewe Modelle der Marke Bentley fertigt.

10. JULI Die Bugatti International S.A. Holding, die die Markenrechte an dem früheren Automobilhersteller hält, geht in den Besitz der Volkswagen Group France S. A. über. Am 22. Dezember 2000 wird die Bugatti automobiles S.A.S. zur Entwicklung und Herstellung von einzigartigen Luxussportwagen gegründet.

24. JULI Die Audi AG erwirbt die Automobili Lamborghini S.p.A. und bringt damit den für seine kompromisslosen Sportwagen berühmt gewordenen Hersteller in Sant' Agata Bolognese unter das Konzerndach.

31. AUGUST Der sparsame und liebenswerte Kleinwagen Lupo wird in Genf den Medien vorgestellt. Damit schafft Volkswagen im wachsenden Kleinwagensegment ein attraktives Angebot. Nur 3 527 mm lang, bietet der kompakte Wagen Platz für bis zu fünf Personen. Die Frontgestaltung mit den großen Rundscheinwerfern geben dem Lupo ein sympathisches Gesicht. Wie alle Volkswagen geht er bei der Sicherheit keine Kompromisse ein. Als Antrieb stehen ein 1,0- und ein 1,4-Liter- Ottomotor mit 37 kW/50 PS bzw. 55 kW/75 PS sowie ein Dieselmotor mit 44 kW/60 PS zur Wahl. Der Lupo mit Dieselmotor begnügt sich auf 100 Kilometer mit durchschnittlich 4,4 Liter Dieselkraftstoff. Im Namen, der italienischen Bezeichnung für Wolf, klingt die Herkunft aus dem Werk Wolfsburg an. Der Einstiegspreis beträgt 17 990 DM.

11. SEPTEMBER Für die während des Zweiten Weltkriegs in der damaligen Volkswagen Gesellschaft tätigen Zwangsarbeiter richtet die Volkswagen Aktiengesellschaft einen Humanitären Fonds ein, aus dem mehr als 2 150 persönlich Betroffene eine finanzielle Leistung erhalten.

14. SEPTEMBER Die Pressepräsentation des Bora, der neuen Stufenhecklimousine auf technischer Basis des Golf, findet bis zum 18. September auf Sardinien statt. Benannt nach dem frischen Adria-Wind verkörpert der Bora, der in den USA weiterhin den eingeführten Namen Jetta trägt, die jugendlich-dynamische Version einer Stufenhecklimousine mit vier Türen, sportlichem Design und hohem Fahrkomfort. 4 376 mm lang und mit einem Radstand von 2 513 mm bietet der Bora fünf Personen bequem Platz. Das Design vermittelt Sportlichkeit, Stärke und Dynamik; vier Ottomotoren mit bis zu 110 kW/150 PS Leistung bringen den Bora innerhalb von 9,1 Sekunden auf 100 Stundenkilometer und auf eine Spitzengeschwindigkeit von 216 Stundenkilometern. Die beiden Dieselmotoren kommen im Mix mit 5 Litern Dieselkraftstoff aus. Ein Gepäckraum mit 455 Litern Fassungsvermögen hat Platz für die Urlaubskoffer. Die Preise beginnen bei 32 500 DM.

MOTOR POLSKA

LUPO

BORA

GOLF CABRIOLET

FAHRZEUGPRODUKTION

	Volkswagen Aktiengesellschaft	Konzern
	1.470.850	4.822.679

PRODUKTION AUSGEWÄHLTER MODELLE

T4	Passat	Golf	Polo
154.982	504.403	894.540	588.404

BELEGSCHAFT

	Volkswagen Aktiengesellschaft	Konzern
Arbeiter	81.625	
Angestellte	22.167	
Beschäftigte in den Auslandsgesellschaften		142.481
Gesamt	103.792	297.916

FAHRZEUGABSATZ

	Volkswagen Aktiengesellschaft	Konzern
Inland	873.224	1.152.604
Ausland	1.412.660	3.595.214
Gesamt	2.285.884	4.747.818

FINANZDATEN (IN MIO. DM)

	Volkswagen Aktiengesellschaft	Konzern
Umsatz	74.381	134.243
Investitionen	7.796	13.913
Gewinn	1.241	2.243

1998

1999

4. FEBRUAR Durch Gründung der Volkswagen (China) Investment Company Ltd. in Peking bündelt der Volkswagen Konzern seine bestehenden und zukünftigen Investitionen in China unter dem Dach einer Holding, um neue Automobilprojekte schneller umzusetzen.

1. APRIL Die Volkswagen Financial Services AG weitet durch die Übernahme der Wolfsburger Volkswagen-Versicherungsdienst GmbH (VVD) ihre Geschäftsfelder aus. Der 1948 von Heinrich Kurig gegründete und später zum Besitz der Holler-Stiftung gehörende VVD bietet Volkswagen Kunden umfangreiche Kfz-Versicherungsleistungen an. 2001 bestehen beim VVD mehr als 1,3 Millionen Verträge. Um die Versicherungsaktivitäten des Volkswagen Konzerns zu bündeln, wird der Volkswagen Financial Services AG zum 1. Januar 2005 die 1976 gegründete VW-Versicherungsvermittlungs-GmbH übertragen, die sich erfolgreich als Dienstleister für Insurance und Risk Management betätigt.

28. APRIL In Berlin werden die beiden Kompaktkombis Golf Variant und Bora Variant internationalen Medienvertretern vorgestellt. Während der 4,41 Meter lange Bora Variant als Kombi mit einem Gepäckabteil mit 460 Litern Fassungsvermögen auf freizeitorientierte Fahrer mit sportlichen und luxuriösen Ansprüchen abzielt, richtet sich der Golf Variant mit seiner klaren und sachlichen Karosseriegestaltung an alle, die in der Klasse der kompakten Kombis einen praktischen, qualitativ hochwertigen und sicheren Volkswagen suchen. Das Motorenangebot beim Bora Variant umfasst anfänglich drei Otto- und zwei Dieselmotoren mit einer Leistung bis zu 110 kW/150 PS. Der Golf Variant, der bei umgelegter Rücksitzbank ein Koffferraumvolumen von bis zu 1 470 Litern bietet, punktet beispielsweise mit dem 66-kW-Dieselmotor mit dem Verbrauch von

GOLF VARIANT

nur 5,0 Litern Dieselkraftstoff auf 100 Kilometer. Die Preise des Bora Variant beginnen bei 34 400 DM, die des Golf Variant bei 29 500 DM.

5. JULI Mit dem Lupo 3L TDI, der in Göteborg den Vertretern der internationalen Medien vorgestellt wird, schreibt Volkswagen ein Stück Automobilgeschichte. Der zweitürige, 3,53 Meter lange Kleinwagen, der mit einem vollen 34-Liter-Tank über 1 000 Kilometer weit fährt, ist weltweit das erste in Serie gebaute 3-Liter-Auto. Sein extrem niedriger Kraftstoffverbrauch resultiert aus dem hochentwickelten Dreizylinder-TDI-Motor und der Leichtbauweise. Türen, Kotflügel und Hauben sind aus Aluminium, die Heckklappe aus Magnesium. Ähnlich leichte Werkstoffe werden auch bei den Achsen und der Aufhängung verwendet. Infolgedessen wiegt der Lupo 3L TDI nur 830 Kilogramm, bei zugleich optimierter Aerodynamik. Sparsam im Verbrauch von Energie und Rohstoffen, setzt der 3-Liter-Lupo neue Standards im Umweltschutz.

BORA VARIANT

LUPO 3L TDI

FAHRZEUGPRODUKTION

	Volkswagen Aktiengesellschaft	Konzern
	1.365.020	4.853.192

PRODUKTION AUSGEWÄHLTER MODELLE

	T4	Passat	Golf	Polo
	148.886	438.466	841.625	414.066

BELEGSCHAFT

	Volkswagen Aktiengesellschaft	Konzern
Arbeiter	80.480	
Angestellte	23.723	
Beschäftigte in den Auslandsgesellschaften		147.959
Gesamt	104.203	306.275

FAHRZEUGABSATZ

	Volkswagen Aktiengesellschaft	Konzern
Inland	802.192	1.104.221
Ausland	1.385.497	3.818.775
Gesamt	2.187.689	4.922.996

FINANZDATEN (IN MIO. DM)

	Volkswagen Aktiengesellschaft	Konzern
Umsatz	78.417	147.013
Investitionen	6.159	14.741
Gewinn	1.276	1.651

1999

2000

1. MÄRZ Die dritte von der Shanghai Volkswagen errichtete Automobilfabrik mit Presswerk, Karosseriebau, Lackiererei und Montage nimmt die Produktion auf. Gebaut wird die verlängerte China-Version der Passat Limousine, die mit einem Jahresvolumen von 30 000 Einheiten lediglich ein Fünftel der vorhandenen Kapazitäten belegt. Ein Teil der Passat Fertigung geht in den Export nach Bangkok, wo die Volkswagen Aktiengesellschaft in Zusammenarbeit mit der Firma Yontrakit eine CKD-Fertigung für jährlich 10 000 Fahrzeuge aufbaut und Anfang 2000 die Passat Montage aufnimmt. Zur langfristigen Sicherung seiner Marktposition in China baut Volkswagen 2001 die Produktpalette weiter aus. In Changchun läuft ab August der Bora vom Band; in Shanghai beginnt im Dezember die Serienfertigung des Polo. Um die Getriebe beider Modelle vor Ort zu fertigen, wird am 31. Oktober 2001 das Gemeinschaftsunternehmen Volkswagen Transmission (Shanghai) Company Ltd. gegründet. Die Volkswagen Aktiengesellschaft hält 60 Prozent des Gesellschaftskapitals und damit erstmalig die Mehrheit an einem deutsch-chinesischen Produktions-Joint-Venture. Am 28. Januar 2003 wird das neu errichtete Getriebewerk in Shanghai eröffnet, das in der ersten Ausbaustufe über eine Jahreskapazität von 180 000 Einheiten verfügt.

14. APRIL Mit einer Aktienbeteiligung von 18,7 Prozent und 34 Prozent der Stimmrechte an dem schwedischen Automobilhersteller Scania AB baut die Volkswagen Aktiengesellschaft ihre Position auf dem internationalen Nutzfahrzeugmarkt aus.

1. JUNI Der Volkswagen Konzern eröffnet die in Wolfsburg erbaute Autostadt. In diesem erlebnisorientierten Dienstleistungs- und Kompetenzzentrum werden erstmals auch die Auslieferungen von Fahrzeugen an Handelskunden abgewickelt. Als Center of Excellence begründet die Autostadt einen innovativen Service, mit dem Volkswagen die Bindung der Kunden an die im Konzern versammelten Marken verstärkt und neue Käuferschichten erreicht.

AUTOSTADT IN WOLFSBURG

FAHRZEUGPRODUKTION

	Volkswagen Aktiengesellschaft	Konzern
	1.170.411	5.156.455

PRODUKTION AUSGEWÄHLTER MODELLE

	T4	Passat	Golf	Polo
	162.699	631.852	915.383	463.163

BELEGSCHAFT

	Volkswagen Aktiengesellschaft	Konzern
Arbeiter	79.645	
Angestellte	25.030	
Beschäftigte in den Auslandsgesellschaften		160.274
Gesamt	104.675	324.402

FAHRZEUGABSATZ

	Volkswagen Aktiengesellschaft	Konzern
Inland	731.764	1.018.923
Ausland	1.511.803	4.142.265
Gesamt	2.243.567	5.161.188

FINANZDATEN (IN MIO. DM)

	Volkswagen Aktiengesellschaft	Konzern
Umsatz	84.975	167.331
Investitionen	8.878	17.120
Gewinn	1.612	4.032

2000

2001

1. JANUAR Die in Alexandria gegründete Importeursgesellschaft Volkswagen Group Australia Pty. Ltd. nimmt den Vertrieb von Volkswagen auf, um die Erschließung des australischen Marktes in eigener Regie voranzutreiben. Das neue Hauptquartier mit 60 Beschäftigten wird am 17. März des Jahres eröffnet. Zu diesem Zeitpunkt ist Volkswagen die meistverkaufte europäische Marke in Australien. Im Wettbewerb mit den dominierenden amerikanischen und japanischen Herstellern setzt die australische Tochter auf ein vorbildliches Händler- und Servicenetz. Speziell durch die Bevorratung mit Ersatzteilen sollen die Reparaturzeiten verkürzt und damit die Kundenzufriedenheit gehoben werden. Ende 2001 sind Ausbau und Neuausrichtung der Verkaufsorganisation abgeschlossen.

16. AUGUST Zur Fertigung eines Kompaktvans auf Basis der Golf Plattform gründet Volkswagen die Auto 5000 GmbH, die auf dem Werksgelände in Wolfsburg eine Fabrik einrichtet. Für die im Dezember 2002 anlaufende Produktion mit flachen Hierarchien, Teamarbeit und mehr Prozesskompetenz für die Beschäftigten ist mit der IG Metall ein spezielles Tarifmodell entwickelt worden. Es überträgt die Verantwortung für die vereinbarte Stückzahl und Qualität direkt auf die Mitarbeiter. Die tägliche Arbeitszeit ist flexibel und an der Programmerfüllung orientiert. Mit dem Fertigungskonzept ist ein Qualifizierungsmodell verbunden, das auf individuelle Lernbereitschaft und eigenverantwortliches Lernen der Mitarbeiter setzt. Der allgemeinen Qualifizierung schließt sich eine dreistündige Weiterbildung pro Woche an, die nach zwei Jahren zum Erwerb des Zertifikats Automobilbauer IHK berechtigt. Die Auto 5000 GmbH beschäftigt 3 500 Mitarbeiter.

29. OKTOBER Die vierte Generation des Polo wird den internationalen Medien auf Sardinien vorgestellt. Stilistisch und technologisch definiert der neue Polo eine eigene Klasse zwischen Golf und Lupo. Bei kompakten, leicht gewachsenen Außenabmessungen verfügt er im Vergleich zu seinem Vorgänger über einen größeren Innenraum, der sich durch Komfort, Ergonomie und hohe Materialgüte auszeichnet. Das Fahrwerk mit einer neuen Verbundlenkerhinterachse und optimierter Einzelradaufhängung ist ebenso agil wie sicher. Der Polo ist anfangs mit sieben Motorvarianten von 40 kW/55 PS bis 74 kW/100 PS lieferbar. Die Preise beginnen bei 11 225 EUR.

TOURAN FERTIGUNG

POLO

2001

206 DIE GLOBALISIERUNG DES MOBILITÄTSKONZERNS

11. DEZEMBER Knapp zweieinhalb Jahre nach der Grundsteinlegung am 27. Juli 1999 eröffnet Volkswagen die in Dresden errichtete Gläserne Manufaktur. Die mit schallisolierten Fenstern rundum verglaste Produktionsstätte basiert auf einem neuartigen Fertigungskonzept, das in einer transparenten Architektur die industrielle Automobilproduktion mit hochwertiger Handarbeit verbindet. Gleichermaßen neue Akzente setzt die Gläserne Manufaktur als Dienstleistungszentrum, indem sie den Fertigungsprozess als Attraktion inszeniert. Die individuelle Kundenbetreuung bietet Käufern erstmals die Möglichkeit, das Entstehen des eigenen Autos hautnah mitzuerleben. Dadurch soll die emotionale Bindung an die Marke Volkswagen verstärkt werden.

POLO WERBUNG

GLÄSERNE MANUFAKTUR IN DRESDEN

FAHRZEUGPRODUKTION

	Volkswagen Aktiengesellschaft	Konzern
	1.103.505	5.107.945

PRODUKTION AUSGEWÄHLTER MODELLE

T4	Passat	Golf	Polo
151.722	737.449	855.368	391.219

BELEGSCHAFT

	Volkswagen Aktiengesellschaft	Konzern
Arbeiter	79.557	
Angestellte	26.004	
Beschäftigte in den Auslandsgesellschaften		155.755
Gesamt	105.561	322.070

FAHRZEUGABSATZ

	Volkswagen Aktiengesellschaft	Konzern
Inland	692.659	968.502
Ausland	1.463.304	4.138.640
Gesamt	2.155.963	5.107.142

FINANZDATEN (IN MIO. EUR)

	Volkswagen Aktiengesellschaft	Konzern
Umsatz	44.197	88.540
Investitionen	4.294	15.191
Gewinn	918	2.926

2001

2002

1. JANUAR Die Volkswagen Aktiengesellschaft erwirbt von Scania dessen hälftigen Anteil an dem schwedischen Importeur Svenska Volkswagen AB. Die 1968 gegründete Gesellschaft, die inzwischen auch für die Einfuhr und den Vertrieb der Marken Volkswagen, Audi, Seat, Škoda und Porsche zuständig ist, geht damit in den Besitz des Wolfsburger Unternehmens über.

6. MÄRZ Der Phaeton hat auf dem Genfer Auto-Salon seine Weltpremiere. Mit der 5,06 Meter langen, 1,90 Meter breiten und 1,45 Meter hohen Stufenhecklimousine fährt Volkswagen erstmals in die automobile Oberklasse hinein. Sein Design ist bis ins letzte Detail ausdrucksstark und progressiv. Die Sicherheitsausstattung, die Luftfederung, die verwindungssteife Karosserie, die zugfreie Klimaanlage, die intuitive Bedienbarkeit, die hochwertige Innenraumgestaltung sowie die Verarbeitungsqualität unterstreichen das Selbstbewusstsein des Modells, das die gestiegene Wertigkeit der Marke Volkswagen verkörpert. Bei Markteinführung stehen mit dem W12-Motor die Topmotorisierung mit 309 kW/420 PS sowie als Einstiegsmotorisierung ein V6-Ottomotor zur Verfügung. Die Preise beginnen bei 56 200 EUR.

16. APRIL Der Aufsichtsrat bestellt Bernd Pischetsrieder zum Vorstandsvorsitzenden der Volkswagen Aktiengesellschaft.

16. APRIL Ferdinand Piëch übernimmt den Vorsitz im Aufsichtsrat der Volkswagen Aktiengesellschaft.

25. JUNI Der Golf überholt den legendären Käfer auf der Erfolgsspur und wird mit 21 517 415 gefertigten Fahrzeugen zum meistgebauten Volkswagen Modell. Nahezu 40 000 Mitarbeiter in den Werken Wolfsburg, Mosel, Brüssel, Bratislava, Uitenhage und Curitiba bauen arbeitstäglich mehr als 3 600 Golf.

BERND PISCHETSRIEDER

FERDINAND PIËCH

DAS MEISTGEBAUTE VOLKSWAGEN MODELL:
DER GOLF

2002

26. SEPTEMBER Der Touareg hat auf dem Autosalon in Paris seine Weltpremiere. Ab 30. September testen Journalisten aus aller Welt den neuen Geländewagen der Oberklasse, mit dem die Marke Volkswagen erfolgreich ein neues Marktsegment erschließt. Sein Fahrzeugkonzept verbindet die Eigenschaften eines hochwertigen Geländewagens mit dem Komfort einer Oberklasselimousine und der Dynamik eines Sportwagens. Neue Maßstäbe in seiner Klasse setzt der Touareg vor allem durch die höhenverstellbare Luftfederung und das V10-TDI-Triebwerk – mit 230 kW/313 PS bei einem Drehmoment von 750 Nm der stärkste Pkw-Dieselmotor der Welt. 2003 wird der Touareg als „Bester Geländewagen der Luxusklasse" ausgezeichnet und in den USA zum Sport Utility Vehicle des Jahres 2004 gekürt. Der Touareg R5 TDI kostet ab 38 400 EUR. Die Fertigung erfolgt bei der Volkswagen Slovakia, a.s. in Bratislava.

10. OKTOBER Das New Beetle Cabriolet wird in Miami der Weltpresse vorgestellt. Unter dem Motto „Open your heart" steht das Cabriolet für offene Emotionalität, Optimismus und Lebensfreude. Der offene Viersitzer mit Ausstrahlung, im mexikanischen Puebla gebaut, besitzt zudem einen im Bedarfsfall automatisch ausfahrenden Überrollschutz, der unter Beibehaltung der hohen Sicherheitsstandards ein avantgardistisches Design ermöglicht. In Deutschland ab dem 27. März 2004 unter der Headline „Hello Sunshine" beworben, kann der Kunde zwischen vier Ottomotoren mit einer Leistung bis zu 110 kW/150 PS und einem TDI-Motor mit 74 kW/100 PS wählen. Das offene Vergnügen ist für Preise ab 20 075 EUR zu haben.

TOUAREG

NEW BEETLE CABRIOLET   PHAETON

FAHRZEUGPRODUKTION

	Volkswagen Aktiengesellschaft	Konzern
	956.617	5.023.264

PRODUKTION AUSGEWÄHLTER MODELLE

	T4	Passat	Golf	Polo
	137.913	709.897	774.718	523.512

BELEGSCHAFT

	Volkswagen Aktiengesellschaft	Konzern
Arbeiter	78.360	
Angestellte	26.344	
Beschäftigte in den Auslandsgesellschaften		157.887
Gesamt	104.704	324.892

FAHRZEUGABSATZ

	Volkswagen Aktiengesellschaft	Konzern
Inland	641.505	907.966
Ausland	1.421.878	4.088.213
Gesamt	2.063.383	4.996.179

FINANZDATEN (IN MIO. EUR)

	Volkswagen Aktiengesellschaft	Konzern
Umsatz	43.087	86.948
Investitionen	3.870	16.016
Gewinn	1.036	2.597

2002

2003

17. FEBRUAR Der Touran, der neue multivariable Kompaktvan von Volkswagen, erlebt seine Pressepräsentation in Estepona bei Malaga. Mit fünf und optional sieben Einzelsitzen, einem variablen Innenraumkonzept und dem ausgesprochen guten Platzangebot mit maximal 1 989 Litern Gepäckraumvolumen eignet sich der auf Basis der Golf Plattform entwickelte Kompaktvan für vielfältige Zwecke. Das Fahrwerk mit einer überarbeiteten Federbein-Vorderachse und einer innovativen Vierlenker-Hinterachse sorgt zusammen mit ESP für ein Höchstmaß an Stabilität, Komfort und Agilität. Das Motorenangebot umfasst im Startjahr drei Otto- und zwei Dieselmotoren zwischen 74 kW/100 PS und 110 kW/150 PS. Die Preise beginnen bei 21 100 EUR. Vom Start weg übernimmt der Touran in Deutschland in seiner Fahrzeugklasse die Marktführerschaft. Bis Jahresende werden mehr als 101 000 Touran verkauft.

28. FEBRUAR Die Gründung der Volkswagen Individual GmbH folgt der konzernweit verbindlichen Leitlinie, die differenzierten Bedürfnisse und Wünsche der Kunden umfassend zu erfüllen. Die neue Gesellschaft positioniert sich als Anbieter für exklusive, individuell veredelte und sportliche Fahrzeuge der Marke Volkswagen. Ab 2010 übernimmt die R GmbH das Geschäft, das um Indivualisierungspakete und Ausstattungslinien erweitert wird.

9. MAI Die fünfte Transporter Generation kommt mit zahlreichen Modellvarianten in den Handel. Während der Multivan und das Freizeitmobil California auf Privatkunden zielt, findet der als Kastenwagen, Kombi oder Pritsche gebaute Transporter seine Käufer vor allem im gewerblichen Bereich. Die enorme Variabilität als gemeinsames Merkmal aller Produktgruppen sorgt für individuelle, praxisgerechte Lösungen und die universelle Einsetzbarkeit der Fahrzeuge. Zwei Ottomotoren mit 85 kW/115 PS und 173 kW/235 PS sowie drei Dieselmotoren zwischen 77 kW/104 PS und 128 kW/174 PS machen den Transporter fünfter Generation schnell und sparsam. Trotz einer Gesamtlänge von 4,98 Meter ermöglicht das Fahrwerk ein Handling wie im Pkw. McPherson-Federbeine vorn und die weiterentwickelte Schräglenker-Achse dienen dem gestiegenen Federungskomfort. Die Preise des Kastenwagens beginnen bei 21 947 EUR, die des Multivan bei 36 117 EUR.

30. JULI Im Werk Puebla der Volkswagen de Mexico läuft der letzte Käfer vom Band. Insgesamt fertigte Volkswagen 21 529 464 Exemplare dieses legendären Modells.

22. SEPTEMBER Internationale Medienvertreter lernen bis zum 13. Oktober in Wolfsburg die fünfte Golf Generation kennen. Sein Design gibt dem Golf ein kraftvolles und dynamisches Aussehen. Als weltweit erstes Großserienauto mit Stahlkarosserie besitzt der Golf im Modulsystem aufgebaute Türen, sodass im Schadensfall anstatt der kompletten Tür lediglich die Außenhaut ausgetauscht werden kann, was Zeit und Kosten spart. 70 Meter Laserschweißnähte erhöhen seine Karosseriesteifigkeit. Das Sicherheitsfahrwerk mit einer stark verfeinerten Federbeinachse vorn und einer neu entwickelten Mehrlenkerachse garantiert Sportlichkeit bei verbessertem Fahrkomfort. Die Wirtschaftlichkeit der Motoren hat Volkswagen um eine kraftstoffsparende Innovation in der Getriebetechnologie ergänzt. Als eines der ersten Modelle ist der Golf fünfter Generation mit dem neu entwickelten Doppelkupplungsgetriebe DSG lieferbar, das dem Volkswagen Konzern einen Wettbewerbsvorsprung verschafft. Extrem kurze Schaltzeiten sorgen etwa in Kombination mit dem später verfügbaren 3,2-Liter-VR6-Motor für überragende Fahrleistungen bei deutlich verringertem Verbrauch. Der Golf läuft zunächst in den Werken Wolfsburg, Zwickau und Brüssel vom Band.

1. OKTOBER Die neun selbstständigen deutschen Vertriebsgesellschaften werden in der Volkswagen Original Teile Logistik GmbH & Co. KG mit Sitz in Baunatal zusammengeführt, um den Vertrieb von Originalteilen auf dem deutschen Markt zu fördern. Volkswagen hält 52 Prozent der Anteile, die restlichen befinden sich im Besitz von Volkswagen Händlern.

GOLF

LETZTER KÄFER

16. OKTOBER Bis zum 25. Oktober ist der neue Caddy auf der Nutzfahrzeugmesse RAI in Amsterdam erstmals zu sehen und geht am Standort Poznań in die Serienfertigung. Der kompakte Stadtlieferwagen verkörpert den gelungenen Kompromiss zwischen einem universellen Transportfahrzeug für die berufliche wie private Mobilität und einem Wagen zur Personenbeförderung. Der Frachtraum der Kasten-Version ist um 300 Liter auf 3,2 Kubikmeter gewachsen; der Kombi bietet auf Wunsch sieben Sitzplätze – ein Novum im Segment der Stadtlieferwagen. Seine ausgereifte Technik verdankt der Caddy dem neuen Golf und dem Touran, auf deren Plattform er steht. Mehr als die Hälfte seiner Bauteile stammen von diesen Modellen, sodass die Geschäftssparte Nutzfahrzeuge beim Caddy von den Skaleneffekten einer Großserie profitieren kann. Der Caddy startet im Frühjahr 2004 mit jeweils zwei Otto- und Dieselmotoren zu Preisen ab 12 230 EUR.

1. DEZEMBER Die Volkswagen Aktiengesellschaft und die chinesische Regierung unterzeichnen eine Absichtserklärung, wonach die Zusammenarbeit durch die Fertigung neuer Produkte und die Gründung weiterer Gemeinschaftsunternehmen intensiviert werden soll. Für den Volkswagen Konzern hat sich die Volksrepublik China inzwischen zum zweitgrößten Einzelmarkt nach Deutschland entwickelt, wo 2003 rund 698 000 Fahrzeuge abgesetzt werden. 298 000 Einheiten davon entfallen auf die FAW-Volkswagen, die ihre Modellpalette um den Audi A4, den New Audi A6 und den Golf 4 erweitert hat. 2004 nimmt die FAW-Volkswagen ihr zweites Automobilwerk in Betrieb.

TOURAN

CADDY   TRANSPORTER

FAHRZEUGPRODUKTION

	Volkswagen Aktiengesellschaft	Konzern
	993.716	5.020.733

PRODUKTION AUSGEWÄHLTER MODELLE

	T4/T5	Passat	Golf	Polo
	154.959	727.594	647.067	422.003

BELEGSCHAFT

	Volkswagen Aktiengesellschaft	Konzern
Arbeiter	77.627	
Angestellte	26.194	
Beschäftigte in den Auslandsgesellschaften		160.299
Gesamt	103.821	336.843

FAHRZEUGABSATZ

	Volkswagen Aktiengesellschaft	Konzern
Inland	636.782	915.585
Ausland	1.304.529	4.100.326
Gesamt	1.941.311	5.015.911

FINANZDATEN (IN MIO. EUR)

	Volkswagen Aktiengesellschaft	Konzern
Umsatz	45.425	87.153
Investitionen	3.929	15.810
Gewinn	633	1.118

2003

2004

13. JULI Auf dem chinesischen Zukunftsmarkt baut der Volkswagen Konzern seine Fertigungskapazitäten aus. Nach Gründung der Volkswagen FAW Platform Company Ltd. in Changchun, die Fahrwerkskomponenten für die Auto produzierenden chinesischen Gemeinschaftsunternehmen herstellt, folgen am 6. Dezember die Vertragsunterzeichnungen für zwei Motoren-Joint-Ventures. Die FAW Engine (Dalian) Company Ltd. fertigt ab 2006 vorwiegend emissionsarme Triebwerke für Mittelklassefahrzeuge, die Shanghai Volkswagen Powertrain Company Ltd. Motoren für Kleinwagen. Damit schließt Volkswagen die infolge des Nachfragebooms entstandene Kapazitätslücke und erhöht zugleich den local content der in China produzierten Modelle. An den industriellen Neugründungen hält die Volkswagen (China) Investment Company Ltd. jeweils 60 Prozent des Gesellschaftskapitals.

4. DEZEMER Auf der Bologna Motorshow hat der Golf Plus seine Publikumspremiere. Das Modell mit seinen 1,59 Metern Höhe überragt die restliche Golf Familie um fast 10 Zentimeter. Die Sitzposition im Golf Plus ist auf allen Plätzen deutlich erhöht, was der besseren Übersicht dient. Bei diesem Modell kann die Rücksitzbank um bis zu 16 Zentimeter längs verschoben werden. Mit umgeklappter Rücksitzbank steht dann ein Kofferraumvolumen von bis zu 1 450 Litern zur Verfügung. Der Golf Plus startet mit zwei Otto- und zwei Dieselmotoren mit einer Leistung von bis zu 103 kW/140 PS. Der Basispreis beträgt 16 740 EUR.

GOLF PLUS

GRUNDSTEINLEGUNG DER
VOLKSWAGEN PLATFORM COMPANY LTD.

SHANGHAI VOLKSWAGEN

FAHRZEUGPRODUKTION

Volkswagen Aktiengesellschaft	Konzern
934.969	5.093.181

PRODUKTION AUSGEWÄHLTER MODELLE

T5	Passat	Golf	Polo
148.552	617.649	711.883	334.143

BELEGSCHAFT

	Volkswagen Aktiengesellschaft	Konzern
Arbeiter	76.479	
Angestellte	26.041	
Beschäftigte in den Auslandsgesellschaften		165.152
Gesamt	102.520	342.502

FAHRZEUGABSATZ

	Volkswagen Aktiengesellschaft	Konzern
Inland	660.322	940.200
Ausland	1.332.746	4.202.559
Gesamt	1.993.068	5.142.759

FINANZDATEN (IN MIO. EUR)

	Volkswagen Aktiengesellschaft	Konzern
Umsatz	47.707	88.963
Investitionen	4.600	15.079
Gewinn	505	716

2004

2005

7. JANUAR Der Jetta hat auf der Los Angeles Motorshow Weltpremiere und wird im März auf dem US-Markt und im August in Europa eingeführt. Nachdem der zweiten Jetta Generation in Europa der Vento und der Bora gefolgt waren, kehrt Volkswagen mit der fünften Generation zur weltweiten einheitlichen Bezeichnung des Jetta zurück. Mit der im Werk Puebla in Mexiko gefertigten Stufenhecklimousine vollzieht Volkswagen einen weiteren Globalisierungsschritt. Von seinem Vorgänger unterscheidet sich der Jetta durch sein sportliches Design, das durch den in Chrom gehaltenen V-förmigen Kühlergrill geprägt wird. Der großzügige Innenraum und das Kofferraumvolumen von 527 Litern machen die kompakte Limousine zum idealen Reisefahrzeug. Vier Ottomotoren, davon der leistungsstärkste Direkteinspritzer mit 147 kW/200 PS, und zwei Dieselmotoren stehen zur Wahl. Das Basismodell kostet 19 200 EUR.

3. MÄRZ Die sechste Passat Generation hat seine Publikumspremiere auf dem Genfer Automobil-Salon; in der athletischen Silhouette manifestiert sich ein Designsprung. Die Frontpartie mit dem Chromwappen-Kühlergrill und den augenförmigen Scheinwerfern verleiht der Marke Volkswagen ihr zeittypisches Gesicht. Das neue Fahrwerk, der komfortable Innenraum und der wiederum gewachsene Kofferraum empfehlen den Passat als ideales Langstreckenfahrzeug. Für die Karosserie der Limousine und des Variant werden hochfeste, durch Warmumformung hergestellte Bauteile verwendet, die höchsten Crashanforderungen genügen und ein Maximum an Sicherheit bieten. Die Motorisierungspalette umfasst neben dem Basismotor mit 75 kW/ 102 PS drei Ottomotoren mit homogener Direkteinspritzung. Drei TDI-Motoren von 77 kW/105 PS bis 125 kW/ 170 PS machen den mit einem Dieselpartikelfilter erhältlichen Passat zu einem gleichermaßen dynamischen wie umweltverträglichen Auto – und das zu Preisen ab 22 100 EUR.

1. APRIL Auf der Auto Mobil International in Leipzig wird der Fox in den europäischen Markt eingeführt. Das an den Volkswagen Standorten in Brasilien und Argentinien gebaute Fahrzeug bereichert die Modellpalette um ein funktionales Einstiegsmodell. Nur 3 828 mm lang, bietet der von zwei Ottomotoren mit 40 kW/55 PS oder 55 kW/75 PS oder einem Dieselmotor mit 55 kW/70 PS Leistung angetriebene Kleinwagen Platz für vier. Bei umgeklappter Rücksitzbank hat der Gepäckraum ein Volumen von maximal 1 016 Liter. Mit einem Preis ab 8 950 EUR ist der Fox der günstigste Volkswagen.

FOX PRÄSENTATION

PASSAT

BERND OSTERLOH

FOX

JETTA

2005

6. JULI Bernd Osterloh übernimmt den Vorsitz des Gesamt- und Konzernbetriebsrats der Volkswagen Aktiengesellschaft.

13. SEPTEMBER Der Volkswagen Konzern stellt die seit über 50 Jahren erfolgreiche Kooperation mit der Allianz AG auf eine neue Grundlage. Durch Gründung einer eigenen Rückversicherung, der Volkswagen Reinsurance AG, gewinnt die Volkswagen Financial Services AG stärkeren Einfluss auf die Entwicklung und Preisgestaltung der Versicherungsprodukte, um ihre Dienstleistungen maßgeschneidert auf individuelle Kundenbedürfnisse auszurichten. Mit 1,6 Millionen Versicherungsverträgen und einer breiten Palette von Finanzierungs- und Leasingangeboten ist der Braunschweiger Konzern inzwischen zum größten automobilen Finanzdienstleister Europas aufgestiegen. Knapp die Hälfte der für 2005 ausgewiesenen Bilanzsumme erwirtschaftete der Konzernbereich Finanzdienstleistungen, der mit Gesellschaften in 35 Ländern vertreten ist.

15. SEPTEMBER Im Golf GT debütiert auf der Internationalen Automobil-Ausstellung in Frankfurt am Main der erste direkteinspritzende Benzinmotor mit integriertem Kompressor und Turbolader. Bei Dynamik und Verbrauch setzt die neue Motorengeneration von Volkswagen Maßstäbe. Die 1,4-Liter-Maschine mit einem maximalen Drehmoment von 240 Newtonmeter bringt 125 kW/170 PS Leistung – und verbraucht durchschnittlich 7,2 Liter Kraftstoff auf 100 Kilometer. Der Golf GT ist auch mit dem 125 kW/170 PS starken TDI-Motor erhältlich. Die Preise beginnen bei EUR 22 500.

25. SEPTEMBER Die Dr. Ing. h.c. F. Porsche AG gibt ihre Absicht bekannt, eine Beteiligung von rund 20 Prozent am stimmberechtigten Kapital der Volkswagen Aktiengesellschaft zu erwerben. Zum 31. Dezember 2005 hält das Stuttgarter Unternehmen 18,5 Prozent des stimmberechtigten Kapitals.

GOLF GT TSI

FAHRZEUGPRODUKTION

	Volkswagen Aktiengesellschaft	Konzern
	956.108	5.219.478

PRODUKTION AUSGEWÄHLTER MODELLE

	T5	Passat	Golf	Polo
	177.956	578.141	732.922	352.120

BELEGSCHAFT

	Volkswagen Aktiengesellschaft	Konzern
Arbeiter	75.185	
Angestellte	25.843	
Beschäftigte in den Auslandsgesellschaften		166.213
Gesamt	101.028	344.902

FAHRZEUGABSATZ

	Volkswagen Aktiengesellschaft	Konzern
Inland	719.625	1.019.097
Ausland	1.432.366	4.173.479
Gesamt	2.151.991	5.192.576

FINANZDATEN (IN MIO. EUR)

	Volkswagen Aktiengesellschaft	Konzern
Umsatz	50.245	95.268
Investitionen	7.229	10.466
Gewinn	741	1.120

2005

2006

28. APRIL Der in Kooperation mit der Daimler AG gefertigte Crafter wird in die ersten Märkte eingeführt. Der Nachfolger des LT setzt die 1975 etablierte Baureihe der Light Trucks zeitgemäß fort – mit einem markanten Design, dem bekannten V-förmigen Kühlergrill und verbesserten Standards in Technik, Sicherheit und Wirtschaftlichkeit. Als gute Ergänzung zum Transporter decken die drei Grundmodelle mit 3, 3,5 und 5 Tonnen die höheren Gewichtsklassen ab. Unter den verschiedenen Dachvarianten ragt beim Kastenwagen das neue Superhochdach mit einer Höhe von 2,14 Meter im Laderaum ebenso hervor wie der Crafter unter den leichten Nutzfahrzeugen.

15. MAI Zum Aufbau eines Produktionsstandorts in Russland gründet Volkswagen 160 Kilometer südwestlich von Moskau die OOO Volkswagen RUS mit Sitz in Kaluga. Nach einjähriger Bauzeit erfolgt am 28. November 2007 die Inbetriebnahme der Fabrik, in der teilzerlegte Modelle der Marken Volkswagen und Škoda montiert werden. Für den Vertrieb der Konzernfahrzeuge ist die Volkswagen Group Rus OOO zuständig.

19. MAI Das Cabriolet-Coupé Eos kommt in den Handel. Über dem Viersitzer wölbt sich erstmals in einem Serienfahrzeug eine fünfteilige Dachkonstruktion, in die ein Schiebe- und Ausstelldach integriert ist. Auf Knopfdruck verwandelt sich das Coupé in 25 Sekunden in ein Cabriolet. Alternativ kann das in Glas ausgeführte vordere Segment komplett geöffnet oder hochgestellt werden. Damit bietet der Eos das ganze Jahr über ein hohes Maß an Alltagstauglichkeit. Im portugiesischen Werk Setubal gebaut und benannt nach der aus griechischen Mythologie bekannten Göttin der Morgenröte, wird der Eos mit vier Ottomotoren mit einer Leistung von bis zu 184 kW/250 PS sowie einem 103-kW/140 PS-TDI-Motor angeboten. Das neue Cabrio-Coupé kostet in der Grundversion 25 950 EUR.

3. OKTOBER Die Volkswagen Aktiengesellschaft erwirbt eine strategische Beteiligung von 15,06 Prozent an der MAN AG, einem der weltweit führenden Nutzfahrzeug- und Dieselmotorenhersteller. Damit sichert das Unternehmen seine Interessen in den Bereichen Fertigung und Vertrieb an der angebahnten Kooperation zwischen MAN und der schwedischen Scania AB. 2007 erhöht die Volkswagen Aktiengesellschaft ihre Beteiligung an MAN auf 29,9 Prozent und ihre Beteiligung an Scania auf 37,4 Prozent der Stimmrechte.

1. NOVEMBER Der für die Volkswagen Aktiengesellschaft ausgehandelte Tarifvertrag tritt in Kraft. Er fixiert wesentliche Elemente eines Restrukturierungsprogramms, das Produktivität, Arbeitskosten und Kapazitätsauslastung auf Wettbewerbsniveau bringen soll. Den Kern der Vereinbarung bildet für die sechs inländischen Werke die Abschaffung der 1994 eingeführten Viertagewoche. Die Erhöhung der Regelarbeitszeit auf bis zu 33 Wochenstunden in der Produktion und auf bis zu 34 Wochenstunden in der Verwaltung ist mit einer Festlegung von Fertigungsumfängen verbunden, die die Auslastung und Beschäftigung sichern. Für den Verzicht auf einen Lohnausgleich erhalten die Beschäftigten eine pauschale Einmalzahlung in die betriebliche Altersversorgung. Außerdem führt der Tarifabschluss ein neues System der Erfolgsbeteiligung ein, die in Abhängigkeit vom Unternehmenserfolg gezahlt wird.

EOS

CRAFTER

FAHRZEUGPRODUKTION

	Volkswagen Aktiengesellschaft	Konzern
	953.131	5.659.578

PRODUKTION AUSGEWÄHLTER MODELLE

	T5	Passat	Golf	Polo
	204.151	701.074	693.376	401.551

BELEGSCHAFT

	Volkswagen Aktiengesellschaft	Konzern
Arbeiter	68.986	
Angestellte	25.014	
Beschäftigte in den Auslandsgesellschaften		155.935
Gesamt	94.000	324.875

FAHRZEUGABSATZ

	Volkswagen Aktiengesellschaft	Konzern
Inland	761.033	1.092.774
Ausland	1.507.797	4.627.322
Gesamt	2.268.830	5.720.096

FINANZDATEN (IN MIO. EUR)

	Volkswagen Aktiengesellschaft	Konzern
Umsatz	53.036	104.875
Investitionen	8.738	11.911
Gewinn	945	2.750

2006

2007

1. JANUAR Martin Winterkorn, vom Aufsichtsrat am 17. November 2006 zum Vorstandsvorsitzenden der Volkswagen Aktiengesellschaft ernannt, nimmt formell seine Tätigkeit auf.

6. FEBRUAR Die Gründung der Volkswagen India Private Limited in Pune im indischen Bundesstaat Maharashtra stellt die Weiche zur Errichtung einer Automobilfabrik in einem der wachstumsstärksten Zukunftsmärkte. Vorangegangen ist das am 19. November 2006 abgeschlossene Investitionsabkommen mit der indischen Regierung. Insgesamt 580 Millionen Euro stellt der Volkswagen Konzern bereit, um einen Produktionsstandort mit Presswerk, Karosseriebau, Lackiererei und Montage aufzubauen. Bis zum geplanten Produktionsbeginn nutzt Volkswagen die Fertigungskapazitäten der Marke Škoda, die 2002 eine Fabrik in Aurangabad errichtet hat. Zuständig für den Vertrieb der importierten und lokal gefertigten Konzernfahrzeuge ist die am 7. März 2007 in Mumbai gegründete Volkswagen Group Sales India Private Limited.

8. MÄRZ Der Kompakt-SUV Tiguan ist in Genf auf dem Automobil-Salon zu sehen. Der auf Basis des Golf entwickelte kompakte Geländewagen verfügt dank seines variablen Interieurs über die Eigenschaften eines Allrounders und wartet mit einer Reihe von technischen Innovationen auf, darunter der neue Allradantrieb 4MOTION und das elektromechanische Lenkungssystem, das in Zusammenarbeit mit dem konzerneigenen Komponentenwerk Braunschweig entwickelt worden ist. Angetrieben wird der Tiguan wahlweise von drei TSI-Motoren mit Turbo- oder Kompressoraufladung und zwei Common-Rail-Vierzylindern, die zu einer neuen Generation auffallend leiser TDI-Motoren gehören und die ab 2009 geltende Euro-5-Norm erfüllen. Die Preise des Tiguan beginnen bei 26 700 EUR.

27. APRIL Beim internationalen Wiener Motorensymposium stellt der Volkswagen Konzern das weltweit erste Siebengang-Doppelkupplungsgetriebe vor. Im Vergleich zum klassischen Automatikgetriebe zeichnet es sich durch einen höheren Wirkungsgrad aus und senkt den Verbrauch gegenüber einem Schaltgetriebe um bis zu 15 Prozent.

7-GANG-DOPPELKUPPLUNGSGETRIEBE

MARTIN WINTERKORN

TIGUAN

2007

3. DEZEMBER Mit der Unterzeichnung von vier Betriebsvereinbarungen zum „Volkswagen-Weg" legen Konzernvorstand und Konzernbetriebsrat die Grundzüge der künftigen Unternehmensentwicklung für die Marke Volkswagen fest. Im Kern zielen diese Vereinbarungen auf ein Produktivitätswachstum bei gleichzeitiger Beschäftigungssicherung und Erfolgsbeteiligung sowie auf die Einführung einheitlicher Standards für Teamarbeit. Mit Hilfe der Beschäftigten soll die Arbeits- und Prozessorganisation in allen Unternehmensbereichen kontinuierlich verbessert werden.

AUTOGRAMM EXTRABLATT

TIGUAN WERBUNG

IMMER IM BLICK: DER VOLKSWAGEN-WEG

FAHRZEUGPRODUKTION

	Volkswagen Aktiengesellschaft	Konzern
	1.075.997	6.213.332

PRODUKTION AUSGEWÄHLTER MODELLE

	T5	Passat	Golf	Polo
	210.297	751.764	763.491	449.602

BELEGSCHAFT

	Volkswagen Aktiengesellschaft	Konzern
Arbeiter	65.738	
Angestellte	24.730	
Beschäftigte in den Auslandsgesellschaften		160.568
Gesamt	90.468	329.305

FAHRZEUGABSATZ

	Volkswagen Aktiengesellschaft	Konzern
Inland	721.873	1.030.113
Ausland	1.643.744	5.161.505
Gesamt	2.365.617	6.191.618

FINANZDATEN (IN MIO. EUR)

	Volkswagen Aktiengesellschaft	Konzern
Umsatz	55.218	108.897
Investitionen	7.953	6.566
Gewinn	1.455	4.122

2007

2008

19. JANUAR Im Werk Emden gebaut, wird mit dem Passat CC auf der North American International Auto Show erstmals das neue Premiummodell der Mittelklasse präsentiert. Elegante Limousine und dynamisches Coupé zugleich, wird das Fahrzeug von ebenso sparsamen wie leistungsfreudigen TSI- und TDI-Motoren angetrieben, die eine Leistung zwischen 103 kW/140 PS und 220 kW/300 PS liefern und das Fahrzeug auf eine Spitzengeschwindigkeit von 213 bzw. 250 Stundenkilometern bringen. Der TDI mit 103 kW/140 PS begnügt sich mit durchschnittlich 5,8 Litern Dieselkraftstoff auf 100 Kilometer. Mit dem Passat CC überführt Volkswagen zudem innovative Technologien wie das Spurhaltesystem Lane Assist sowie die adaptive Fahrwerksregelung DCC in die Großserie. Der Passat CC kostet in der Grundausstattung 30 300 EUR.

6. FEBRUAR Auf der Chicago Auto Show wird der Öffentlichkeit der Routan vorgestellt. Der für den US-Markt gedachte stattliche Minivan mit einer Länge von über fünf Metern basiert auf einem Chrysler-Modell und hat Platz für bis zu sieben Sitze. Der Routan wird bis 2013 im kanadischen Chrysler-Werk in Windsor/Ontario gefertigt.

4. MÄRZ Der Scirocco, das markante zweitürige Sportcoupé von Volkswagen, läuft im portugiesischen Volkswagen Werk Setubal vom Band. Mit dem Comeback der Legende schließt Volkswagen eine Angebotslücke. In dritter Generation angeboten, verbindet der dynamische Scirocco Sportlichkeit mit Alltagstauglichkeit. Sein sportliches Design, geprägt durch das lange Coupé-Dach, eine athletische Silhouette und die extrem breitschultrige Heckpartie fällt ins Auge. Für vier Erwachsene genügend Raum vorhaltend, bieten die anfänglich bis zu 147 kW/ 200 PS starken Turbomotoren – allesamt drehmomentstark, sparsam und schadstoffarm – und das angebotene 7-Gang-Doppelkupplungsgetriebe DSG den gewünschten Vortrieb. Die Scirocco Preise beginnen bei 21 750 EUR.

20. APRIL Die Regionalisierung des Modellangebots macht weitere Fortschritte. Die auf dem chinesischen Markt angebotenen New Bora und Lavida haben ihre Weltpremieren auf der Auto China in Beijing. Technisch am Jetta orientiert, wurde der bei der FAW-Volkswagen in Changchun gefertigte New Bora mit einer Länge von 4,54 Metern ebenso auf die automobilen Bedürfnisse der chinesischen Kunden ausgerichtet wie der von Shanghai Volkswagen produzierte Lavida, der drei Motorenlinien zur Auswahl anbietet und mit einem umfassenden Chrompaket punktet.

ROUTAN

| PASSAT CC | SCIROCCO |

| LAVIDA | GOL |

2008

1. JULI In Brasilien geht die neue Generation des Gol an den Start. Die beiden angebotenen Motoren mit 1,0 und 1,6 Liter Hubraum und einer Leistung von 53 kW/72 PS oder 74 kW/100 PS verarbeiten dank ihrer TotalFlex-Technologie sowohl Benzin als auch Ethanol sowie ein Gemisch aus beidem. Der Kompaktwagen, der zuvor schon in mehr als 5,7 Millionen Einheiten produziert wurde, ist seit 21 Jahren das erfolgreichste Auto Südamerikas.

22. JULI Die Volkswagen Aktiengesellschaft erhöht ihre seit dem Jahr 2000 bestehende Beteiligung an der Scania AB auf 68,8 Prozent. Der schwedische Nutzfahrzeughersteller mit fast 33 000 Beschäftigten wird als neunte Marke in den Volkswagen Konzern integriert. Hoch profitabel und innovationsstark, zählt Scania zu den führenden Unternehmen der europäischen Nutzfahrzeugbranche. Bei der Entwicklung verbrauchs- und schadstoffarmer Motoren nimmt die Premiummarke eine Vorreiterrolle ein. Das Produktsortiment umfasst schwere Lastwagen ab 16 Tonnen, Linien- und Reisebusse sowie Schiffs- und Einbaumotoren.

29. SEPTEMBER Auf Island findet die Pressepräsentation der sechsten Golf Generation statt. In nur fünf Jahren hat Volkswagen die Evolution seines Klassikers vorangetrieben und einen perfektionierten Golf hervorgebracht – leiser, sicherer und umweltfreundlicher als je zuvor. Dafür sorgen 120 Dämmelemente, sieben Airbags und eine ebenso effiziente wie leistungsstarke Motorenpalette. Bis zu 28 Prozent weniger Kraftstoff verbrauchen die TSI- und Common-Rail-Dieselmotoren mit einer Leistung von 59 kW/80 PS bis 118 kW/160 PS. Alle erfüllen die Euro-5-Abgasnorm. Die Verarbeitungsqualität und Technik des neuen Golf setzen Standards, die in dieser Fahrzeugklasse ihresgleichen suchen. Dazu zählen die Assistenzsysteme, wie Park Assist oder die adaptive Fahrwerkregelung, mit der die Dämpfung permanent auf die Fahrbahn und Fahrsituation abgestimmt wird. Das Basismodell kostet 16 500 EUR.

15. DEZEMBER Die Volkswagen Aktiengesellschaft trennt sich von ihrer brasilianischen Nutzfahrzeugtochter Volkswagen Caminhões e Ônibus Indústria e Comércio de Veículos Comerciais Ltda.. Am 1. Januar 2009 geht das als Volkswagen Trucks & Buses bekannte Unternehmen in den Besitz der MAN AG über, die über das Vertriebsnetz des größten brasilianischen Lkw-Herstellers Zugang zum lateinamerikanischen Markt erhält und Synergiepotenziale im Produktionsverbund nutzen will. Mit dem Verkauf konzentriert der Volkswagen Konzern sein Engagement im Lkw-Geschäft auf die neue Konzernmarke Scania und die bestehende Beteiligung an MAN. Daneben versorgt die Marke Volkswagen Nutzfahrzeuge den Markt für leichte Nutzfahrzeuge.

GOLF AUF ISLAND

KONZERNMARKE SCANIA   GOLF

FAHRZEUGPRODUKTION

Volkswagen Aktiengesellschaft	Konzern
1.137.145	6.346.515

PRODUKTION AUSGEWÄHLTER MODELLE

T5	Passat	Golf	Polo
213.837	764.321	764.776	408.679

BELEGSCHAFT

Volkswagen Aktiengesellschaft		Konzern
Arbeiter	64.569	
Angestellte	25.794	
Beschäftigte in den Auslandsgesellschaften		195.586
Gesamt	90.363	369.928

FAHRZEUGABSATZ

	Volkswagen Aktiengesellschaft	Konzern
Inland	724.257	1.013.096
Ausland	1.663.757	5.258.628
Gesamt	2.388.014	6.271.724

FINANZDATEN (IN MIO. EUR)

	Volkswagen Aktiengesellschaft	Konzern
Umsatz	56.710	113.808
Investitionen	11.281	11.450
Gewinn	827	4.688

2008

2009

5. JANUAR Die Porsche Automobil Holding SE hält 50,76 Prozent der Stammaktien der Volkswagen Aktiengesellschaft.

18. JANUAR Volkswagen, bekannt für Innovation und Zuverlässigkeit, schreibt bei der Rallye Dakar 2009 in Argentinien und Chile Motorsportgeschichte: Mit dem von einem 206 kW/280 PS starken TDI-Motor angetriebenen Race Touareg platziert sich in der 30-jährigen Dakar-Geschichte erstmals ein Dieselfahrzeug an der Spitze der Automobil-Wertung. Den Erfolg des siegreichen südafrikanisch-deutschen Duos Giniel de Villiers und Dirk von Zitzewitz komplettieren die Volkswagen Teamkollegen Mark Miller und Ralph Pitchford als Zweite zum Doppelsieg.

30. MÄRZ Die fünfte Polo Generation, optisch und technisch vollkommen neu konzipiert, geht im spanischen Volkswagen Werk in Pamplona in die Serienproduktion. Im Hinblick auf Qualität, Wertigkeit, Design, Sicherheit und effiziente Antriebe setzt der Polo Maßstäbe. Die höhere Strukturfestigkeit der Karosserie verbessert die Deformationsstärke bei einem Frontcrash im Bereich des Fußraums um die Hälfte. Anfänglich sind fünf Motoren, darunter erstmals auch TSI und Common-Rail-TDI, mit einem Leistungsspektrum zwischen 44 kW/77 PS und 75 kW/105 PS im Angebot, die den Verbrauch bei den Benzinmotoren um 8 bis 20 und bei den Dieselmotoren um bis zu 15 Prozent senken. Der Polo mit 66-kW-TDI-Motor und dem BlueMotion-Technology-Paket verbraucht sogar nur 3,6 Liter Dieselkraftstoff auf 100 Kilometer und emittiert dabei 96 g CO_2 pro Kilometer. Der Polo, der mit seiner fünften Generationen inzwischen die Marke von 11 Millionen Fahrzeugen übertroffen hat, erfreut sich großer Beliebtheit und sammelt viele Auszeichnungen, darunter die Preise Car of the Year 2010 und World Car of the Year 2010. Die Preise beginnen bei 12 150 EUR.

31. MÄRZ Im indischen Pune eröffnet ein neues Volkswagen Werk mit einer Jahreskapazität von 110 000 Fahrzeugen. Nach einem Investment von 580 Millionen Euro läuft von Mai 2009 an der Kompaktwagen Škoda Fabia vom Band. Ende 2009 folgt der speziell für den indischen Markt entwickelte Volkswagen Polo. Die Produktionsanlage mit der gesamten Fertigungskette – vom Presswerk über den Karosseriebau und die Lackiererei bis hin zur Endmontage – bildet einen wesentlichen Baustein zur Erreichung der Wachstumsziele in Indien.

23. MAI Mit erfrischendem Offensivfußball bringt der VfL Wolfsburg die Meisterschale in die Hauptstadt von Volkswagen. 12 Jahre nach dem Aufstieg in die 1. Fußball-Bundesliga gelingt der Mannschaft ihr bisher größter Erfolg und fährt den verdienten Lohn ihrer Bemühungen ein. Der Autocorso im Eos endet auch im fußballverrückten Wolfsburg am Rathaus, wo sich die stolze Mannschaft bei ihren Fans für die Unterstützung bedankt.

13. AUGUST Die Volkswagen Aktiengesellschaft und die Porsche Automobil Holding SE einigen sich auf eine Grundlagenvereinbarung zur Schaffung eines integrierten Automobilkonzerns mit Porsche unter Führung von Volkswagen. Zunächst beteiligt sich die Volkswagen Aktiengesellschaft an der Dr. Ing. h.c. F. Porsche AG, um in einem zweiten Schritt von den Familiengesellschaften Porsche und Piëch das Vertriebsgeschäft der Porsche Holding Salzburg zu kau-

WERK KALUGA	RALLYE DAKAR
POLO	VOLKSWAGEN PUNE

2009

fen. Teil der Integrationsstrategie ist die Übernahme der von der Porsche Automobil Holding SE gehaltenen Aktienoptionen durch den Staat Qatar, die Ende August 2009 im Wesentlichen abgeschlossen ist. Im Rahmen der bestehenden erfolgreichen Mehrmarkenstrategie des Volkswagen Konzerns soll Porsche seine Eigenständigkeit behalten.

20. OKTOBER Das auf eine Jahresfertigung von 150 000 Fahrzeugen ausgelegte Werk im russischen Kaluga geht auf die Vollproduktion mit eigenem Karosseriebau und eigener Lackiererei sowie Endmontage über. Die rund 3 000 Beschäftigten stellen im Jahr 2010 in Vollproduktion insgesamt 95 079 Fahrzeuge vom Typ Volkswagen Tiguan, Polo Sedan sowie die Škoda Modelle Octavia und Octavia Tour her. Darüber hinaus werden in Kaluga auf SKD-Basis der Volkswagen Passat, Golf und Touareg, der Caddy Life und der Škoda Fabia montiert.

29. OKTOBER Anlässlich der Sitzung des Volkswagen Welt-Konzernbetriebsrats im Werk Zwickau unterzeichnen der Konzernvorstand, der Internationale Metallgewerkschaftsbund und die Arbeitnehmervertretung von Volkswagen die Charta der Arbeitsbeziehungen. Sie legt verbindliche Mindeststandards der Beteiligungsrechte von Arbeitnehmervertretungen auf betrieblicher Ebene in den weltweiten Werken in den Bereichen Personal und Soziales, Arbeitsorganisation, Vergütungssysteme, Information und Kommunikation, Aus- und Weiterbildung bis hin zur Nachhaltigkeit fest. Die verabredeten drei Beteiligungsstufen reichen vom Anspruch auf Unterrichtung durch das Unternehmen über Konsultationsrecht bis hin zur umfassenden Mitbestimmung. Die konkrete Umsetzung regeln die einzelnen Standorte in Vereinbarungen zwischen Werkmanagement und Arbeitnehmervertretern.

23. NOVEMBER Das Werk Pacheco in Argentinien nimmt die Produktion des Amarok auf. Mit dem zunächst als Doppelkabine angebotenen Midsize-Pick-up von 5,25 Metern Länge und einer Ladefläche von 2,52 Quadratmetern schließt Volkswagen eine Modelllücke. Mit Hinterrad- und Allradantrieb und einer Motorleistung von 90 kW/122 PS bzw. 120 kW/163 PS lieferbar, setzt der Wagen mit einem Durchschnittsverbrauch von 7,3 Litern Dieselkraftstoff auf 100 Kilometer im Segment der Pick-ups neue Maßstäbe. Der Amarok mit BlueMotion Technology spart durch Bremsenergie-Rückgewinnung, rollwiderstandsoptimierte Reifen und das Start-Stopp-System bis zu 0,5 l/100 km zusätzlich. Die Preise beginnen bei 28 940 EUR. Die seit 2011 erhältliche Version mit Einzelkabine bietet eine 3,57 Quadratmeter große Ladefläche, die nicht nur Jägern und Reitern vielfältige Nutzungsmöglichkeiten eröffnet. Wegen des Markterfolgs des Amarok – bis Ende 2011 wurden mehr als 76 965 Fahrzeuge gebaut – startet im Werk Hannover Ende Juni 2012 ebenfalls die Serienfertigung. Von hier aus erfolgt nunmehr die Belieferung der Kunden in Europa und Afrika, während das Werk Pacheco schwerpunktmäßig Latein- und Südamerika versorgt.

7. DEZEMBER Auf Basis der geschlossenen Grundlagenvereinbarung beteiligt sich die Volkswagen Aktiengesellschaft für einen Betrag von 3,9 Milliarden Euro indirekt mit 49,9 Prozent der Aktienanteile an der Dr. Ing. h.c. F. Porsche AG.

CHARTA DER ARBEITSBEZIEHUNGEN   AMAROK

FAHRZEUGPRODUKTION

	Volkswagen Aktiengesellschaft	Konzern
	1.038.344	6.054.829

PRODUKTION AUSGEWÄHLTER MODELLE

	T5	Passat	Golf	Polo
	135.058	772.872	792.608	453.824

BELEGSCHAFT

	Volkswagen Aktiengesellschaft	Konzern
Arbeiter	64.241	
Angestellte	27.123	
Beschäftigte in den Auslandsgesellschaften		195.876
Gesamt	91.364	368.500

FAHRZEUGABSATZ

	Volkswagen Aktiengesellschaft	Konzern
Inland	863.635	1.287.903
Ausland	1.189.792	5.021.840
Gesamt	2.053.427	6.309.743

FINANZDATEN (IN MIO. EUR)

	Volkswagen Aktiengesellschaft	Konzern
Umsatz	47.864	105.187
Investitionen	9.189	10.252
Gewinn	1.082	911

2009

2010

26. FEBRUAR Die Marke Volkswagen setzt mit ihrer Image- und Marketingkampagne Think Blue. auf effizientes Autofahren und ökologisch nachhaltiges Handeln. Beginnend mit Printanzeigen, stellen auch die danach geschalteten TV-Spots, Webspecials und e-games die sich jeder und jedem bietenden Einsparpotenziale und das wachsende Umweltbewusstsein in den Vordergrund. Volkswagen bündelt damit seine Aktivitäten in Sachen Nachhaltigkeit in mehr als 30 Märkten, um dem Ziel, ökologisch nachhaltigster Automobilhersteller zu sein, näher zu kommen.

4. MÄRZ Die neue Generation des Sharan hat auf dem Genfer Automobil-Salon seine Weltpremiere. Mit 4,85 Meter Länge, bis zu sieben Sitzen, einem Stauvolumen von bis zu 2 430 Litern, Schiebetüren und bis zu neun Airbags zeigt dieser Großvan von Volkswagen besondere Stärken bei Variabilität, Geräumigkeit, Komfort und Sicherheit. Solide in der Verarbeitung, geizt der Wagen nur beim Kraftstoffverbrauch: Mit dem TDI mit 103 kW/140 PS Leistung verbraucht der Sharan nur 5,5 l/100 km – das ist Weltbestwert in der Van-Klasse. Auch die anderen TDI- und TSI-Motoren mit bis zu 125 kW/170 PS sind um bis zu 21 Prozent sparsamer geworden. Als einzigen Van seiner Klasse gibt es den Sharan auch mit Allradantrieb. Ob als Freizeit-, Familien- oder Reisegefährt – der Sharan bietet für alle Fälle reichlich Platz. Der Einstiegspreis des im portugiesischen Werk Setubal gebauten Sharan liegt bei 28 850 EUR.

10. APRIL Die zweite Generation des im Werk Wolfsburg hergestellten Touran hat auf der Auto Mobil International in Leipzig seine Publikumspremiere. Aus dem Stand zum beliebtesten Van Deutschlands geworden, fand der Touran erster Generation 1,13 Millionen Abnehmer. Die Neukonzeption des Erfolgswagens bringt die bestehenden

TOURAN

Stärken beim Raumangebot und der Variabilität noch besser zur Geltung: Bis zu 1 989 Liter Stauvolumen und bis zu 39 Ablagemöglichkeiten unterstreichen die Wertigkeit des Autos für Familien. Die Optik des Touran folgt der Volkswagen Design-DNA und das Motorenangebot mit Leistungen zwischen 77 kW/105 PS und 125 kW/170 PS dem Downsizing-Prinzip von Volkswagen. Sparmeister ist der 1,6 TDI mit BlueMotion Technology mit 77 kW/105 PS, der mit einem Durchschnittsverbrauch von 4,6 l/100 km einen neuen Bestwert für einen 7-Sitzer-Van setzt. Der Touran ist auch mit einem doppelt aufgeladenen Erdgas(CNG)-Motor erhältlich. Die Spitzenmotorisierung von 125 kW/170 PS ist serienmäßig mit dem 7-Gang-Doppelkupplungsgetriebe (DSG) ausgestattet. Innovativ sind auch die Assistenzsysteme wie die automatische Fernlichtsteuerung oder der neue Park Assist 2.0, der auf Wunsch das nahezu automatische Längs- und Quereinparken übernimmt. Das Einstiegsmodell kostet 22 400 EUR.

SHARAN   VERTRAGSUNTERZEICHNUNG GUANGDONG

14. APRIL Der Volkswagen Aktiengesellschaft gelingt mit einem Nettoerlös von 4,1 Milliarden Euro die bis dahin größte öffentlich platzierte Kapitalerhöhung im Automobilsektor. Die Ausgabe von fast 65 Millionen neuen Vorzugsaktien findet vor allem bei institutionellen Anlegern starkes Interesse. Volkswagen genießt wegen des nachhaltigen Erfolgskurses großes Vertrauen und kann auf solider finanzieller Basis seine Mittelfriststrategie umsetzen, bis 2018 zum ökonomisch und ökologisch führenden Automobilkonzern zu werden.

9. JUNI Volkswagen schließt mit seinem Partner FAW-Volkswagen Verträge über den Bau eines neuen Werks im südchinesischen Foshan, Region Guangdong, das über eine Fertigungskapazität von 300 000 Fahrzeugen verfügt und 2013 seine Fertigung mit rund 4 000 Beschäftigten aufnimmt. Die aus dem Cashflow der FAW-Volkswagen finanzierte Investition von 520 Millionen Euro ist Teil der langfristigen Wachstumsstrategie im weltgrößten Automobilmarkt.

WERBUNG FÜR DIE THINK BLUE. MODELLE

2010

9. AUGUST   Mit der Übernahme von 90,1 Prozent der Turiner Italdesign Giugiaro S.p.A. (IDG) stärkt der Volkswagen Konzern seine Design-Kompetenz. Der 1968 gegründete Design- und Entwicklungsdienstleister IDG hatte unter anderem in den 1970er Jahren mit der Gestaltung der ersten Golf Generation oder des Audi 80 wesentlichen Anteil daran, Volkswagen und Audi ein modernes Erscheinungsbild zu geben. Der 2008 geschlossene Entwicklungsrahmenvertrag sicherte dem Volkswagen Konzern bereits weitgehenden Zugriff auf die Kreativität und Gestaltungskraft der italienischen Designfirma mit einem Umsatz von 100 Millionen Euro und rund 800 Mitarbeitern, die bereits bei der Gestaltung der up!-Modellfamilie mitgewirkt haben.

28. SEPTEMBER   Der Passat geht an den Start: Limousine und Variant setzen auf dem Pariser Autosalon Zeichen bei Qualität und Präzision. Das Design der siebten Generation prägen gerade Linien, klar strukturierte Flächen und dynamische Proportionen. Stilvoll macht sich der Passat auf den Weg, den Erfolg von mehr als 15 Millionen Fahrzeugen fortzusetzen. Seine zehn Motoren mit einer Leistung von 77 kW/105 PS bis 220 kW/300 PS zeichnen sich durch einen um bis zu 19 Prozent reduzierten Verbrauch aus. Der 1,6-Liter-TDI mit 77 kW/105 PS braucht dank BlueMotion Technology nur 4,2 Liter Dieselkraftstoff auf 100 Kilometer. Volkswagen ermöglicht mit CO_2-Emissionen von 114 g/km noch mehr Nachhaltigkeit in der Mittelklasse. Auf Oberklasseniveau liegen dagegen Komfort, Ausstattung und die elektronischen Fahrerassistenzsysteme. Müdigkeitserkennung, Dynamische Fernlichtregulierung, Automatische Distanzregelung und eine automatische City-Notbremsfunktion gehören ebenso zum Ausstattungsprogramm wie Bi-Xenon-Scheinwerfer mit Tagfahrlicht und ein elektrisches Panorama-Schiebe-/Ausstelldach. Dem Langstreckenkomfort dienen die auf bis zu 1 628 Kilometer gesteigerte Reichweite und die verbesserte Geräuschdämmung, die den Innenraum flüsterleise macht. Der Passat bildet weiterhin in puncto Größe den Maßstab seiner Klasse, der Variant ist durch sein intelligentes Laderaumsystem noch variabler. Die Preise des Passat beginnen bei 24 425 EUR.

30. SEPTEMBER   Im Werk Poznań beginnt die Fertigung des neuen Volkswagen Caddy und des Caddy Maxi. Arbeitstäglich werden am Standort Poznań 650 Stadtlieferwagen gefertigt. Die vierte Caddy Generation, die über ein wesentlich umfangreicheres Ausstattungsprogramm und ein neues Frontdesign verfügt, bietet sechs neue TDI- und TSI-Motoren, die bis zu 21 Prozent weniger Kraftstoff verbrauchen. Der Einstiegspreis liegt bei 16 963,95 EUR. Wegen der hohen Funktionalität und der niedrigen Unterhaltskosten hat der Caddy aus Polen schon 850 000 Erstbesitzer.

21. DEZEMBER   Mit der Vereinbarung mit dem Partnerunternehmen DRB-HICOM zur lokalen Fahrzeugmontage in Malaysia baut Volkswagen seine Aktivitäten im ASEAN-Raum aus. Angesichts der jährlich rund 570 000 Neuwagenverkäufe kommt einer verstärkten Präsenz im malaysischen Zukunftsmarkt eine wichtige Rolle im Rahmen der langfristigen Wachstumsstrategie zu.

PASSAT

CADDY

FAHRZEUGPRODUKTION

	Volkswagen Aktiengesellschaft	Konzern
	1.100.186	7.357.505

PRODUKTION AUSGEWÄHLTER MODELLE

T5	Passat	Golf	Polo
168.019	994.956	828.910	635.556

BELEGSCHAFT

	Volkswagen Aktiengesellschaft	Konzern
Arbeiter	66.672	
Angestellte	28.115	
Beschäftigte in den Auslandsgesellschaften		218.053
Gesamt	94.787	399.381

FAHRZEUGABSATZ

	Volkswagen Aktiengesellschaft	Konzern
Inland	711.690	1.059.055
Ausland	1.597.958	6.219.385
Gesamt	2.309.648	7.278.440

FINANZDATEN (IN MIO. EUR)

	Volkswagen Aktiengesellschaft	Konzern
Umsatz	57.243	126.875
Investitionen	12.091	9.095
Gewinn	1.550	7.226

2010

2011

26. JANUAR Mit der Weltpremiere des Prototyps XL1 auf der Qatar Motor Show unterstreicht Volkswagen seinen Führungsanspruch bei der Entwicklung nachhaltiger Mobilität. Der seriennahe Hightech-Leichtbau-Zweisitzer mit einem Plug-in-Hybridantrieb, bestehend aus einem Zweizylinder-TDI-Motor mit 35 kW/48 PS, einem E-Motor mit 20 kW/27 PS, einem 7-Gang-Doppelkupplungsgetriebe und einer Lithium-Ionen-Batterie, kommt mit 0,9 l Kraftstoff auf 100 Kilometer aus. Die ersten Kundenauslieferungen erfolgen 2013.

28. JANUAR Volkswagen legt in Silao im mexikanischen Bundesstaat Guanajuato den Grundstein für ein neues Motorenwerk, das ab 2013 die nordamerikanischen Standorte mit bis zu 330 000 Motoren beliefert. Mit einem Investitionsvolumen von umgerechnet 400 Millionen Euro für die Entwicklung des neuen Aggregats und die Errichtung des Standorts entstehen mehr als 700 neue Arbeitsplätze.

31. JANUAR Die Volkswagen Aktiengesellschaft fasst die Bereiche Governance, Risk und Compliance unter dem neu etablierten Chief Compliance Officer zusammen, der direkt an den Vorstandsvorsitzenden berichtet.

1. MÄRZ Die Volkswagen Aktiengesellschaft übernimmt in Umsetzung der 2009 mit Porsche geschlossenen Grundlagenvereinbarung die Porsche Holding Salzburg, die im Vorjahr mit 20 900 Beschäftigten 565 000 Neu- und Gebrauchtwagen in Österreich, West- und Südosteuropa und in China verkauft und einen Umsatz von mehr als 12 Milliarden Euro erzielt hat. Hohe Effizienz und außergewöhnliche Ertragskraft bilden die besonderen Stärken des weiterhin als eigenständige Einheit agierenden Automobilhandelsunternehmens, das die Vertriebsleistung des Konzerns weiter stärkt.

17. MÄRZ Bei der Volkswagen Osnabrück GmbH startet die Produktion des neuen Golf Cabriolet, der auf dem Genfer Automobil-Salon vorgestellt worden war. Der Viersitzer mit einem serienmäßig elektrohydraulisch bewegten Stoffdach ist in nur 9,5 Sekunden sonnenoffen. Wie der Golf setzt auch das Cabriolet Maßstäbe bei Qualität und Wertigkeit. Der automatisch ausfahrende Überschlagschutz, Front- und seitliche Kopf-/Thoraxairbags, ein Knieairbag auf der Fahrerseite und ESP geben ein Höchstmaß an Sicherheit. Die Leistungspalette der sechs Turbo-Direkteinspritz-Motoren reicht von 77 kW/105 PS bis 155 kW/210 PS. Ab Juni 2012 auch als Golf GTI Cabriolet erhältlich, haben Freiluftfans fürs Cruisen allemal genug Leistung. BlueMotion Technology drückt den Verbrauch beim Golf Cabriolet 1,6 TDI auf 4,4 l/100 km. Die Preise für das offene Golf Vergnügen beginnen bei 23 625 EUR. Das Werk Osnabrück mit einer Gesamtfläche von 426 000 Quadratmetern verfügt über eine Fertigungskapazität von 100 000 Fahrzeugen im Jahr und ist ausgerichtet auf Produkte im Kleinserienbereich wie Cabriolets und Roadster.

24. MAI Nach rund zweijähriger Bauzeit eröffnet in den USA das neue Volkswagen Werk Chattanooga/Tennessee mit einer Jahreskapazität von 150 000 Fahrzeugen. 2 000 Mitarbeiter fertigen dort den für den amerikanischen Markt konzipierten Passat, der bei einer Gesamtlänge von 4,86 Metern zu einem Basispreis von unter 20 000 $ angeboten wird. Werk und Mittelklasselimousine Made by Volkswagen in Chattanooga kommen bei der geplanten Absatzsteigerung in den USA eine Schlüsselstellung zu. Der Passat aus Chattanooga erhält am 17. November 2011 die Auszeichnung Best Car of the Year. Dank der sehr guten Aufnahme der Konzernmodelle weist die Absatzentwicklung in den USA 2011 mit einer Steigerung um 23 Prozent

PROTOTYP XL1   GRUNDSTEINLEGUNG WERK SILAO

GOLF CABRIOLET AUS OSNABRÜCK   WERK CHATTANOOGA

2011

auf 444 331 Fahrzeuge gegenüber dem Vorjahr steil nach oben.

28. JUNI Im chinesischen Schlüsselmarkt, auf dem 2011 immerhin jedes vierte Konzernfahrzeug verkauft wird, stehen die Signale weiterhin auf Wachstum. Die chinesische Regierung genehmigt den Bau zweier Automobilfabriken mit einer Jahreskapazität von jeweils 300 000 Fahrzeugen, die Volkswagen mit seinem Joint-Venture-Partner Shanghai Volkswagen im ostchinesischen Yizheng und mit der FAW-Volkswagen im südchinesischen Foshan errichtet und 2013 in Betrieb nimmt. In Dalian in Nordostchina startet am 29. August 2011 die erste Anlage zur Aufbereitung von Aggregaten, nachdem dort am 11. Mai 2010 die Produktion des Doppelkupplungsgetriebes (DSG) begonnen hatte, um Volkswagen auch in China zum ökologisch führenden Automobilhersteller zu machen.

15. JULI Im mexikanischen Werk Puebla beginnt die Produktion des Beetle, der das emotionale Erbe des Käfer ins 21. Jahrhundert überträgt. The 21st Century Beetle – die dritte Generation der Volkswagen Ikone – reicht noch näher an das Original heran. Frech, dynamisch und maskulin, steht der Wagen mit seiner charakteristischen Silhouette breiter, flacher und völlig neu proportioniert auf der Straße. Der Beetle zeigt alle für den Klassiker typischen Stilelemente und die charakteristische Volkswagen Design-DNA. Fünf Ottomotoren mit einer Leistung von 77 kW/105 PS bis 147 kW/200 PS sowie zwei Dieselmotoren mit 77 kW/105 PS und 103 kW/140 PS bringen den kraftvollen Rundling auf bis zu 220 Stundenkilometer. In seiner verbrauchsärmsten Motorisierung begnügt sich der Beetle des 21. Jahrhunderts – ein voll alltagstauglicher Wagen – mit 4,3 Litern Dieselkraftstoff auf 100 Kilometer. Der Einstiegspreis beträgt 16 950 EUR.

15. SEPTEMBER Die Weltpremiere des up! setzt auf der Internationalen Automobil-Ausstellung in Frankfurt am Main Impulse im Kleinwagensegment. Der im Werk Bratislava hergestellte up! bietet bei einer Länge von 3,54 Metern maximalen Raum. Der neuartige Cityspezialist ist serienmäßig mit ESP und wunschweise mit einer City-Notbremsfunktion ausgestattet. Zwei Benzin-Motoren mit 44 kW/60 PS und 55 kW/75 PS und ein Erdgasmotor mit 50 kW/68 PS stehen zur Verfügung. Der Verbrauch des 44-kW-Motors mit BlueMotion Technology liegt bei 4,2 l/100 km. In drei Ausstattungsversionen erhältlich, bilden der Einstiegspreis von 9 850 EUR und die AutoCredit[2]-Finanzierung weitere Pluspunkte. Ausgezeichnet mit dem Goldenen Lenkrad 2011 und der Trophäe World Car of the Year 2012, belegt der up! seit dem Marktstart im Dezember 2011 in Deutschland in der Zulassungsstatistik den Platz 1 seiner Klasse. Im Mai 2012 kommt der up! zusätzlich als Viertürer zu den Händlern. Volkswagen eröffnet damit auch bei den Kleinsten seine Modelloffensive, die zukünftig zahlreiche Varianten der New Small Family bietet.

9. NOVEMBER Die Volkswagen Aktiengesellschaft hält 55,90 Prozent der Stimmrechte und 53,71 Prozent des Grundkapitals und damit die Mehrheit an der MAN SE. Damit kommt das Unternehmen seinem Ziel, einen Nutzfahrzeugkonzern aus MAN, Scania und Volkswagen Nutzfahrzeugen zu schaffen, einen großen Schritt näher.

KONZERNMARKE MAN

UP!   BEETLE

FAHRZEUGPRODUKTION

	Volkswagen Aktiengesellschaft	Konzern
	1.215.058	8.494.280

PRODUKTION AUSGEWÄHLTER MODELLE

	T5	Passat	Golf	Polo
	190.369	1.148.625	913.693	809.549

BELEGSCHAFT

	Volkswagen Aktiengesellschaft	Konzern
Arbeiter	67.088	
Angestellte	30.603	
Beschäftigte in den Auslandsgesellschaften		277.105
Gesamt	97.691	501.956

FAHRZEUGABSATZ

	Volkswagen Aktiengesellschaft	Konzern
Inland	802.190	1.211.098
Ausland	1.859.137	7.150.196
Gesamt	2.661.327	8.361.294

FINANZDATEN (IN MIO. EUR)

	Volkswagen Aktiengesellschaft	Konzern
Umsatz	67.178	159.337
Investitionen	12.049	15.998
Gewinn	3.418	15.799

2011

2012

6. JANUAR Die Volkswagen Group China und die chinesischen Partner der Shanghai Volkswagen Automotive Co., Ltd. unterzeichnen einen Vertrag über die Errichtung eines neuen Werks im südchinesischen Ningbo mit einer jährlichen Produktionskapazität von 300 000 Fahrzeugen. Das Werk mit Presswerk, Karosseriebau, Lackiererei und Endmontage trägt ab 2014 dazu bei, die Produktionskapazitäten von Volkswagen auf drei Millionen Fahrzeuge zu erhöhen, um die weiter steigende Nachfrage zu bedienen.

11. MÄRZ Zur Erweiterung der Aktivitäten in der Region ASEAN startet die Volkswagen Group Malaysia im Werk Pekan des Partnerunternehmens DRB-HICOM die Fahrzeugproduktion mit der SKD-Fertigung des Passat. Zugleich wird der Grundstein für eine neue Produktionshalle gelegt, um dort Volkswagen Jetta und Polo auf CKD-Basis zu fertigen.

9. APRIL Mit der Produktion des Audi A3 beginnt im Volkswagen Konzern das Zeitalter des Modularen Querbaukastens (MQB). Alle Konzernfahrzeuge der Segmente A0 bis B mit vorn quer eingebauten Motoren bedienen sich in Zukunft einer flexiblen Fahrzeugarchitektur, wobei einheitliche Systematiken etwa der Abstand der Pedalerie zur Radmitte mit abgestimmten variablen Abmessungen kombiniert werden. Dies eröffnet die Möglichkeit, Volumen- und Nischenmodelle von höchster Qualität und angepasst an die Erfordernisse unterschiedlichster Märkte zu wettbewerbsfähigen Kosten herzustellen. Fahrzeuge mit unterschiedlichen Radständen und Spurbreiten können auf der gleichen Fertigungslinie gebaut werden, sodass die gemeinsame Produktion von Modellen verschiedener Marken erfolgen kann. Der MQB ergänzt den von Audi verantworteten Modularen Längsbaukasten (MLB) und den Modularen

NEW LAVIDA

Standardantriebsbaukasten (MSB) von Porsche sowie die kompakteste Fahrzeugbaureihe New Small Family.

23. APRIL Der bei Shanghai Volkswagen gefertigte New Lavida, eine Stufenhecklimousine des A-Segments, debütiert auf der Auto China. Mit drei Motorvarianten und vier Ausstattungslinien zeichnet sich der konsequent auf die Bedürfnisse chinesischer Kunden zugeschnittene Wagen durch fortschrittlichste Technologie, zeitloses Design, gutes Platzangebot, hohe Fertigungsqualität und ein exzellentes Preis-Leistungsverhältnis aus.

6. JUNI Die Volkswagen Aktiengesellschaft erhöht ihren Stimmrechtsanteil an der MAN SE auf 75,03 Prozent und setzt damit ihren Weg zu einem integrierten Nutzfahrzeugkonzern konsequent fort. MAN wird neben Scania und Volkswagen Nutzfahrzeuge zur Konzernmarke, die dem gemeinsamen Vorstandsbereich Nutzfahrzeuge zugeordnet ist.

GOLF KONZERNMARKEN DUCATI UND PORSCHE

19. JULI Durch den Erwerb von 100 Prozent der Anteile an der im italienischen Bologna beheimateten Ducati Motor Holding S.p.A. durch die vollständig im Besitz der AUDI AG befindlichen Automobili Lamborghini S.p.A. tritt die weltweit für seine Sportlichkeit bekannte Motorradmarke unter das Konzerndach von Volkswagen.

26. JULI Shanghai Volkswagen eröffnet im ostchinesischen Yizheng sein neues Werk, das auf eine jährliche Fertigungskapazität von 300 000 Fahrzeugen ausgelegt ist und 3 700 Mitarbeiter beschäftigt. Die Fabrik gehört zu den umweltfreundlichsten Werken, da die Lackiererei nach höchsten ökologischen Standards arbeitet und zur Beheizung oder Kühlung der Fabrikhallen geothermische Energie genutzt wird. Außerdem sorgen Solaranlagen für eine ressourceneffiziente Energieversorgung, etwa der Flurförderfahrzeuge.

1. AUGUST Durch die Einbringung des operativen Holdingbetriebs der Porsche SE und damit insbesondere der indirekt gehaltenen 50,1-prozentigen Beteiligung an der Dr. Ing. h.c. F. Porsche AG in die Volkswagen Aktiengesellschaft entsteht der integrierte Automobilkonzern von Volkswagen und Porsche. Volkswagen hält damit über eine Zwischenholding 100 Prozent der Anteile an der Porsche AG, die als eigenständige Marke des Konzerns geführt wird.

28. AUGUST In Moskau werden die Verträge über den Bau eines Motorenwerks am russischen Standort Kaluga unterzeichnet. Bis 2015 entsteht für eine Investitionssumme von rund 250 Millionen Euro eine Fabrik mit einer Jahreskapazität von 150 000 Aggregaten der Motorengeneration EA 211. Die Grundsteinlegung erfolgt am 11. Dezember 2012.

31. AUGUST Im chinesischen Tianjin wird der Grundstein für ein Getriebewerk mit einer Jahreskapazität von 450 000 Einheiten gelegt, das das Produktionsnetzwerk in China erweitert. Ende 2014 soll die Fabrik, die Investitionen von 230 Millionen Euro erforderlich macht und 1 500 neue Arbeitsplätze schafft, den Betrieb aufnehmen.

1. SEPTEMBER Im Rahmen seiner Strategie 2018 nimmt Volkswagen eine umfassende strukturelle und personelle Neuaufstellung vor. Der Konzernvorstand wird angesichts der wirtschaftlichen Bedeutung des dortigen Absatzmarktes um das Ressort China erweitert, das Prof. Dr. Jochem Heizmann, zuvor Konzernvorstand für Nutzfahrzeuge, übernimmt. Um das ausgeweitete Nutzfahrzeug-Geschäft auszugestalten, tritt Leif Östling, bis zum 31. August 2012 Vorstandsvorsitzender von Scania, in den Konzernvorstand ein, um mit seinem Ressort Nutzfahrzeuge für die Marken MAN, Scania und Volkswagen Nutzfahrzeuge Synergien zu heben und Wachstumspotenziale zu nutzen.

4. SEPTEMBER Der Golf siebter Generation hat in Berlin Weltpremiere. Der Klassenprimus der Kompaktwagen besticht durch die Reduzierung von Gewicht, Verbrauch und Emissionen bei gleichzeitiger Perfektionierung von Komfort und Sicherheit. Die NCAP (European New Car Assessment Programme) vergibt nach Crashtests die Bestnote von fünf Sternen. Der neue Golf basiert konzeptionell auf dem Modularen Querbaukasten. Vom Start weg entwickelt sich der mit zahlreichen Assistenzsystemen und modernster Motorentechnik etwa Start-Stopp-System und Rekuperationsmodus ausgestattete Volkswagen auch dank seines souveränen Designs zum Publikumsliebling. Die Preise starten bei 16 975 EUR. Die Markteinführung in Deutschland erfolgt am 7. November.

30. OKTOBER Der von Shanghai Volkswagen produzierte neue Santana erlebt sein Weltdebüt in Wolfsburg, wo die erste Fahrzeuggeneration vor 31 Jahren gestartet war, bevor das Modell in China nach 1982 mit fast vier Millionen Exemplaren seinen Erfolgslauf nahm. Mit seinem klaren und präzisen Design, einem intelligenten Raumkonzept mit viel Kniefreiheit im Fond und einem großen Laderaumvolumen strebt die mit Sicherheit, Komfort und hochwertigem Erscheinungsbild punktende Stufenhecklimousine auf dem chinesischen Markt seine angestammte Spitzenposition an.

28. NOVEMBER Die Los Angeles Auto Show gibt dem neuen Beetle Cabriolet eine geeignete Bühne, um das Publikum von der Kraft einer Ikone zu überzeugen. Größer, stärker, souveräner und sparsamer als seine Vorgänger setzt das in nur 9,5 Sekunden zu öffnende Cabriolet mit seinen bis zu 147 kW/200 PS starken Motoren voll auf Sportlichkeit und Style. Das Basismodell kostet 21 350 EUR.

30. NOVEMBER Konzernvorstand und Arbeitnehmervertretung der Volkswagen Aktiengesellschaft sowie die internationale Gewerkschaftsföderation IndustriAll Global Union unterzeichnen in München die Charta der Zeitarbeit im Volkswagen Konzern, die Grundsätze der Zeitarbeit festlegt und angemessene Beschäftigungs- und Entlohnungsbedingungen vorgibt. Zeitarbeit soll nur als maßvoll eingesetztes Flexibilitätsinstrument zum Ausgleich konjunktureller Schwankungen und zur Bewältigung besonderer Aufgaben dienen. Zeitarbeit eröffnet aber zugleich einen eigenen Zugangsweg zu Normalarbeitsverhältnissen bei Volkswagen. Zeitarbeitskräften sollen Qualifikationsangebote gemacht werden, um eine Abkopplung dieser Beschäftigtengruppe von der Stammbelegschaft zu vermeiden.

6. DEZEMBER Zur Umsetzung der im Juni 2011 getroffenen Übereinkunft zur Lohnfertigung beim russischen Automobilhersteller GAZ in Nizhny Novgorod startet dort die CKD-Fertigung des Škoda Yeti, der dort von Ende 2011 an bereits auf SKD-Basis für den russischen Markt hergestellt wurde. Außerdem werden dort der Volkswagen Jetta und der Škoda Octavia gebaut, um die Wachstumschancen des russischen Marktes im Rahmen der Strategie 2018 zu nutzen.

BEETLE CABRIOLET   SANTANA

FAHRZEUGPRODUKTION

	Volkswagen Aktiengesellschaft	Konzern
	1.148.774	9.255.384

PRODUKTION AUSGEWÄHLTER MODELLE

	T5	Passat	Golf	Polo
	183.577	1.309.618	825.591	711.519

BELEGSCHAFT

	Volkswagen Aktiengesellschaft	Konzern
Arbeiter	68.064	
Angestellte	33.730	
Beschäftigte in den Auslandsgesellschaften		300.293
Gesamt	101.794	549.763

FAHRZEUGABSATZ

	Volkswagen Aktiengesellschaft	Konzern
Inland	772.796	1.207.184
Ausland	1.807.470	8.137.375
Gesamt	2.580.266	9.344.559

FINANZDATEN (IN MIO. EUR)

	Volkswagen Aktiengesellschaft	Konzern
Umsatz	68.361	192.676
Investitionen	12.152	16.455
Gewinn	6.380	21.884

2012

Die Marken

Audi

Ein Mehrmarkenkonzern spielte in den Überlegungen der Wolfsburger Unternehmensleitung noch keine Rolle, als sie 1964 Verhandlungen zur Übernahme der Auto Union GmbH führte. Die Interessen an der Daimler-Benz-Tochter waren anders gelagert: Weil sich die Pkw-Produktion im Werk Wolfsburg der Auslastungsgrenze näherte, zählten für Volkswagen vor allem die Fabrik in Ingolstadt mit einer Jahreskapazität von 100 000 Fahrzeugen und einer qualifizierten Belegschaft sowie die rund 1 200 Händler und Werkstätten umfassende Verkaufs- und Kundendienstorganisation. Dass der Kapazitätszuwachs mit der Ausschaltung eines Konkurrenten einherging, bildete ein zusätzliches Kaufargument. Zum Übernahmepaket gehörte die Lizenz für den fast serienreifen Mitteldruckmotor, den Daimler-Benz zur Umstellung der in Ingolstadt gebauten Typenpalette von Zwei- auf Viertaktmodelle entwickelt hatte. Der 1,7-Liter-Motor galt als technologische Innovation, von der sich Volkswagen einen Wettbewerbsvorsprung versprach. Ein für den Vorstand verfasstes Papier hob zudem die Option hervor, ein auf dem F 102 basierendes Fahrzeug unter der Marke Audi als „europäische" Alternative zu den in der Mittelklasse stark vertretenen US-amerikanischen Modellen zu positionieren.

Durch den Vorstoß von Ford und Opel in die gehobene Mittelklasse einem schärfer werdenden Wettbewerb ausgesetzt, konzentrierte Daimler-Benz die finanziellen Ressourcen auf die Verteidigung seiner Marktposition. Mit dem Verkauf der Auto Union, die 1964 ein beträchtliches Minus verbuchte, erweiterte das Unternehmen seinen Investitionsspielraum um rund 310 Millionen DM und vermied zugleich künftige Verluste. Dieser Schritt fiel umso leichter, als zwischen Stuttgarter Mutter und Ingolstädter Tochter grundsätzliche Differenzen über die Zweitakt-Bauweise herrschten.

Zum 1. Januar 1965 übernahm die Volkswagenwerk AG zunächst 50,3 Prozent des Gesellschaftskapitals und damit die industrielle Führung der Auto Union, die 1966 vollständig in den Besitz des Wolfsburger Automobilherstellers wechselte. Entsprach die zwischen Volkswagen und Daimler-Benz vorgenommene Marktaufteilung den strategischen Prioritäten beider Unternehmen, so scheiterten die übergreifenden Kooperationspläne an den letztlich doch unterschiedlichen Interessenlagen. Dafür sollte die neue Marke mit den vier Ringen das Profil des jungen Volkswagen Konzerns tief verändern.

WERK INGOLSTADT

DIE VIER MARKEN DER AUTO UNION

DKW-MOTORRAD

Die am 3. September 1949 in Ingolstadt gegründete Auto Union GmbH war ein junges Unternehmen, das eine ins 19. Jahrhundert zurückreichende Automobilbautradition aufgriff. Am 14. November 1899 rief August Horch in Köln die Firma A. Horch & Cie ins Leben, die 1904 in eine Aktiengesellschaft umgewandelt und nach Zwickau verlegt wurde. Wegen eines Streits mit dem Aufsichtsrat verließ der renommierte Konstrukteur das Unternehmen und gründete 1909 eine neue Firma, die August Horch Automobilwerke GmbH. 1910 in Audi Automobilwerke GmbH umbenannt, verließ im gleichen Jahr der erste Audi die Zwickauer Fabrik. Der kleine Betrieb wuchs in der Weimarer Republik zu einer Marke mit internationaler Reputation heran. Die Weltwirtschaftskrise vereinte die finanziell geschwächten Unternehmen Horch und Audi sowie zwei weitere sächsische Automobilbauer in der Chemnitzer Auto Union AG, die mit den vier ineinander verschlungenen Ringen den Gründungsgedanken symbolisierte. Unter dem Dach dieses Automobilkonzerns schlossen sich am 29. Juni 1932 der DKW-Hersteller Zschopauer Motorenwerke J. S. Rasmussen AG, die Horchwerke AG und die Audi Werke AG zusammen. Als vierte Marke kam die Automobilabteilung der Wanderer-Werke AG hinzu, die über einen Kauf- und Pachtvertrag integriert wurde. Als zweitgrößter deutscher Automobilhersteller mit unterschiedlichen Modellpaletten deckte die Auto Union in den 1930er Jahren fast das gesamte Marktspektrum ab: DKW platzierte sich in der unteren Mittelklasse und stieg 1937 mit einer Jahresproduktion von fast 60 000 Zweirädern wieder zur weltgrößten Motorradfabrik auf.

ENDMONTAGE IM WERK DÜSSELDORF

PRÄSENTATION DES NEUEN AUDI

Audi bediente ebenso wie Wanderer die gehobene Mittelklasse und schrieb unter dem Signet der Auto Union Rennsportgeschichte; Horch eroberte seine führende Stellung im Luxussegment zurück. Die Zentralisierung der Forschungs- und Entwicklungstätigkeit in den Jahren 1936/37 bündelte nicht nur die in zahlreichen Patenten fixierte Innovationskompetenz. Sie zielte vielmehr auf Kosten senkende Rationalisierungseffekte in der Fertigung. Durch die forcierten Bemühungen um eine Standardisierung der Karosserieformen, Fahrgestelle, Motoren und Getriebe entstand aus dem Nebeneinander unterschiedlicher Typenprogramme ein charakteristisches Auto-Union-Profil. Im letzten Vorkriegsjahr fertigte der Konzern mit rund 23 000 Beschäftigten mehr als 67 000 Automobile und 59 000 Motorräder. Bereits zu diesem Zeitpunkt war die Auto Union einer der bedeutendsten Lieferanten für Wehrmacht und Behörden und gliederte sich nach Kriegsbeginn ebenso wie andere Automobilunternehmen in die nationalsozialistische Rüstungswirtschaft und das NS-Zwangsarbeitssystem ein.

Nach der Kapitulation des Deutschen Reiches fielen die in der Sowjetischen Besatzungszone gelegenen Fabriken der Auto Union der Demontage anheim, bevor die Sowjetische Militäradministration 1948 die Enteignung des Unternehmens verfügte. Die Keimzelle für den Neubeginn in Westdeutschland bildete ein 1945 nach Ingolstadt verlegtes Ersatzteillager, das unter der im Dezember 1945 gegründeten Firma Zentraldepot für Auto Union Ersatzteile Ingolstadt GmbH rasch expandierte. Zur Frühjahrsmesse in Hannover liefen hier 1949 die ersten Schnelltransporter vom Band. Am 3. September 1949 wurde die Auto Union GmbH von ehemaligen Spitzenmanagern der vormaligen Auto Union AG gegründet.

PIONIER MIT WANKELMOTOR: DER RO 80

DAS VORBILD FÜR DEN POLO: DER AUDI 50

Die Marke DKW, die sich mit dem 1931 eingeführten F1 als Pionier des Frontantriebs profiliert hatte, bestimmte bis 1965 die Produkttechnik und Modellpalette des Unternehmens. Mit dem F 89 P, der „Meisterklasse", lief 1950 im neuen Werk Düsseldorf die Pkw-Fertigung an, und das bis 1954 komplettierte Zweiradprogramm brachte die Motorisierung in Westdeutschland voran. Die Renaissance des Zweitakters nach dem Krieg bescherte dem Ingolstädter Hersteller eine wachsende Nachfrage. Insoweit war die Auto Union eine gute Partie, als Daimler-Benz mit Übernahme des Unternehmens im April 1958 seine Produktpalette nach unten ergänzte. Anfang der 1960er Jahre zeigte sich jedoch immer deutlicher, dass mit den relativ teuren Zweitaktwagen kaum neue Käuferschichten erschlossen werden konnten. Der Absatz des F 102, der im Frühjahr 1964 in Serie ging, blieb weit hinter den Erwartungen zurück. Durch das beharrliche Festhalten an der traditionellen Bauweise hatte sich die Auto Union am Markt isoliert.

Unter dem Dach des Volkswagen Konzerns vollzog die neue Tochter den schwierigen Umstieg von Zwei- auf Viertaktmotoren. Die dadurch entstehende Kapazitätslücke schloss der ab Mai 1965 auch in Ingolstadt gefertigte Käfer. Auf der Internationalen Automobil-Ausstellung im September 1965 präsentierte die Auto Union ihren ersten Viertakter. Das aus dem F 102 entwickelte und von einem Mitteldruckmotor angetriebene Modell trat unter der Bezeichnung Audi an und leitete die Wiedergeburt der Marke ein. Audi Variant, Audi 60 und Audi Super 90 ergänzten 1966 die Modellpalette, die der Auto Union nach den Verlusten des Vorjahres wieder zu positiven Ergebnissen verhalf und die schrumpfende Vertriebsorganisation stabilisierte. Doch erst der erfolgreiche Vorstoß in die obere Mittelklasse mit dem 1968 anlaufenden Audi 100 sicherte dem Unternehmen den Rang einer eigenständigen Marke. Das 1969 aufgelegte Investitionsprogramm zur Erweiterung der Fertigungskapazitäten und zum Aufbau einer eigenen Technischen Entwicklung in Ingolstadt untermauerte den errungenen Status.

Die rückwirkend zum 1. Januar 1969 vollzogene Fusion mit der NSU Motorenwerke AG zur Audi NSU Auto Union AG mit Sitz in Neckarsulm gliederte eine weitere Marke in den Wolfsburger Konzern ein. Für Volkswagen ging es dabei eher um die Technologiekompetenz des Herstellers und um das die Audi Modellpalette ergänzende NSU-Kleinwagensortiment als um den Wankelmotor selbst, den die Wolfsburger Führungsetage für nicht zukunftsfähig hielt. Tatsächlich war der von NSU ab 1967 gebaute Ro 80 in technischer und stilistischer Hinsicht seiner Zeit voraus. Doch der Kreiskolbenmotor und die aerodynamische Karosserie machten das avantgardistische, von Claus Luthe entworfene Modell zu einem Solitär im automobilen Mainstream.

GARANTIERT ROSTFREI – VOLLVERZINKTE KAROSSERIE DES AUDI 80

Mit der Produktionseinstellung des Ro 80 im März 1977 wurde die Marke NSU Geschichte. In kommerzieller Hinsicht hatte sie die Erwartungen des Wolfsburger Konzerns wohl nicht erfüllt. Dafür profitierte Volkswagen von den Synergien des Markenverbunds, der sich als Geburtshelfer der neuen Volkswagen Generation betätigte und dem Baukastenprinzip zum Durchbruch verhalf. Der erste Volkswagen mit Frontantrieb und Wasserkühlung, der 1970 in Serie gegangene K 70, stammte aus dem Hause NSU. Aus dem neuen Audi 80 ging der mit Fließheck versehene Passat, aus dem Audi 50 der baugleiche Polo hervor. Darüber hinaus glich der Erfolg der erlösstärkeren Audi Modelle teilweise die Absatzverluste und schrumpfenden Erträge aus, die das Ende der Käfer-Ära ankündigten und die Umstellung auf eine moderne Produktpalette begleiteten. Zwischen 1969 und 1973 weitete Audi seinen Absatz sowohl im Inland als auch auf den Exportmärkten, insbesondere in den USA, kontinuierlich aus, bevor die Ölkrise die Nachfrage auf verbrauchsgünstige Modelle lenkte.

Mit dem 1979 eingeführten Audi 200 begann der lange Aufstieg in die automobile Oberklasse. Seinen Vorsprung durch Technik begründete Audi mit dem Allradantrieb, der 1980 im Audi quattro seinen Einstand feierte und vier Jahre später für die gesamte Modellpalette erhältlich war. Die Allrad-Technologie setzte weltweit neue Akzente im Automobilbau und im Rallyesport. Dort knüpfte die Marke Audi an frühere Erfolge an. 1984 errang sie mit der Markenweltmeisterschaft und dem Dreifachsieg bei der Rallye Monte Carlo ihren größten Triumph, der auf das Markenimage abstrahlte und die Innovationskraft des Unternehmens unterstrich. Auch außerhalb der Rennpisten nahmen die Geschäfte in den 1980er Jahren einen insgesamt guten Verlauf, was sich in hohen Investitionen niederschlug. Mit fast einer Milliarde DM erreichte das Investitionsvolumen im Jahr 1985, als die Konzerngesellschaft in Audi AG umbenannt und der Geschäftssitz nach Ingolstadt zurückverlegt wurde, einen vorläufigen Höhepunkt.

ANBRUCH DES TDI-ZEITALTERS

MONTAGE DES TT IN GYÖR

Ein größerer Teil der zur Umstrukturierung der Fertigung verwendeten Summe diente dem Produktionsanlauf des neuen Audi 80, der 1986 mit einer voll verzinkten Karosserie vom Band lief und nun ebenso wie die beiden großen Modelle einen bestmöglichen Schutz vor Korrosion und Wertverlust bot. Die beträchtlichen finanziellen Aufwendungen machten sich bezahlt. So war es insbesondere dem Markterfolg der Audi 80/90 Baureihe zu verdanken, dass die Verkaufszahlen 1987 erstmals die Marke von 400 000 Fahrzeugen übersprangen. An der Spitze des Modellprogramms kam Audi mit dem 1988 vorgestellten V8 in der Premiumklasse an. Bekräftigt wurde die errungene Position durch eine im Werk Neckarsulm entwickelte Generation von Fünfzylinder-Motoren, die unter dem Kürzel TDI eine neue Ära der Dieseltechnologie begründete und im September 1989 im Audi 100 Weltpremiere feierte. Der auf den Mauerfall folgende Vereinigungsboom bescherte Audi 1991 mit 451 000 verkauften Fahrzeugen ein Rekordjahr, bevor die Weltwirtschaftskrise 1993 Absatz und Gewinn schrumpfen ließ.

Die Globalisierung des Volkswagen Konzerns in den 1990er Jahren setzte den Rahmen für das internationale Wachstum der Audi AG. Im April 1993 wurde im ungarischen Györ die Audi Hungaria Motor Kft. gegründet, die ein Montage- und Motorenwerk betreibt und seit 1998 den Audi TT fertigt. 1997 folgte die Audi do Brasil e CIA., Mitte 1999 der Produktionsanlauf des Audi A3 in der gemeinsam mit der brasilianischen Volkswagen Tochter errichteten Fabrik in Curitiba. 1998 erhielt Audi passenden Zuwachs durch die Übernahme des legendären Sportwagenherstellers Lamborghini.

Zum Konzern mit 45 800 Mitarbeitern herangewachsen, verkaufte die Audi AG 1999 rund 626 000 Autos und bilanzierte einen Gewinn von 324 Millionen DM. Grundlagen dieser erfolgreichen Entwicklung waren die Kostenvorteile einer verschlankten und mit Systemlieferanten vernetzten Produktion und die große Akzeptanz der 1994 eingeführten Produktpalette. Vor allem der Audi A4 wurde zum Verkaufsschlager und Wachstumsmotor, während das mit Aluminiumkarosserie ausgestattete Flaggschiff A8 die

A8 HYBRID

Pionierrolle des Unternehmens im Leichtbau begründete und seinen Auftritt in der Oberklasse verstärkte. Dem trug der Volkswagen Konzernvorstand 1995 durch eine stärkere Trennung der Marken Volkswagen und Audi Rechnung, nachdem er zum 1. Januar 1993 die Vertriebsverantwortung für Audi Fahrzeuge nach Ingolstadt übertragen hatte. Produktmarketing und Vertriebsstrategie wurden nun exklusiv auf das Premium-Image zugeschnitten.

Auch nach der Jahrtausendwende blieb Audi auf Erfolgskurs und stieg 2003 mit einem Gewinn von 811 Millionen Euro zur ertragsstärksten Konzernmarke auf. Fast die Hälfte der gebauten Fahrzeuge waren A4 Modelle, deren Anteil an der Gesamtproduktion im Zuge der Produktdiversifizierung auf ein gutes Drittel im Jahr 2008 schrumpfte. Zu den wichtigsten Modellneuheiten zählen der Luxusgeländewagen Q7 und der in Neckarsulm gefertigte Supersportwagen R8, die sich nach dem Serienanlauf 2006 in zwei neuen Marktsegmenten behaupteten. Der 2007 eingeführte Audi A5 fand im ersten vollen Verkaufsjahr über 57 000 Käufer. 2008 verstärkte die Premiummarke ihren Auftritt im SUV-Segment durch den Audi Q5 und stellte dem Audi A3 ein Cabriolet zur Seite. Die Erweiterung der Modellpalette ging mit einem Ausbau der Fertigungskapazitäten im Ausland einher. Damit bereitete das Unternehmen den Boden für anhaltendes Wachstum.

Als neuer Produktionsstandort wurde im Mai 2007 das vormalige Volkswagen Werk Brüssel in den Fertigungsverbund von Audi integriert. Rollte dort zunächst der Audi A3 vom Band, wird am Standort heute der A1 hergestellt. Im Škoda Werk Aurangabad in Indien startete 2008 die CKD-Montage des Audi A6 und Audi A4, heute laufen dort der Audi A4, der Q5 und der A6 vom Band.

In China hält der Anbieter von Premiumfahrzeugen eine zehnprozentige Beteiligung an dem Joint Venture FAW-Volkswagen Automotive Company Ltd., das die Fertigungskapazitäten für Audi Fahrzeuge weiter ausbaut. Audi hatte die strategische Bedeutung des chinesischen Marktes früh erkannt und produziert vor Ort die Modelle A4, A6, Q3 und Q5. Im Reich der Mitte, wo 2012 insgesamt 329 000 Einheiten abgesetzt wurden, hält Audi innerhalb des Premiummarktes die Spitzenposition.

Die bedeutende Zunahme der Auslieferungszahlen, die 2008 erstmals die Millionengrenze überschritten hatte, und 2012 auf 1,447 Millionen Fahrzeuge kletterte, resultierte zum einen aus der Erweiterung des Produktangebots im SUV-Segment um Q5 und Q3 und den 2010 präsentierten

A1, mit dem Audi das Premiumsegment der kleinen Kompaktwagen für sich erschloss. Zum anderen ergänzte Audi sein Produktportfolio konsequent um Varianten, erneuerte die bestehenden Modellreihen durch Generationswechsel und verbesserte regelmäßig die technische Ausstattung der einzelnen Modelle. Dass Qualität und Design den Premiumanspruch zum Ausdruck bringen und den Kundengeschmack treffen, trägt ebenfalls zum Unternehmenserfolg bei. Der Umsatz stieg von 34,2 Milliarden Euro im Jahre 2008 auf eine neue Rekordmarke von 48,8 Milliarden Euro, das operative Ergebnis von 3,7 auf 5,4 Milliarden Euro.

Um auch künftig die Wachstumspotenziale der Weltmärkte auszuschöpfen, zeigt sich der Premiumanbieter mit seiner globalen Markenstrategie gut gerüstet. Seit der Wiederbelebung der Marke Audi hat sich der ehemalige Hersteller von Zweitaktern zu einem angesehenen Technologieführer der internationalen Automobilindustrie gewandelt. Hoch profitabel, innovationsstark und mit erstklassigen Produkten in allen Volumenmärkten positioniert, belegt Audi im Markenverbund einen herausragenden Platz mit kaum zu überschätzender Bedeutung für die Zukunft des Volkswagen Konzerns.

A1

PRODUKTION IN CHANGCHUN

Bentley

Die Marke Bentley bestimmte seit einem Jahrzehnt das Unternehmenswachstum der Rolls Royce Motor Cars, als die Vickers-Gruppe im Oktober 1997 den chronisch unterfinanzierten Hersteller nobler Karossen zum Verkauf anbot. Für den Aufbau eines Luxussegments unter dem Dach des Volkswagen Konzerns war der königliche Automobilbauer geradezu ideal: Bentley lieferte die sportlich-luxuriöse Produktpalette, Rolls Royce den klangvollen Namen. Im März 1998 zeichnete sich ab, dass Volkswagen nicht beides haben konnte. Der Wolfsburger Automobilkonzern erwarb am 3. Juli 1998 die Marke Bentley, die Fertigungsstätte in Crewe sowie das bis Ende 2002 befristete Recht, den Markennamen Rolls Royce zu nutzen. Das modellpolitische Interesse des Wolfsburger Unternehmens galt von Anfang an vor allem den Bentley Produkten. Volkswagen vollzog mit der Übernahme einen gelungenen Einstieg in die Luxusklasse. Rolls Royce und Bentley gingen nach 2003 wieder getrennte Wege und knüpften damit an die Frühphase ihrer Geschichte an, in der sich beide Marken als Konkurrenten gegenüber gestanden hatten.

Walter Owen Bentley gründete am 20. Januar 1919 die Londoner Firma Bentley Motors, die sechs Monate später im Zuge einer finanziellen Umstrukturierung abgewickelt und durch eine neue gleichen Namens ersetzt wurde. Motoren und Geschwindigkeit waren Bentleys Leidenschaften. Seinen guten Ruf als Ingenieur hatte Bentley während des Ersten Weltkriegs mit der Entwicklung von zwei Flugzeugmotoren erworben, bevor er im November 1919 auf der Londoner Automobilausstellung mit dem Prototypen des 3-Liter-Bentley Aufsehen erregte. Das bemerkenswert unkomplizierte Fahrzeug bestach durch Straßenlage, Fahr- sowie Bremseigenschaften und einen neu konstruierten Vierzylindermotor, der den Wagen auf die damals magische Geschwindigkeit von 100 Meilen pro Stunde brachte.

UNTERZEICHNUNG DES ÜBERNAHMEVERTRAGS

WALTER OWEN BENTLEY

FERTIGUNG DES MK VI IN CRICKLEWOOD

Das erste im September 1921 ausgelieferte Serienmodell entstand in einer kleinen Montagefabrik, die Bentley im Norden Londons in Cricklewood errichtet hatte. Dort wurden 1922 fast 150 Exemplare gebaut, und mit den Verkaufszahlen stiegen auch die Produktionskosten um ein Vielfaches. Jetzt zeigte sich, dass dem visionären Konstrukteur unternehmerisches Kalkül fehlte. Denn trotz angespannter Finanzlage begann Bentley 1924 mit dem Bau eines 6,5-Liter-Fahrzeugs, um ein Meisterwerk abzuliefern. Zwei Jahre später war der luxuriöse Wagen fertig und das Unternehmen bankrott. Der millionenschwere Geschäftsmann und Autonarr Woolf Barnato übernahm die Firma, in der W. O. Bentley fortan als Geschäftsführer tätig war. Nach einer kurzen Belebung – 1929 schrieb Bentley Motors erstmals schwarze Zahlen – trieben die Weltwirtschaftskrise, mangelndes Kostenbewusstsein des Managements und der Bau des 8-Liter-Bentley das Unternehmen im Juli 1931 erneut in den Konkurs.

Die Rolls Royce Motor Corporation nutzte die Gelegenheit und übernahm im November 1931 den schärfsten Konkurrenten. Zur Senkung der Fertigungskosten folgte das Unternehmen in den 1930er Jahren dem allgemeinen Trend zur Anwendung fordistischer Produktionsmethoden. In beiden Produktlinien fanden zunehmend standardisierte Bauteile Verwendung, sodass charakteristische Merkmale von Bentley, insbesondere die sportliche Dynamik, auf der Strecke blieben. Dafür profitierte die Marke von der Perfektion der handwerklichen Ausführung und überlebte eine schwierige Zeit. Ein eigenes Markenprofil blieb zunächst insoweit gewahrt, als weder Chassis noch Motoren der bis Kriegsbeginn gebauten Bentleys in Rolls-Royce-Fahrzeugen Verwendung fanden.

Erst unter dem Druck knapper Finanzen vollzog der britische Automobilhersteller in den Nachkriegsjahren die für Bentley einschneidende modellpolitische Wende.

Der ab 1946 im neuen Werk Crewe gebaute MK VI wurde 1951 vom nahezu identischen Rolls Royce Silver Dawn vom Markt verdrängt. Ein letztes Glanzlicht warf das von 1952 bis 1955 gebaute Coupé Continental Typ R. In den folgenden drei Jahrzehnten ging ein eigenständiges Markenprofil verloren, als Bentley nur noch mit Derivaten der jeweiligen Rolls-Royce-Modelle in Erscheinung trat und dadurch einen fortschreitenden Bedeutungsverlust erlitt.

1980 wendete sich das Blatt. Der Rüstungskonzern Vickers plc. übernahm die Rolls Royce Motor Cars Ltd. und erkannte das Potenzial der Marke. Ihre Revitalisierung gelang mit dem Bentley Mulsanne Turbo. Vom Rolls Royce Silver Spirit unterschied sich das 1982 eingeführte Modell nur in einem wesentlichen Punkt: Die Motorleistung war mit einem Turbolader um 50 Prozent auf 300 PS gesteigert worden. Der bis dahin schnellste Bentley aller Zeiten leitete den Wiederaufstieg der Marke ein. Ihm folgten 1984 der als Konkurrent zu Mercedes- und BMW-Fahrzeugen konzipierte Bentley Eight und 1985 der Mulsanne Turbo R, der den Beginn einer neuen Modellära markierte. Die Produktpalette wuchs, und der Rückgriff auf die von W. O. Bentley begründete sportliche Tradition gab der Marke die entscheidenden Wachstumsimpulse. Zwischen 1983 und 1989 stieg ihr Anteil an der Gesamtproduktion von unter fünf auf 50 Prozent. Drei Jahre später kamen auf einen verkauften Rolls Royce zwei Bentley Fahrzeuge. Innerhalb eines Jahrzehnts hatte sich Bentley zur dominanten Marke mit neuer Identität entwickelt, die sich vor allem in den Coupés der 1990er Jahre widerspiegelte. Die imposante Verbindung von Sportlichkeit und Luxus wurde wieder zum Markenzeichen, das in der Volkswagen Ära zu neuer Blüte gelangte.

Für die Entwicklung des im September 2002 in Bentley Motors Ltd. umbenannten Unternehmens war die Reintegration historischer Schlüsselkompetenzen bedeutsam, die dem Produktionsstandort unter der Führung von Vickers entzogen worden waren. Hierzu zählte das Testen der Prototypen, vor allem aber die an Vickers Engineering übertragene Fertigung des V8-Motors, die der Volkswagen Konzern nach Übernahme des Geschäftsbereichs ins Werk Crewe zurückholte. Bentley Ingenieure erhielten damit wieder unmittelbaren Zugriff auf die Motorenentwicklung des Unternehmens.

Vertrauen in Marke und Belegschaft signalisierte der Volkswagen Konzern auch mit einem Investitionsvolumen von 1,1 Milliarden DM, die im Zeitraum 1999 bis 2003 in den Fabrikumbau und die Produktentwicklung fließen sollten. Der bei Übernahme des Unternehmens fertig gestellte Arnage Green Label wurde innerhalb eines Jahres überarbeitet und in den Red Label verwandelt. Von seinem Vorgänger unterschied er sich durch ein präziseres Fahrwerk, mehr Platz im Fond und höhere Leistung. Den BMW-Motor ersetzten die Entwicklungsingenieure von Bentley durch den stärkeren V8-Motor, der auch die Nachfrage antrieb und den Absatz im Jahr 2000 um 50 Prozent hochschnellen ließ. Die grundlegende Modifikation dieses Modells nahm mehr als zwei Jahre in Anspruch, bevor der Arnage T im Januar 2002 auf der North American International Auto Show in Detroit debütierte. Mit technologischem Know-how von Volkswagen gelang es, die Steifigkeit der Konstruktion erheblich zu verbessern, und der überarbeitete V8-Motor leistete nun 456 PS, die den Arnage in 5,5 Sekunden von Null auf 100 Stundenkilometer beschleunigten.

ARNAGE RED LABEL   EXP SPEED 8 IN LE MANS

Dass Bentley im Juni 2002 die erste Staatslimousine mit geflügeltem B der Queen übergab und im Vorjahr mit einem dritten Platz in Le Mans erfolgreich auf die Rennpiste zurückgekehrt war, brachte einen Prestigegewinn und warf Schlaglichter auf das Potenzial der Marke. Ihren Anspruch, majestätischen Luxus mit sportlicher Dynamik zu vereinen, löste sie mit der Arnage Modellreihe ein, die auf die Wünsche der Stammkunden zugeschnitten war. Die überarbeite Modellpalette belebte das Geschäft, gab aber keine langfristig wirksamen Wachstumsimpulse, zumal die Terroranschläge vom 11. September 2001 den Export in die USA beeinträchtigten. 2003 fielen die Verkaufszahlen auf 792 Bentley Fahrzeuge.

Den Durchbruch brachte das komplett neu entwickelte Coupé, das die Marktlücke zwischen Mercedes und Porsche schließen und der Marke einen neuen Kundenkreis zuführen sollte. In Crewe entworfen, konstruiert und gebaut, erfüllte der Continental GT einen von Bentley lange gehegten Traum. Für die Fertigung dieses Modells, dessen Rohkarosse das Volkswagen Werk Zwickau zulieferte, hatte Bentley eine neue Montagehalle eingerichtet. Modernste Technik ergänzte hier die traditionelle Handarbeit, die nach wie vor einen integralen Bestandteil des Herstellungsprozesses bildete. 150 Stunden dauerte der Bau eines Continental GT, 400 Stunden die Produktion des Arnage. Nach der Premiere des Prototypen auf dem Pariser Autosalon 2002 präsentierte Bentley im Jahr darauf das Serienmodell. Bis dahin lagen bereits 3 200 Bestellungen vor. Der mit Allradantrieb ausgestattete Continental GT verkörperte die Aufsehen erregende Synthese aus Eleganz, Luxus und Geschwindigkeit. Unter seiner Haube arbeitete ein kompakter, mit zwei Turboladern versehener Zwölfzylinder-Motor, mit dem das zwei Tonnen schwere Fahrzeug auf der Teststrecke eine Spitzengeschwindigkeit von 320 Stundenkilometern erreichte. Wie erhofft, erschloss das Coupé der Marke Bentley einen neuen, jüngeren Kundenkreis, den der Stil, die Leistungsmerkmale und die Technologie des Wagens ansprachen.

COCKPIT DES CONTINENTAL GT

Gegenüber dem Vorjahr stieg 2004 der Absatz von Bentley Motors um das Zehnfache auf 7 411 Wagen, davon entfielen 6 715 Fahrzeuge auf den Continental, der Rest auf den neuen Arnage. Einen weiteren Wachstumsschub gab der 2005 eingeführte Continental Flying Spur, der die Designlinie des Coupés fortsetzte und als schnellste Limousine der Welt der Marke alle Ehre machte. Ihm folgten 2006 die Cabriolets beider Baureihen, das seit 2007 in Crewe gefertigte Continental GT Speed Coupé und der 2008 präsentierte Brooklands. Die Erweiterung der Produktpalette trieb 2007 die Verkaufszahlen erstmals über die Marke von 10 000 Fahrzeugen. Jedes davon auf Bestellung und nach individuellen Kundenwünschen Stück für Stück mit hoher Handwerkskunst gefertigt.

CONTINENTAL FLYING SPUR

PRODUKTION IN CREWE

BENTLEY MULSANNE

Die Auslieferungszahlen brachen im Gefolge der Finanzkrise bis 2009 auf 4 616 Fahrzeuge ein. Zum Umschwung trug der 2010 erfolgte Start des Mulsanne bei. Das neue Flaggschiff verbindet auf exemplarische Weise herausragenden Luxus mit überlegener Leistung der Zwölfzylinder-Motoren. Auch die Neuauflage des Continental GT, der durch schärfer gezeichnete Konturen, ein verbessertes Innenraumangebot und zusätzliche Assistenz- und Informationssysteme die Modellreihe sportlich-elegant und luxuriös weiterentwickelt, ermöglichte 2011 den Turnaround. Nach drei Jahren mit Verlusten kehrte Bentley auf die Erfolgsspur zurück. 2012 wurden 8 510 Fahrzeuge an Kunden ausgeliefert, womit Bentley bei den Herstellern von Luxusautomobilen seine Spitzenposition verteidigte. Auf der Basis eines gesteigerten Absatzes konnte ein Operatives Ergebnis von 100 Millionen Euro eingefahren werden. Wachstumsimpulse setzten dabei sowohl die neuen V8-Motoren für den Continental GT und GTC als auch die Markteinführung des neuen Continental GT Speed, der mit einer Spitzengeschwindigkeit von 330 Stundenkilometern der schnellste Bentley mit Straßenzulassung aller Zeiten ist.

Unter dem Dach des Volkswagen Konzerns kehrte die Marke Bentley zu ihren Wurzeln zurück. Anders als zu Zeiten ihres Begründers steht das Unternehmen mit rund 3 600 Beschäftigten auf solider finanzieller Grundlage. Volkswagen begleitet diese Entwicklung mit technologischer Unterstützung und erheblichen Investitionen. Dafür hat sich Bentley als Hersteller sportlicher Luxusfahrzeuge einen internationalen Namen gemacht und mit diesem Markenprofil einen wichtigen Platz im Luxussegment des Volkswagen Konzerns besetzt.

Bugatti

Bugatti existierte als automobile Legende Mitte der 1990er Jahre nur noch in den Geschichtsbüchern. Gleichwohl lebte der Mythos der Luxussportwagen aus Molsheim weiter, gaben doch die noch existierenden 500 Bugattis Auskunft über die meisterhafte Ingenieurskunst und richtungsweisenden Designkonzepte im Automobilbau vergangener Tage. Volkswagen ergriff 1998 die Chance, die 90-jährige Tradition dieser glanzvollen Marke wieder aufleben zu lassen. Ebenso wie die im selben Jahr erfolgte Übernahme von Bentley und Lamborghini ordnete sich der Erwerb von Bugatti in die Strategie des Volkswagen Konzerns ein, unter seinem Dach ein Luxussegment zu etablieren und damit ein zwar kleines, aber stabiles Nachfragepotenzial auszuschöpfen. Im gleichen Zuge zielte die Revitalisierung der traditionsreichen Luxusmarke darauf ab, die technische Kompetenz und Innovationskraft des größten europäischen Automobilproduzenten zu untermauern. Das dadurch erzielte Prestige sollte abstrahlen und die öffentliche Wahrnehmung des Unternehmens von einem global agierenden Volumenhersteller hin zu einem Verbund identitätsstarker Marken wandeln. Am obersten Ende seines automobilen Spektrums konnte der Volkswagen Konzern mit Bugatti ein exquisites Aushängeschild präsentieren mit dem Potenzial, die Grenzen des im Automobilbau technisch und gestalterisch Machbaren neu zu bestimmen.

Die Geschichte des Firmengründers Ettore Bugatti und seiner automobilen Schöpfungen liest sich wie die Biographie eines Künstlers auf der Suche nach der perfekten Umsetzung seiner Vision. 1881 in Mailand geboren, folgte Bugatti zunächst der Familientradition und begann ein Studium an der Kunstakademie seiner Heimatstadt.

Seine Ambitionen lagen allerdings nicht in der Malerei oder Architektur, sondern konzentrierten sich auf die Technik. Als Autodidakt entwarf und baute Bugatti bereits im Alter von 20 Jahren sein erstes Fahrzeug. In den folgenden knapp zehn Lehr- und Wanderjahren sammelte er unter anderem bei zwei deutschen Pkw-Herstellern Erfahrungen, bevor er im Dezember 1909 die Gebäude einer stillgelegten Färberei im elsässischen Molsheim mietete und im Jahr 1910 in eigener Regie begann, die ersten Fahrzeuge zu bauen. Um das nötige Kapital für die Einrichtung der Fertigungsstätte im elsässischen Molsheim zu akquirieren, verkaufte Bugatti Lizenzen seiner Konstruktionen an andere Unternehmen. Bei Peugeot liefen so zwischen 1913 und 1916 etwa 3 000 Exemplare des vom Zeichenbrett Bugattis stammenden Kleinwagens Bébé vom Band. Trotz des Erfolgs schwebten ihm eher Automobile vor, die sich aufgrund ihrer Fahreigenschaften mit der Dynamik und der Eleganz von Rassepferden vergleichen ließen. Seine Rennwagen gerieten daher zu vierrädrigen Vollblütern, deren lange Erfolgsserie 1910 mit dem Typ 13 begann.

TYP 13

ETTORE BUGATTI

JEAN BUGGATTI AM TYP 41 ROYALE

Auch wenn die Rennsporttriumphe den Bekanntheitsgrad und die Verkaufszahlen der Flitzer aus Molsheim steigerten, war Bugattis Firma alles andere als profitabel. Stets neue Entwicklungen verschlangen die Einnahmen, die der Verkauf der 350 bis 1914 gefertigten Fahrzeuge einbrachte. Die Unternehmenskrise verschärfte sich durch den Ersten Weltkrieg, der der Pkw-Produktion in Molsheim ein vorläufiges Ende setzte. Bugatti hielt sich mit der Konstruktion von Flugzeugmotoren über Wasser, deren Lizenzen er gewinnbringend verkaufte. Dadurch stand 1919 das Startkapital bereit, um die alte Fertigungsstätte wieder in Betrieb zu nehmen.

Den perfekten Rahmen für den Neustart des Geschäfts setzten die anbrechenden 1920er Jahre. Modernität ersetzte Traditionen, die Technik inspirierte die Kunst. Bugattis Automobile schienen wie gemacht für diese goldene Epoche.

Die kompromisslose ästhetische Gestaltung der Fahrzeuge traf den damaligen Zeitgeist, und die Rennsportsiege belegten die Kreativität ihres Konstrukteurs. Das daraus resultierende Renommee, die hohe Verarbeitungsqualität und die Exklusivität der geringen Stückzahlen machten die Bugattis zu Statussymbolen mit enormer Strahlkraft. Hinzu kam, dass der Unternehmer Ettore Bugatti seine Modelle den Individualitätswünschen des zahlungskräftigen und oft prominenten Klientels anzupassen vermochte und dabei eine Art Baukastenprinzip anwandte, wonach verschiedene Fahrgestelle mit zwei Motorvarianten und unterschiedlichen Aufbauten kombiniert werden konnten.

Neben den Renn- und Sportwagen der T-35- und T-37-Serie, den Tourenwagen T 38, T 40 und T 44 entstanden ab 1926 erstmals reine Luxuskarossen. Die sechs gefertigten Exemplare des Typ 41 Royale waren nicht nur aufgrund ihres 13-Liter-Motors und der Spitzengeschwindigkeit von 165 Stundenkilometern einmalig. Der Preis von 160 000 Mark machte die Royale zum damals teuersten Auto der Welt – und gleichzeitig zu einem großartigen Verlustgeschäft. Der herrschaftliche Lebensstil der Unternehmerfamilie und die

Auswirkungen der Weltwirtschaftskrise verschärften die finanzielle Schieflage Anfang der 1930er Jahre zusätzlich. Noch einmal half Bugattis Erfindergeist über diese Krise hinweg. Die Produktion von Triebwagen für die französische Eisenbahn verbesserte die Liquidität der Firma und sicherte vorerst das Überleben. Gleichwohl zog sich Ettore Bugatti ab 1932 schrittweise aus der Geschäftsführung zurück. Sein Sohn Jean übernahm das Ruder und leitete eine deutliche Richtungsänderung ein. Anstelle der verwirrenden Vielfalt von Typen entstand mit dem T 57 eine universell einsetzbare Plattform, die als Limousine, Coupé, Touren- oder Rennwagen ausgeliefert werden konnte. Ein Derivat dieser Serie, der T 57 Atlantic, gilt bis heute als eines der formschönsten Fahrzeuge der Automobilgeschichte, wurde aber insgesamt nur drei Mal verkauft.

Tatsächlich gelang die wirtschaftliche Kehrtwende nicht. Ende der 1930er Jahre stagnierten die Absatzzahlen, und die Konkurrenz überflügelte die Fahrzeuge aus Molsheim nicht nur in technischer Hinsicht. Der tödliche Unfall des Hoffnungsträgers Jean Bugatti im Jahr 1939 leitete den Niedergang der automobilen Legende ein. Die im Zweiten Weltkrieg erfolgte Umwidmung der Automanufaktur in einen Rüstungsbetrieb schien das Ende der Fahrzeugfertigung bei Bugatti zu besiegeln. Auch wenn die Fabrik nach Kriegsende wieder in Familienhände zurückgegeben wurde, fehlte spätestens mit dem Tod Ettore Bugattis im Jahr 1947 der kreative Impulsgeber. Alle Versuche, das Überleben der Marke zu sichern, erwiesen sich in der Folgezeit als erfolglos. 1963 verkaufte die Familie Bugatti ihr Unternehmen mitsamt der Fertigungsstätte in Molsheim an die spanische Firma Hispano-Suiza.

SCHLOSS MOLSHEIM

Obgleich die pfeilschnellen Rennwagen und Luxuskarossen mit den hufeisenförmigen Kühlern nach und nach in Museen oder in Sammlerbesitz wanderten und nur noch als Exponate zu bewundern waren, blieb die Philosophie der Marke Bugatti einer technisch perfekten automobilen Ästhetik ein wirksames Faszinosum. Dieser Idee nahm sich der italienische Geschäftsmann Romano Artioli an, der 1986 die mittlerweile im Besitz des französischen Rüstungskonzerns SNECMA befindlichen Markenrechte erwarb. Unter seiner Ägide entstand im norditalienischen Campogalliano ein neues Werk, das 1991 mit dem EB 110 wieder einen Supersportwagen unter dem Namen Bugatti präsentierte. Trotz 120 verkaufter Exemplare bremste auch hier die wirtschaftliche Realität die hochfliegenden Ambitionen aus. 1995 endete die erste kurze Wiederbelebung des Bugatti Mythos mit der Schließung der Fabrik. Allerdings blieb Artioli über seine Luxemburger Firma Bugatti International S.A. Holding weiterhin Inhaber der Namensrechte.

FERTIGUNG IN MOLSHEIM

VEYRON

Am 10. Juli 1998 übernahm die Volkswagen Aktiengesellschaft die Holdinggesellschaft und erwarb damit die Option auf die Fortsetzung der Markenlegende. Neben Kapital war ein hohes Maß an technischer Kompetenz, Stilempfinden und Perfektion gefragt, um das Flair der Marke Bugatti wieder erfahrbar zu machen. Volkswagen griff hierbei auf Vorarbeiten der Firma Italdesign von Giorgio Giugiaro zurück. Im Auftrag Artiolis hatte der italienische Designer schon 1993 ein Concept Car unter dem legendären Signet EB vorgestellt und an dessen Weiterentwicklung gearbeitet. Der von Giugiaro gestaltete Prototyp erregte auf dem Autosalon in Paris im September 1998 Aufsehen. Der EB 118 verkörperte die moderne Interpretation der eleganten Coupés, die in den 1930er Jahren in Molsheim gefertigt worden waren. 1999 waren die Studien 18/3 Chiron und 18/4 Veyron zu sehen. Sowohl das Design der Kohlefaser-Karossen als auch das 555 PS starke Antriebsaggregat knüpften an die Tradition der luxuriösen Supersportwagen an. Im selben Jahr kehrte Volkswagen mit dem Erwerb des Molsheimer Château St. Jean an den Geburtsort des Bugatti Mythos zurück. Nach Gründung der Bugatti Automobiles S.A.S. am 22. Dezember 2002 und einer mehrjährigen Entwicklungszeit startete im September 2005 mit 45 Mitarbeitern die Fertigung des Veyron 16.4.

Mit dem neuen Bugatti aus Molsheim kehrt das technologisch und gestalterisch Außergewöhnliche auf die Straße zurück: Das reduzierte Design sowie die hohe Verarbeitungsqualität des puristischen Innenraums geben einen deutlichen Hinweis auf die automobilen Vorbilder des Veyron. Sein W16-Leichtmetallmotor leistet 1 001 PS und ist das stärkste jemals in Serie gebaute Aggregat. Damit erreicht der schnellste auf Straßen zugelassene Sportwagen der Welt eine Geschwindigkeit von über 400 Stundenkilometern. Etwas langsamer kommt der Veyron 16.4 Grand Sport ohne das herausnehmbare Dachmodul daher. Wie das Coupé komplett von Hand gefertigt, gab die Cabrioversion 2008 am Vorabend des Concours d'Élégance im kalifornischen Monterey ihr stilvolles Debüt. Mit dem Roadster hat Bugatti seine Spitzenstellung unter den Luxussportwagen gekrönt. Die Modelle Super Sport, Vitesse und Les Légendes ergänzen das Angebot, das sich durch Exklusivität, Luxus, Eleganz, herausragende Gestaltung und große Leidenschaft auszeichnet. Die Wiedererweckung des Bugatti Mythos unter dem Dach des Volkswagen Konzerns ist geglückt.

Ducati

Ducati, die schnelle Schöne auf zwei Rädern, kam am 19. Juli 2012 als elfte Marke unter das Dach des Volkswagen Konzerns. Mit dem Kauf des legendären Premiumherstellers von Sportmotorrädern aus Borgo Panigale durch die Audi-Tochter Lamborghini Automobili S.p.A. gelang der Einstieg in den hart umkämpften Zweiradmarkt. Der unverwechselbare Klang des Ducati-Zweizylinders frischt bei Audi Erinnerungen an die Marken DKW und NSU auf, die früher selbst auf dem Motorradmarkt aktiv gewesen war.

Ducati verzeichnete im Jahr der Übernahme die wirtschaftlich erfolgreichste Bilanz der Firmengeschichte. Mit mehr als 44 000 Motorrädern und einem Umsatz von rund 480 Millionen Euro erzielte der Sportmotorradhersteller aus dem Vorort von Bologna 2012 einen Auslieferungsrekord, der wesentlich auf dem erstarkten US-Geschäft beruhte. Zuvor hatte die Marke, die in Italien wegen der Vorliebe für Rot auch „La Rossa" genannt wird, Kosten gesenkt, die Modellpalette aufgefächert und mit einem Werk in Thailand künftiges Wachstum in Asien vorbereitet. Unter dem Dach des Volkswagen Konzerns wird Ducati als eigenständige Marke in der Audi AG ihre Marktposition bei den sportlichen Motorrädern ausbauen und ihr Know-how im Leichtbau und der Motorenentwicklung entfalten.

Die charakteristische Klangfarbe der roten Rennmaschinen entspringt den Ducati-Zweizylindermotoren, deren Ventile kontrolliert geöffnet und geschlossen werden. Diese als Desmodromik bekannt gewordene Technik, die Leistungsverluste im hohen Drehzahlbereich verhindert, stammt aus dem Autorennsport und wurde von Ducati erstmals 1956 in der 125 Desmo eingesetzt. Das Kunstwort Desmodromik entlehnt sich dem Altgriechischen und zielt nicht nur auf die Ventiltechnik, sondern auch auf den Rennsport als Einsatzgebiet ab. Ducati begründete damit seinen weltweiten Ruf als sportliche Marke, setzten sich doch Ducatis mit Desmodromik nach 1956 im Renngeschehen erfolgreich von der starken Konkurrenz ab. Seit 1968 wird die Technik auch für die Serienmotorräder der Marke verwendet. Trotz seiner erfolgreichen Technik- und Rennsportgeschichte durchlebte Ducati zugleich eine wechselvolle Eigentümergeschichte.

Der Ursprung des heutigen Unternehmens geht auf ein Start-up der Brüder Adriano, Bruno und Marcello Ducati mit weiteren Investoren in Bologna zurück. Die am 4. Juli 1926 gegründete Società Scientifica Radio Brevetti Ducati mit Sitz in der Via Collegio di Spagna 9 in der Altstadt von Bologna produzierte auf der Basis eines vom ältesten Bruder gehaltenen Patents Kondensatoren für Radios. Bereits als Physikstudent hatte dieser mit Funkexperimenten über Kurzwelle von sich Reden gemacht. Ein erster bedeutender Großauftrag für den argentinischen Markt wurde im Herbst 1926 noch in den Kellerräumen des elterlichen Wohnhauses, der Villa Lydia, in der Viale Guidotti 51 in Bologna erledigt.

Zehn Jahre später verfügte die Firma bereits über eine Fabrik auf zwölf Hektar Gewerbegrund am westlichen Stadtrand von Bologna, in Borgo Panigale, wo bis heute der Firmensitz ist. Nach der Grundsteinlegung am 1. Juni 1935 wuchs die Firma rasant und baute sowohl Kondensatoren als auch Radios. 3 500 Mitarbeiter arbeiteten am neuen Standort, der als fortschrittlicher Firmencampus mit Kantinen, Küchen, Freizeitmöglichkeiten und Gesundheitsversorgung ausgestattet war. Ducati weitete in der Vorkriegszeit die Produktion aus und verdoppelte die Belegschaft, um ab 1938 neben Radios auch Kameras, optische

FABRIK IN BORGO PANIGALE

Linsen, Registrierkassen und elektrische Rasierer zu fertigen. Verkaufsbüros in London, Paris, New York, Sydney und Caracas unterstrichen die Exportorientierung.

Im April 1939 stellte Ducati jedoch auf Geheiß des faschistischen Regimes auf Rüstungsproduktion um, sodass die Mitarbeiter Waffen fertigten, aber auch Kondensatoren und optisches Gerät für das Militär lieferten. Ein massiver Bombenangriff der Alliierten zerstörte am 12. Oktober 1944 große Teile des Ducati Werks.

Noch im Mai 1945 begann der Wiederaufbau der zerstörten Fabrik als Familienbetrieb. Die Absatzmärkte für Kondensatoren, Radios und Kameras waren jedoch zusammengebrochen. Ducati schwenkte auf Produkte wie Brillengläser, Radnaben für Fahrräder oder Dynamos um. Die Fabrik wuchs bis 1947 auf Vorkriegsniveau und hatte bis zu 4 500 Mitarbeiter. Die rasche Expansion war aber mit einer ebenso raschen Verschuldung erkauft worden, was schließlich in die Zahlungsunfähigkeit und zur Verstaatlichung führte. Ducati wurde in die zwei Hauptproduktionsbereiche Optik und Mechanik aufgetrennt, aus denen 1954 am Standort Borgo Panigale die Firma Ducati Meccanica hervorging.

Dass Ducati als Unternehmen überlebte und sich als Motorradhersteller etablierte, resultierte vor allem aus der Einbindung der Società Scientifica Radio Brevetti Ducati in die Fertigung eines von der Società Italiana Applicazioni Tecniche Auto-Aviatorie (SIATA) entwickelten Viertakt-Hilfsmotors mit Zweiganggetriebe. Mit dem bereits im Krieg entworfenen Motor sollte das im Italien der Nachkriegszeit wichtigste Transportmittel, das Fahrrad, auf Touren ge-

GRAND SPORT

bracht werden. Ausgestattet mit einem kleinen Hilfsmotor, der über die Fahrradkette für Schwung sorgte, wurde aus dem Fahrrad ein ebenso einfaches wie rasantes Fortbewegungsmittel – das Mofa. Der kleine, aber effektive Motor Cucciolo (ital.: Welpe, Hündchen; auch Neuling, Grünschnabel) für dieses Motor-Fahrrad wurde von Mai 1945 an in Turin produziert. Die SIATA stieß aber an die Grenzen der eigenen Produktionskapazitäten und verabredete im März 1946 mit Ducati die Fertigung der kleinen Motoren. Im September 1946 stellten die Ducati Techniker auf der Mailänder Messe eine leistungsgesteigerte Version des Cucciolo vor. 1948 ging in Borgo Panigale der erste komplett von Ducati entworfene Cucciolo-Motor in Produktion, mit dem Rennfahrer auf den populären Straßenrennen Italiens reihenweise Siege einfuhren.

Techniker verbesserten konsequent die Leistungswerte des Motors, entwarfen eigene Rahmen und bauten erste eigene Mopeds mit 55 bis 65 Kubikzentimetern Hubraum. Ducati entwickelte sich dadurch bis 1954 vom Zulieferbetrieb der SIATA zum eigenständigen Motorradhersteller. Am 1. Mai 1954 trat mit Fabio Taglioni (1920 - 2001) ein Ingenieur in das Unternehmen ein, der die Nachfrage nach immer leistungsfähigeren Motorrädern bedienen sollte. Innerhalb kürzester Zeit avancierte der begnadete Techniker zum Chefkonstrukteur in Borgo Panigale.

Taglioni entwarf die Marianna, eine einzylindrige Grand Sport mit 100 Kubikzentimetern Hubraum und oben liegender Nockenwelle, mit der sich Ducati 1955 bei den Langstreckenrennen in Italien äußerst erfolgreich gegen die harte Konkurrenz durchsetzte. Die Bauweise mit nach unten offenem Rahmen, in den der Motor als tragendes Teil eingesetzt wurde, bildete das Konstruktionsprinzip vieler Nachfolgemodelle mit bis zu 350 Kubikzentimetern Hubraum. Der anhaltende Erfolg auf der Rennstrecke beflügelte den Verkauf und die Serienproduktion, was dem Konstrukteur freie Hand für teure Technik gab. Taglioni entwickelte 1956 für den Grand Prix die Desmo 125 mit drei Nockenwellen, eine Rennmaschine mit Desmodromik, die besonders hohe Drehzahlen ohne den befürchteten Leistungsabfall durch Ventilflattern gewährleistete. Ducati gewann damit am 15. Juli 1956 aufsehenerregend den Großen Preis von Schweden durch Überrundung des gesamten Starterfeldes.

Der sportliche Erfolg führte jedoch nicht zum wirtschaftlichen Aufschwung. Denn Ende der 1950er Jahre stieg in Italien die Nachfrage nach Kleinwagen, und Ducati spürte wie alle Motorradhersteller die Absatzkrise auf dem wichtigen Heimatmarkt. Das Unternehmen, noch immer unter staatlicher Kontrolle, wich auf Exportmärkte aus. In Spanien fertigte die Firma Mototrans von 1957 an in Lizenz Ducati Motorräder. Ducati erschloss einen Vertriebsweg in die USA, während ein Großauftrag aus der Schweiz zunächst die Produktion im Werk Borgo Panigale sicherte. Den wirtschaftlichen Erfordernissen folgend, beendete die Geschäftsführung kostspielige Rennaktivitäten.

Über den US-Importeur Berliner bekam Ducati 1963 den Auftrag, ein Motorrad für die US-Polizeibehörden zu entwickeln. Das Apollo genannte Projekt scheiterte jedoch, weil die Belastbarkeit des Reifenmaterials nicht ausreichte, um die Kraft des Motors zuverlässig auf die Straße zu bringen. Die vierzylindrige Maschine war dennoch Vorbild für die weitere Entwicklung hubraumstarker Zweizylinder, die in den 1970er Jahren die Entwicklung der Marke ebenso prägten wie die 1968 erfolgte Einführung der Desmodromik bei den Serienmaschinen. Die beiden Zylinder waren rechtwinklig voneinander abgesetzt. Diese Bauweise minimierte die Vibrationen des Motors und ermöglichte zugleich eine optimale Kühlung. Ducati schuf damit die Voraussetzungen für eine erfolgreiche Rückkehr auf die Rennstrecke.

Ducatis Durchbruch in der Königsklasse des Motorradrennsports mit 500 Kubikzentimetern Hubraum gelang beim 200-Meilen-Rennen von Imola am 23. April 1972. Die Werksfahrer distanzierten auf ihren umgebauten 750-GT-Serienmaschinen mit leistungsüberlegener Desmodromik-Technik die Wettbewerber deutlich. Ihre zweizylindrigen Motorräder behaupteten sich gegen die erstarkte japanische und europäische Konkurrenz, die auf vierzylindrige Motoren setzte. Nach dem Erfolg in Imola hielt Ducati an

DESMO

den Zweizylindermotoren fest, die in unterschiedlichsten Hubraumgrößen für verschiedene Modelle weiterentwickelt wurden und die Marke bis heute prägen.

Mit der schrittweisen Übernahme durch die Firma Castiglioni Giovanni Varese der Brüder Claudio und Gianfranco Castiglioni schlüpfte Ducati 1985 unter das Dach des Zweiradkonzerns Cagiva, der damit sein Angebot im oberen Marktsegment abrundete. Cagiva forcierte die Entwicklungstätigkeit und richtete Ducati mit neuen Modellen auf den Kundenmarkt und das Renngeschehen aus. Mit Motoren von Ducati fuhren die Enduro-Maschinen von Cagiva Anfang der 1990er Jahre auf die vordersten Plätze der großen Afrika-Rallyes. Die Entwicklung wassergekühlter Vierventilzweizylinder-Motoren zahlte sich für Ducati in der neu geschaffenen obersten Rennklasse der Superbike-

RENNEN IN IMOLA

Weltmeisterschaft aus. Die Marke dominierte nach 1990 durchgehend mit Siegen die großvolumige Konkurrenz und richtete das Augenmerk wieder auf den Motorrad Grand Prix.

Ergebnis der Rückbesinnung auf den Bau von sportiven Motorrädern war 1993 das Straßenmotorrad Monster, das zum Verkaufsschlager wurde. In der neuen Baureihe verschmolzen Gitterrohrrahmen und Zweizylindermotor zu einer Stilikone. Das Naked-Bike mit seinem ausdrucksstarken und die pure Leistung betonenden Design traf den Nerv der Kundschaft und wurde bis heute mehr als 250 000 Mal verkauft.

Mit dem Einstieg der Beteiligungsgesellschaft Texas Pacific Group 1996 und der kompletten Übernahme bekam die Marke Ducati 1998 frisches Kapital und eine neue, international aufgestellte Geschäftsführung, die das Kundengeschäft der Marke neu organisierte und die Markenpflege in den Mittelpunkt stellte. Ein firmeneigenes Museum erinnert seit 1998 an die vielen Rennerfolge und Technikinnovationen. Exklusive Ducati Stores starteten mit dem Verkauf von Kleidung und Zubehör. Ausdruck der Leidenschaft von Fans in aller Welt sind auch die regelmäßig stattfindenden World Ducati Treffen, die zudem das Zusammengehörigkeitsgefühl der weltweit wachsenden Fangemeinde der Ducatisti befördern.

Auch nach der Übernahme der seit 1999 als Aktiengesellschaft firmierenden Ducati Motor Holding durch die Beteiligungsgesellschaft Investindustrial am 1. März 2006 setzte Ducati den Kurs als erfolgreiche Weltmarke fort. Im September 2011 startete im neuen Ducati Montagewerk in der thailändischen Provinz Rayong die Produktion der Monster 795. 2012 vereinbarte Ducati mit der Dafra Motos die CKD-Fertigung der Modelle Diavel und Monster 796, um von Manaus aus den brasilianischen Markt zu versorgen.

Seit der Jahrtausendwende hat Ducati seine Produktpalette stetig erweitert und angepasst. Das desmodromische Ventilsteuerungssystem, der Gitterrohrrahmen aus Stahlrohren und der Zweizylinder-Motor in L-Form machen jede Ducati unverwechselbar. Die aktuellen Baureihen Monster, Streetfighter und Diavel setzen mit ihrem Design Maßstäbe in der Kategorie Naked-Bikes. Die Multistrada vereint Kraft

MONSTER 900

PANIGALE S TRICOLORE

und Ausdauer zu einem weltreisetauglichen Allrounder und setzt wie auch das leichtere Hypermotard den Entwicklungspfad der Enduros bei Ducati fort. Die Baureihen Streetfighter und Superbike kombinieren die brandaktuellen Entwicklungen im Rennsport mit den Anforderungen des Straßenverkehrs.

Die Spitze der Modellpalette bildet aber unangefochten das Superbike 1199 Panigale. Ihr 1,2-Liter-L-Twin-Motor leistet bei 10 750 Umdrehungen 143 kW/195 PS. Motormanagement, ABS-System, Bremsanlage, Traktionskontrolle sowie Dämpfung können in drei Abstufungen auf die individuellen Bedürfnisse des Fahrers abgestimmt werden. Dank vieler Leichtbaukomponenten wiegt die Panigale R ohne Tankfüllung nur 164 Kilogramm. Mit ihrem Leistungsgewicht von 0,84 Kilogramm pro PS erreicht sie den Bestwert für Straßenmotorräder.

Der Motorsport wird von einer eigenen Rennabteilung, der Ducati Corse, verantwortet. Ducati tritt mit einem Werksteam in der MotoGP an. 2007 sicherte sich Ducati in der MotoGP die Marken- und Fahrerwertung. In der Superbike-WM hat Ducati reihenweise Herstellertitel und Fahrerwertungen gewonnen, 2011 feierte die Marke ihren 300. Sieg.

Im Jahr 2012 lieferte Ducati 44 102 Motorräder aus und lag damit um etwa 2 000 Einheiten über dem Vorjahr. Die Ducati Motor Holding S.p.A. ist in 88 Ländern aktiv und unterhält eine Reihe von Tochtergesellschaften in wichtigen Märkten. Das Unternehmen zählte Mitte 2013 1 074 Mitarbeiter am Stammsitz und in Thailand. Ducati setzt mit seinen Motorrädern Maßstäbe im Leichtbau sowie im Bau von Hochleistungsmotoren und Regelsystemen. Das Design ist unverkennbar. Die Marke Ducati will auf der Überholspur bleiben.

Lamborghini

Die unbändige Energie eines Kampfstiers ist bis heute das Markenzeichen der in Sant´Agata Bolognese gebauten Supersportwagen – auf und unter der Haube. Im Unterschied zu Bugatti war 1998 der Mythos Lamborghini lebendig und verschaffte sich mit dem röhrenden Sound des V12-Motors Gehör. Auf diese einzigartige Verbindung von Geschwindigkeit, Stil und Perfektion richtete sich das Interesse des Volkswagen Konzerns, der mit dem Aufbau eines Luxussegments Prestige und Marktabdeckung steigern wollte. Die Gelegenheit kam, als die indonesische Holdinggesellschaft Megatech den Kapitalbedarf ihrer italienischen Tochter nur noch unzureichend deckte und Lamborghini in finanzielle Schwierigkeiten geriet. Auf der Suche nach einem Motor für den Prototypen Aerosa wurden die Firmenvertreter auch bei Audi vorstellig. Auf diesem Wege erfuhr Volkswagen, dass die Marke Lamborghini zum Verkauf stand. Nach langwierigen Verhandlungen erfolgte am 10. Juli 1998 die Übernahme der Automobili Lamborghini S.p.A..

Lamborghini bildet seit 1998 neben Bentley und Bugatti die dritte der in den Wolfsburger Konzern integrierten Luxusmarken. Für die Verbindung von Audi und Lamborghini sprachen die größere Nähe der Markenprofile und Produkttechnik sowie die daraus zu erzielenden Synergien. Die Ingolstädter konnten ihre Positionierung im Premium-Segment untermauern, die Italiener erhielten Zugang zu den Ressourcen eines führenden Technologiekonzerns und dessen Vertriebskompetenz. Das Unternehmen Lamborghini wurde im November 1998 in eine Holding umgewandelt, die unter ihrem Dach drei Betriebsgesellschaften versammelte: Die Automobili Lamborghini S.p.A., die Matri Marini Lamborghini als Hersteller von Rennbootmotoren und die Lamborghini ArtiMarca S.p.A., die Zubehör und exklusive Accessoires vertreibt. An der Seite von Audi begann für den Sportwagenhersteller Lamborghini das erfolgreichste Kapitel seiner Firmengeschichte, die vor 45 Jahren einsetzte.

Als einer der größten Traktorenhersteller Italiens war Ferruccio Lamborghini zu Reichtum gelangt, bevor er 1963 in Sant´Agata Bolognese die Automobili Ferruccio Lamborghini S.p.A. gründete. Einen ganz normalen Gran Turismo wollte er bauen, aber einen perfekten. Während auf der grünen Wiese die Fabrik errichtet wurde, entstand in seinem Traktorenwerk der erste Prototyp. Die Welt der Sportwagenlegenden betrat der Firmengründer 1963 auf dem Turiner

FERRUCCIO LAMBORGHINI VOR DEM
TRAKTORENWERK IN CENTO

MIURA

Autosalon, als der 350 GT, ein extravagantes, leichtes Coupé, Premiere feierte. Unter seiner flachen Haube arbeitete ein aus Leichtmetall gebauter V12-Motor mit 360 PS. Von dem ehemaligen Ferrari-Mann Giotto Bizzarrini im Auftrag Lamborghinis entwickelt, treibt er in modifizierter Form noch heute den Murciélago an. Zu diesem Hochleistungstriebwerk passte der angreifende Stier, der schon die Traktoren Lamborghinis zierte und auch zum Markenzeichen einer neuen Klasse von Supersportwagen wurde. Ende 1966 begann die Serienfertigung des legendären Miura. Mit einer Höhe von 106 Zentimetern besaß er die Schnittigkeit eines Rennwagens. Sein quer eingebauter Mittelmotor war außerhalb des Rennsports einmalig, seine Spitzengeschwindigkeit von 278 Stundenkilometern atemberaubend. Die Nachfrage überstieg alle Erwartungen. Zwischen 1966 und 1969 verkaufte Lamborghini 150 Exemplare. Die Fabrik expandierte und die Belegschaft wuchs.

Auf dem Genfer Automobil-Salon 1971 trat Lamborghini mit der gesamten Produktpalette an, den Serienmodellen Miura, Espada und Jarama sowie den Prototypen Urraco und Countach. Scheinbar auf dem Höhepunkt seiner Entwicklung angelangt, führten die hohen Entwicklungskosten bei zugleich sinkenden Produktionszahlen das Unternehmen in die finanzielle Krise. Beeinträchtigt wurde die Nachfrage durch steigende Ölpreise und die Sicherheits- und Emissionsvorschriften in den USA, die den Zugang zu diesem wichtigen Exportmarkt erschwerten. Weil auch das Traktorenwerk mit finanziellen Problemen zu kämpfen hatte, trennte sich Feruccio Lamborghini von den Verlust bringenden Unternehmenssparten, um sein ins Wanken geratenes Firmenimperium zu stabilisieren. 1972 verabschiedete er sich aus dem Automobilgeschäft, das ihm zwar Ruhm, aber keine Gewinne beschert hatte. 51 Prozent des Aktienkapitals erwarb der mit Lamborghini befreundete Schweizer Geschäftsmann Georges-Henri Rosetti, dessen Bekannter René Leimer 1974 die restlichen Anteile übernahm.

COUNTACH QUATTROVALVOLE

Eine bis 1998 andauernde Phase mit wechselnden Eigentümern und Geschäftsverläufen begann. Unter Schweizer Führung gingen die noch unter Ferruccio Lamborghini entwickelten Prototypen Urraco und Countach in Serienfertigung. Doch keines der beiden Modelle erhielt eine Zulassung für den US-Markt, was den Absatz erheblich limitierte. Außerdem setzten die steigenden Benzinpreise dem Unternehmen zu. Um die Marke Lamborghini über Wasser zu halten und das vorhandene technische Know-how zu nutzen, übernahm das neue Management Entwicklungsaufträge für andere Automobilhersteller. Schon das erste Projekt, der BMW M1, kam jedoch nicht recht vom Fleck und verstärkte die finanziellen Probleme. Letztlich bewiesen die im Automobilgeschäft unerfahrenen Schweizer bei der Leitung der Firma keine glückliche Hand, zumal sie wenig Bereitschaft zeigten, die notwendigen Investitionen zu tätigen. Ende 1978 ging das Unternehmen in Konkurs. Ein vom Gericht bestellter Verwalter wurde Geschäftsführer und suchte zwei Jahre vergeblich nach einem Käufer.

Im Februar 1980 schließlich übernahmen die Brüder Patrick und Jean-Claude Mimram die Firma und gründeten sie im Juli des Jahres als Automobili Lamborghini S.p.A. neu. Unter ihrer Führung erlebte die Marke einen Aufschwung. Der Jalpa folgte 1982 der glücklosen Silhouette, und der Countach LP 500S schaffte 1984 endlich den Sprung in die USA, sehr zur Freude der dort beheimateten Liebhaber der Marke. Die in dieser Phase erwirtschafteten Gewinne waren nicht ausreichend, um die hohen Entwicklungskosten für neue Modelle zu bestreiten. Dieses Problem schien gelöst, als die finanzstarke Chrysler Corporation im April 1987 den italienischen Sportwagenhersteller in ihren Konzern einfügte. Aus dieser Verbindung ging 1990 der Diablo hervor, ein komplett neu konstruiertes Lamborghini Modell, das bis 1998 in über 2 600 Exemplaren verkauft wurde. Doch der erste unter Chrysler-Regie gebaute Luxussportwagen blieb auch der einzige. Anfang der 1990er Jahre geriet der US-Hersteller seinerseits erneut in die Krise und verlor das Interesse an Lamborghini, zumal die Firma 1993 einen Millionenverlust erwirtschaftete. 1994 wechselte das Unternehmen Lamborghini in den Besitz der indonesischen Holding Megatech, die 1995 mit dem von Giorgio Giugiaro geformten Cala auf dem Genfer Automobil-Salon ein Zeichen setzte. Danach erlahmte ihr Engagement, und Lamborghini verlor den finanziellen Rückhalt.

Nach 35 mehr oder weniger turbulenten Jahren fand Lamborghini unter dem Dach von Audi die nötige finanzielle und personelle Stabilität, um sein kreatives Potenzial in eine kommerziell erfolgreiche Richtung zu entwickeln. Dafür brauchte die Marke dringend ein neues Aushängeschild, mit dem sie ihr Profil schärfen und den inzwischen betagten Diablo ersetzen konnte. Anfang 2000 stand das Design für den Nachfolger fest; im Oktober 2001 ging der nach einem berühmten Kampfstier benannte Murciélago in Serie. In Rekordzeit entstand ein Sportcoupé der Superlative, mit den typischen Merkmalen eines Lamborghini und einer markanten Silhouette. Auf der Teststrecke erreichte der von einem 580 PS starken V12-Motor angetriebene Murciélago 326 Stundenkilometer und blieb damit den Vorbild seines Vorgängers treu. In der Gunst der Kunden lag der Murciélago weit vorn. Mit 442 verkauften Exemplaren verdoppelte er 2002 die Absatzzahlen des Diablo vom Vorjahr. Gewinne waren damit noch nicht zu erzielen, zumal diesem Zuwachs beträchtliche Investitionen gegenüberstanden.

MONTAGE DES GALLARDO IN SANT' AGATA BOLOGNESE

Erst der im Frühjahr 2003 eingeführte Gallardo löste den Nachfrageschub aus, der die Marke profitabel machte. Nach langer Zeit und pünktlich zum 40-jährigen Firmenjubiläum stellte Lamborghini auf dem Genfer Automobil-Salon wieder eine zweite Produktlinie vor, an der die Technologie und Entwicklungskompetenz des Mutterunternehmens maßgeblichen Anteil hatte. Sowohl die aus Aluminium gefertigte Karosserie als auch das bei Audi entwickelte V10-Triebwerk waren Koproduktionen der Spezialisten aus Ingolstadt und Sant´Agata Bolognese. Im Temperament unterschied sich der allradgetriebene Zweisitzer mit 500 PS unter der Haube kaum merklich vom Murciélago, wie auch das Styling an die Designlinie des großen Modells anknüpfte. Doch während der Murciélago ein sehr kleines Kundensegment bediente und die Verkaufzahlen bis 2006 zwischen 400

MURCIÉLAGO ROADSTER

und 500 pendelten, weitete der kompaktere und preislich günstigere Gallardo den Kreis der Liebhaber aus. Schon im ersten Produktionsjahr gewann Lamborghini 933 Käufer hinzu; fast drei Viertel davon waren Neukunden. Insgesamt verdreifachte sich der Absatz gegenüber dem Vorjahr auf 1 305 Exemplare, von denen mehr als die Hälfte in die USA und nach Deutschland exportiert wurden. Ein gutes Drittel ging in die Schweiz, nach Großbritannien und Japan. Weitere Wachstumsimpulse gaben der Murciélago Roadster und der Gallardo Spyder, die offenen Versionen der beiden Modelle, sodass die Absatzzahlen 2006 die Marke von 2 000 Fahrzeugen übersprangen. Seit der Einführung des Diablo 6.0 im Jahr 2000 hat Lamborghini mehr Supersportwagen verkauft als in der gesamten Firmengeschichte vor der Übernahme in den Volkswagen Konzern.

Dieser erfolgreichen Entwicklung setzte die italienische Tochter mit der Modernisierung der Fertigungsstätte ein sichtbares Zeichen. Ein Teil der Ausbaumaßnahmen zielte auf eine Stärkung des Markenauftritts und der Kundenbindung ab. Hinter der voll verglasten Straßenfront der Fabrik befinden sich heute ein Ausstellungsraum und ein Museum, und auch die Schauräume bei den Händlern wurden auf die Exklusivität der Produkte abgestimmt. Ein neues, 2004 bezogenes Gebäude beherbergt die Fahrzeugrestauration, den Kundendienst für alle jemals gebauten Lamborghinis sowie das Design-Zentrum, in dem die Linie der Marke weiterentwickelt wird. Das Centro Stile Lamborghini unterstreicht und verstärkt die Designkompetenz der Marke, die mit dem Gallardo und dem Murciélago Roadster in der Kategorie der Supersportwagen die Auszeichnung „Schönstes Automobil der Welt" erhielt.

Trotz notwendiger Umbauten wird die Fabrik, wie schon zu Zeiten des Firmengründers, durch zwei Produktionsbänder strukturiert, an denen die Mitarbeiter die beiden Modelle montieren. Die meisten Komponenten stammen von italienischen Zulieferfirmen, doch erfordert etwa die luxuriöse Ausstattung nach wie vor einen hohen Anteil von Handarbeit, die in Werkstätten entlang der Bänder verrichtet wird. Vor allem im Murciélago steckt viel handwerkliches Können. Die Fertigung des Gallardo hingegen, für den das Audi Werk Neckarsulm die fertig lackierte Karosserie zuliefert, weist einen höheren Automatisierungsgrad auf, was größere Stückzahlen und einen günstigeren Preis ermöglicht. 2004 fertigte die Belegschaft in Sant'Agata Bolognese zehn Murciélago und 25 Gallardo pro Woche. Perfektion braucht eben Zeit. Diese Devise gilt gleichermaßen für die Motorenproduktion. Seit 2008 werden die Triebwerke des Gallardo im ungarischen Audi Werk, die V12-Motoren für den Murciélago weiterhin am Standort Sant´Agata Bolognese gebaut.

MANUFAKTUR SANT' AGATA BOLOGNESE

AVENTADOR

Unter der Führung von Audi hat sich die technikdominierte Sportwagenmanufaktur zu einem profitablen und kundenorientierten Unternehmen gewandelt. Erstmals in der Firmengeschichte besteht die gute Aussicht, dass der Wachstumstrend und der wirtschaftliche Erfolg anhalten. 2008 übertraf die Automobili Lamborghini mit rund 1 000 Beschäftigten das Rekordergebnis des Vorjahres. Während der Absatz nur leicht auf 2 458 Fahrzeuge anstieg, kletterte der Gewinn vor Steuern um 27 Prozent auf rund 60 Millionen Euro. Die Einbrüche auf dem größten Absatzmarkt USA konnte Lamborghini durch hohe Zuwächse in Asien, Osteuropa und dem Mittleren Osten auffangen. Zu einem wachstumsstarken und vielversprechenden Markt für die Luxusprodukte der Marke hat sich vor allem die Volksrepublik China entwickelt. Um dieses Potenzial auszuschöpfen, gründete der italienische Hersteller 2008 in Peking sein erstes internationales Tochterunternehmen, die Automobili Lamborghini China, die den Aufbau einer Verkaufs- und Kundendienstorganisation vorantreiben soll. Die wirtschaftlichen Rahmenbedingungen schlugen allerdings 2009/10 auf den Absatz durch, der sich auf 1 227 Supersportwagen halbierte. Mit dem 2011 startenden Aventador konnte die Talsohle durchschritten und 2012 wieder 2 197 Lamborghini abgesetzt werden. Innerhalb des Volkswagen Konzerns hat sich die Marke ans obere Ende der Produktskala katapultiert. Mit den Attributen extrem und kompromisslos besitzt sie im konzerneigenen Luxussegment ein unverwechselbares Profil und nimmt auch in der Welt der Supersportwagen eine Führungsposition ein. Mehr als 50 Jahre nach seiner Geburt ist der Mythos Lamborghini lebendiger denn je.

MAN

MAN – die drei Buchstaben stehen für einen der weltweit führenden Anbieter von Nutzfahrzeugen und Großdieselmotoren, Turbomaschinen und Spezialgetrieben. Bis zum 9. November 2011 übernahm die Volkswagen Aktiengesellschaft die Aktienmehrheit des in der MAN SE gebündelten Investitionsgüterkonzerns mit seinen weltweit mehr als 54 000 Mitarbeitern. Seither gehört MAN als eigenständige Marke zum Volkswagen Konzern. Eine strategische Minderheitsbeteiligung von 15,06 Prozent an der MAN AG hielt die Volkswagen Aktiengesellschaft vom 3. Oktober 2006 an. Der Schaffung eines integrierten Nutzfahrzeugbereichs diente auch der Beherrschungs- und Gewinnabführungsvertrag, der auf der Aktionärsversammlung der MAN SE am 6. Juni 2013 angenommen und am 16. Juli 2013 durch die Eintragung ins Handelsregister wirksam wurde. MAN bildet eine der drei Nutzfahrzeug-Marken des Volkswagen Konzerns, die seit dem 1. September 2012 im Konzernvorstand durch das Ressort Nutzfahrzeuge koordiniert werden. Das operative Geschäft führt MAN wie die anderen Marken eigenständig. Mit seiner integrierten Nutzfahrzeugstrategie zielt der Volkswagen Konzern darauf ab, unter dem Dach der Volkswagen Aktiengesellschaft Synergien aus der engeren Zusammenarbeit von Volkswagen Nutzfahrzeuge, MAN und Scania zu nutzen.

Hinter den drei Buchstaben von MAN, der früheren Maschinenfabrik Augsburg-Nürnberg, stehen vier große Konzernbereiche. Größter Teilkonzern ist der Bereich MAN Truck & Bus mit Sitz in München. Im Jahr 2012 erlöste dieser mit dem Bau von Lastwagen, Bussen und dem Verkauf von Transportlösungen mit 15,7 Milliarden Euro immerhin 55,1 Prozent des Konzernumsatzes der MAN Gruppe. Die Fertigung von Großmotoren und Turbomaschinen im Teilkonzern MAN Diesel & Turbo erzielte einen Anteil von 23,9 Prozent. MAN Latin America fasst das Nutzfahrzeuggeschäft in Mittel- und Südamerika zusammen und steuerte im selben Jahr 18,1 Prozent zum Konzernumsatz bei. 2,9 Prozent entfielen auf die Produktion von schweren Getrieben in der Renk AG, an der die MAN SE 76 Prozent des Aktienkapitals hält.

Das Geschäft mit Dieselmotoren und Nutzfahrzeugen erzielt im MAN Konzern einen Großteil des Umsatzes. Effiziente Antriebs- und Energiesysteme bilden den Markenkern, auf den sich MAN im Verlauf seiner über 250-jährigen Geschichte fokussiert hat. Die Erfindung des Dieselmotors, seine variantenreichen Einsatzmöglichkeiten und die stetige Entwicklung immer sparsamerer Motoren ermöglichten erst den Aufstieg der Marke MAN. Grund genug für den Konzern, anlässlich des 250. Geburtstags im Jahr 2008 nicht nur auf die Anfänge des Konzerns im 18. Jahrhundert, sondern auch auf die Entwicklung des Dieselmotors durch Rudolf Diesel bei der Maschinenfabrik Augsburg, dessen Prototyp am 10. August 1893 aus eigener Kraft lief, oder den Bau des ersten Lastwagens mit direkter Dieselkraftstoffeinspritzung im Jahre 1923 zurückzublicken.

Der Name MAN war erst 1986 durch die Verschmelzung der M.A.N. AG auf den Gutehoffnungshütte Aktienverein entstanden, wobei die drei Punkte im neuen Namen MAN Aktiengesellschaft wegfielen. Die Geschichte der Marke mit ihren zahlreichen Innovationen, den Eigentümerwechseln und den Zu- und Verkäufen sowie der Weg von der Montanindustrie zum Maschinenbau und zur Nutzfahrzeugherstellung ist eine Geschichte der Spezialisierung und des steten Wandels. Älteste Vorläuferfirma der späteren Gutehoffnungshütte und damit des MAN Konzerns war die Eisenhütte St. Antony,

EISENHÜTTE ST. ANTONY

DAMPFMASCHINE

die in Osterfeld, im heutigen Oberhausen, vermutlich Mitte Oktober 1758 in Betrieb ging. Die Hütte St. Antony fertigte Kanonenkugeln, Öfen und Töpfe und vertrieb diese im Zeitalter des kriegerischen Aufstiegs Preußens über die Landesgrenzen hinweg. In direkter Nachbarschaft der Hütte siedelten zwei Mitbewerber: die Gutehoffnungshütte in Sterkrade und das Eisenwerk Neu-Essen bei Essen.

Alle drei fusionierten 1808 zur Hüttengewerkschaft und Handlung Jacobi, Haniel und Huyssen (JHH) und verlegten sich mit der Fertigung von Dampfmaschinenteilen auf die Veredelung der eigenen Eisenproduktion. Das Unternehmen stieg in die Fertigung von Dampfmaschinen für das wachsende Kohlenrevier, in den Dampfschiffbau, die Schienenproduktion für die Eisenbahn sowie den Brückenbau ein und förderte auf Drängen von Franz Haniel ab 1853 in eigenen Zechen Kohle. Die Belegschaft wuchs von 176 Beschäftigten im Jahr 1818 auf 1 607 im Jahr 1846.

Die Gutehoffnungshütte (GHH) wurde am 1. Januar 1873 in eine Aktiengesellschaft umgewandelt. Mit dem Schub der Industrialisierung steigerte die GHH die Kohle- und Eisenerzförderung sowie die Eisenproduktion rasant, und der Maschinenbau entwickelte sich im Schatten der Montanproduktion zu einem internationalen Geschäft. Die Gutehoffnungshütte fertigte nicht nur schwere Anlagen wie Schleusen oder Lastkräne, sondern zunehmend Hochbauten wie Werkshallen und vor allem Brücken für Russland, Südamerika, Südafrika oder Japan. 1904 wurde die erste Dampfturbine des Unternehmens ausgeliefert.

BAU DER MÜNGSTEN-STAHLBRÜCKE

1908 arbeiteten für das Unternehmen 22 274 Beschäftigte. Der Aufsichtsrat unter Vorsitz von Franz Haniel jr. bestellte 1909 Paul Reusch zum Vorstandsvorsitzenden. Dieser trieb eine vertikale Expansion des Unternehmens von der Kohleförderung über die Eisen- und Stahlerzeugung zum Maschinen- und Schiffsbau voran.

Der süddeutsche Teil des MAN Konzerns geht bis auf die Gründung der Sander'schen Maschinenfabrik 1840 in Augsburg und die Gründung der Eisengießerei und Maschinenfabrik Klett & Comp. 1841 in Nürnberg zurück, aus denen 1898 die Vereinigte Maschinenfabrik Augsburg und Maschinenbaugesellschaft Nürnberg AG (M.A.N.) entstand.

Die Krise der Textilindustrie, die damit verbundenen Auftragsrückgänge und der zunehmende Wettbewerb im Dampfmaschinenbau lösten in Augsburg Mitte der 1860er Jahre eine verschärfte Suche nach neuen Geschäftsfeldern aus. Firmendirektor Heinrich von Buz setzte auf Innovationen. Die Maschinenfabrik stellte 1873 auf der Weltausstellung in Wien die erste Rotationsdruckmaschine für Zeitungen vor und baute im gleichen Jahr erste Kältemaschinen für Brauereien, die Carl von Linde entwickelt hatte. Die wichtigste Innovation der Maschinenfabrik Augsburg war die Entwicklung des Dieselmotors. Auf Basis des von Rudolf Diesel gehaltenen Patents Nr. 67 207 vom 28. Februar 1892 baute die Maschinenfabrik Augsburg einen funktionsfähigen Motor mit Selbstzündung, den Diesel am 16. Juni 1897 in Kassel vor dem Verein Deutscher Ingenieure vorstellte. Das MAN Werk in Augsburg gilt somit als die Geburtsstätte des Dieselmotors.

Während in Augsburg Reichenbach und Buz die Produktion der Sander'schen Textilfabrik neu ausrichteten, begann in Nürnberg die Fertigung in der Klettschen Maschinenfabrik. Der Kaufmann Johann Friedrich Klett setzte ab 1841 mit drei Teilhabern zunächst auf den Ausbau der Eisenbahn und die dafür nötige Produktion von Eisenwaren. Die Fabrik fertigte zunächst Dampfmaschinen, bevor sie 1850 in den Waggonbau und den Bau von Eisenkonstruktionen einstieg. Für das Großprojekt, den Bau einer Rheinbrücke in Gustavsburg, errichtete die Firma 1860 eine Fertigungsstätte vor Ort, die zum vollwertigen Zweigwerk zur Produktion beweglicher Brückenteile entwickelt wurde.

1873 erfolgte die Umwandlung der Nürnberger Maschinenfabrik Klett in die Maschinenbau-Actien-Gesellschaft Nürnberg. Aus dem Zweigwerk in Gustavsburg entstand die Süddeutsche Brückenbau AG. Die nachlassende Auftragslage in der Gründerkrise des Deutschen Reiches brachte die Fabrik in Bedrängnis, die Aktiengesellschaft entließ nach 1873 mehr als die Hälfte der 3 612 Beschäftigten. Verschärft wurde die schwierige Lage durch die einseitige Ausrichtung auf den Waggonbau, die erstarkte Konkurrenz im Eisenhochbau und den unzeitgemäßen Verzicht auf Kapitalerhöhungen, die für langfristige Investitionen erforderlich waren.

Erst durch die 1898 eingeleitete Fusion mit der Maschinenfabrik Augsburg zur Vereinigten Maschinenfabrik Augsburg und Maschinenbaugesellschaft Nürnberg AG gelang die nötige Kapitalerhöhung und zugleich der Einstieg in das Geschäft mit innovativen Dieselmotoren, die in ihrer Entwicklungsfähigkeit inzwischen ausgereizten Dampfmaschinen zunächst vor allem bei stationären Anwendungen ersetzen sollten. 1904 wurde in Kiew das erste Kraftwerk mit Großdieselmotoren der Maschinenfabrik Augsburg eröffnet. Durch die Verschmelzung der beiden Maschinenfabriken aus Nürnberg und Augsburg, die weitgehend dezentral organisiert blieben, entstand das größte Industrieunternehmen Bayerns, dessen Name erst auf der Generalversammlung am 7. Dezember 1908 zur Maschinenfabrik Augsburg-Nürnberg AG (M.A.N.) verkürzt wurde.

Die Firma blühte auf und schloss zur internationalen Spitze des Druckmaschinen- und des Stahlhochbaus auf. M.A.N. fertigte unter anderem die Träger für die Wuppertaler Schwebebahn. Noch vor dem Zusammenschluss hatte Anton von Rieppel in Nürnberg mit Blick auf Diesels Erfindung die Weiterentwicklung des selbstzündenden Motors zu einem Antrieb für Fahrzeuge angestoßen.

Zunächst aber setzte M.A.N. auf den wachsenden Markt der Schiffsdiesel und fertigte an beiden Standorten Schiffsantriebe: Während das Augsburger Werk Viertakt-Dieselmotoren herstellte, baute das Nürnberger Werk Zweitakt-Diesel. Die Nürnberger Schiffsdiesel setzten sich 1910 in einer Kooperation mit der Hamburger Werft Blohm & Voss durch. 1912 wurde mit der Selandia das erste See gehende Schiff mit Dieselmotoren in Dienst gestellt. Motorenlieferant war die dänische Firma Burmeister & Wain, die heute in der MAN Diesel & Turbo aufgegangen ist. Die Produkte der M.A.N. fanden inzwischen weltweit Absatzmärkte, der Export stieg bis 1913 auf 29,8 Prozent des Umsatzes von 99,9 Millionen Mark, die Zahl der Beschäftigten erhöhte sich auf 15 792 Mitarbeiter.

ERSTER DIESELMOTOR

Eine Anfrage des Heeres zum Bau von Lastwagen gab nach Beginn des Ersten Weltkriegs den Anstoß, in Kooperation mit den Schweizer Automobilwerken Adolph Saurer in die Fertigung von Nutzfahrzeugen einzusteigen. Der Entwicklungspfad zum Lastwagenbau war bereits vor der Jahrhundertwende vorgeprägt und drängte in das neue Marktsegment, auch um das Nürnberger Werk, das den Schiffsmotorenbau nach Augsburg abgegeben hatte, auszulasten. Die Gründung der M.A.N.-Saurer Lastwagenwerke GmbH, kurz LWW genannt, in Nürnberg markierte am 21. Juni 1915 unter den Bedingungen des Ersten Weltkriegs den Einstieg von M.A.N. in den Nutzfahrzeugbau. Im ersten Betriebsjahr des Gemeinschaftsunternehmens verließen 118 Lastwagen das Lindauer Werk und fünf das Werk in Nürnberg. Hauptabnehmer war das Heer. Nach der Verlagerung des Lkw-Baus nach Nürnberg wurde der Standort Lindau 1916 geschlossen. Bis Mitte 1918 stellte LWW 665 vorwiegend für den Kriegseinsatz bestimmte Lastwagen her. Militärs lobten die robuste Bauweise der benzinbetriebenen Fahrzeuge.

Im Herbst 1918 zog sich Saurer aus dem Unternehmen zurück und vereinbarte mit M.A.N. den künftigen Lizenzbau. Am 14. November 1918 erfolgte die Umbenennung in M.A.N.-Lastwagenwerke. Der Eisen- und Stahlbedarf der M.A.N. traf sich mit der Expansionsstrategie der Gutehoffnungshütte. Das Montanunternehmen weitete mit einer Reihe von Übernahmen und Beteiligungen seinen Geschäftsbereich aus. Der Maschinenbau war besonders attraktiv, weil sich hier die Montanprodukte Eisen und Stahl kostengünstig veredeln ließen. M.A.N. drückte zu diesem Zeitpunkt ein hoher Schuldenbestand, nachdem das Unternehmen vergeblich versucht hatte, in den Lokomotivbau einzusteigen.

Das bayerische Unternehmen suchte deshalb einen starken Partner in der Montanindustrie des Ruhrgebiets. Nach der Gründung der Deutschen Werft in Hamburg und dem Kauf des Eisenwerks Nürnberg sowie der Maschinenfabrik Esslingen erwarb der GHH-Konzern 1920 die Aktienmehrheit der M.A.N..

Die Turbulenzen der Hyperinflation überstand M.A.N. nur durch den Rückhalt des GHH-Konzerns. Der Lastwagenbau, 1915 mit großen Erwartungen als künftiges Geschäftsfeld gestartet, entwickelte sich schwach. 1921 verließen nur 370 Nutzfahrzeuge das Werk Nürnberg. M.A.N. fertigte kurzzeitig Motorpflüge und baute ab 1922 Lastwagen-Fahrgestelle zu offenen Reisebussen aus. Das Marktsegment der Stadt- und Reisebusse wuchs in der Mitte der 1920er Jahre rasant und M.A.N. wollte die wachsende Nachfrage bedienen.

Erst mit einer entscheidenden Weiterentwicklung des Dieselmotors, der Direkteinspritzung des Kraftstoffs in den Brennraum, gelang der Durchbruch zum Bau kleinerer, drehzahlfreudiger Antriebe für Lastwagen. Nach den Wettbewerbern Benz und Daimler gelang am 15. Dezember 1923 auch im Augsburger M.A.N. Werk die Entwicklung eines betriebsfähigen Lastwagens mit Dieselmotor und Direkteinspritzung. Am 13. März 1924 fuhr der erste 4-Tonner mit Kettenantrieb in fünfeinhalb Stunden vom Motorenwerk Augsburg ins Lastwagenwerk Nürnberg. Auch auf der Automobilausstellung in Berlin erwies sich der M.A.N. Vorführwagen im Dezember 1924 als besonders zuverlässig. Das erste Fahrzeug wurde am 11. November 1925 an eine Augsburger Brauerei ausgeliefert, wo er bis 1942 durchgehend im Einsatz war.

ERSTER MAN LKW MIT DIESELMOTOR
UND DIREKTEINSPRITZUNG

ZWEITAKT-GROSSDIESELMOTOR

1923 wechselte der Sitz der GHH-Holdinggesellschaft nach Nürnberg, nachdem französisches Militär am 11. Januar 1923 Oberhausen und damit auch die Konzernzentrale besetzt hatte. Die wirtschaftliche Entwicklung des Maschinenbaus blieb jedoch hinter der wachsenden Bedeutung der M.A.N. zurück. In Nürnberg entwickelte M.A.N. 1925 für die Kraftverkehrsgesellschaft Bayern (KVB) den ersten eigenen Lastwagen mit 5 Tonnen Nutzlast. Der nach dem Kunden KVB benannte Typ mit Benzin- oder Dieselmotor und einer Leistung von 55 PS war mit 1 600 Verkäufen einer der erfolgreichsten Lastwagen der 1920er Jahre. Darüber hinaus stellte M.A.N. Busse mit einer fahrgastfreundlichen niedrigen Einstiegshöhe, den so genannten Niederrahmen-Omnibus, her und baute 1925 den ersten Omnibus mit Dieselmotor für die Reichspost. Das Nutzfahrzeuggeschäft entwickelte sich in den 1920er Jahren jedoch nicht so wachstumsstark und rentabel wie erhofft.

In der M.A.N. Gruppe stand deshalb 1932 der defizitäre Lkw-Bau trotz mancher Aufsehen erregender Einzelprojekte wie dem stärksten Diesel-Lastwagen der Welt, dem Typ S1 H6 mit 150 PS, kurz vor der Schließung. Währenddessen schrumpfte im Geschäftsjahr 1932/33 die Zahl der Beschäftigten in der M.A.N. Gruppe und vor allem im Werk Nürnberg auf 5 192 bzw. 1 633 Mitarbeiter. Das wirtschaftliche Überleben der Nutzfahrzeugsparte sicherte die Einführung der Fließbandmontage für die Produktion des neuen 3t Z1-Lastwagens. Die 3-Tonner trafen auf eine steigende Nachfrage, die eine zunehmende Belebung der Weltwirtschaft gleichsam vorwegnahm. Ab 1932/33 wurde der Dieselmotor dem Benziner ebenbürtig und nicht ohne Stolz kam der Schriftzug „DIESEL" auf den M.A.N. Kühlergrill. 1934 begann M.A.N. mit der Entwicklung von Abgas-Turboladern, die bei Großmotoren für Schiffe und Kraftwerke auch heute noch zum Produktportfolio des Unternehmens gehören.

M.A.N. gelang es nach Überwindung der Weltwirtschaftskrise, den Verkauf seiner Diesel-Nutzfahrzeuge zu internationalisieren und die Produktpalette auf Fahrzeuge mit bis zu 10 Tonnen Nutzlast auszuweiten. Ab Mitte der 1930er Jahre wurden in alle Lastwagen, Busse und Schlepper von M.A.N. nur noch kraftstoffsparende Dieselmotoren eingebaut. Nach der De-facto-Annexion Österreichs durch das Deutsche Reich 1938 übernahm der GHH-Konzern die Aktienmehrheit bei der Firma Österreichische Automobil-Fabrik AG (ÖAF). Die Fertigung von Nutzfahrzeugen in der M.A.N. Gruppe stagnierte jedoch. Im Nürnberger Werk machte der Lastwagenbau 1938 nur noch ein Fünftel der Produktion aus. Stattdessen verlegte sich die M.A.N. im Zuge der nationalsozialistischen Rüstungskonjunktur auf die Fertigung von Panzern und U-Boot-Motoren. Mit der Kriegsmarine einigte sich M.A.N. auf den Bau eines neuen, mit Steuergeldern geförderten Motorenwerks in Hamburg.

In der Nachkriegszeit schrumpfte der GHH-Konzern durch die von den Alliierten befohlene Entflechtung. Dadurch gewann der Maschinenbau gegenüber den Montanindustrien an Gewicht. Der Motorenbau der M.A.N. wurde von den Alliierten zwar strikten Beschränkungen unterworfen, entgegen den Befürchtungen jedoch nicht demontiert. Die Nutzfahrzeugproduktion lief unter amerikanischer Kontrolle im Juli 1945 wieder an. Bereits am 14. Juli 1945 erteilte die 3. US-Armee der M.A.N. die Erlaubnis, amerikanische Heereswagen instand zu setzen sowie einen 5-Tonnen-Lkw herzustellen, der dringend für den Wiederaufbau benötigt wurde. Mit der Zahl der Beschäftigten erhöhte sich auch die Zahl der gefertigten Lastwagen auf 303, zugleich weitete M.A.N. das Angebot auf Busse und Schlepper aus. 1950 verließen das Werk Nürnberg bereits 1440 Lastwagen. Die Nachfrage nach Lastwagen wuchs schneller als die Fertigungskapazitäten.

Die große Nachfrage des In- und Auslands nach Großdieselmotoren, Dampfkraftwerken, Schienenfahrzeugen und Gasbehältern löste einen Wachstumsschub in der M.A.N. Gruppe aus. Auch im Motorenbau stellte M.A.N. Neuerungen vor. Auf der Internationalen Automobil-Ausstellung 1951 präsentierte das Unternehmen den ersten Turbolader-Dieselmotor für Nutzfahrzeuge. Dort stellte M.A.N. auch seinen neuen F8 vor, einen Lastwagen mit wahlweise 8,3 oder 10 Tonnen Nutzlast, Achtzylindermotor mit 180 PS und einer Spitzengeschwindigkeit von 60 Stundenkilometern, der für den Fernverkehr konzipiert war. Der Maschinenbaubereich entwickelte ebenfalls neue Produkte, wie den erstmals 1950 ausgelieferten Axialkompressor und den ersten Schraubenkompressor.

M.A.N. wollte wachsen und erwarb zu diesem Zweck 1955 das Gelände des 1945 von den amerikanischen Streitkräften beschlagnahmten und kurzfristig geräumten früheren BMW-Flugmotorenwerks in München-Allach. Durch gezielte Investitionen verfünffachten sich die Fertigungskapazitäten, sodass die Lastwagenfertigung im gleichen Jahr in München konzentriert werden konnte, während der Dieselmotorenbau in Nürnberg verblieb. Dies ermöglichte weiteres Wachstum für den Lastwagenbau. Der Typ 400, ein Lastwagen mit 4,5 Tonnen Nutzlast und 115 PS, war 1955 das erste vollständig von M.A.N. neu entwickelte Modell. Das Mittenkugel-Einspritzverfahren zeichnete sich durch ruhigen Motorenlauf und deutlich verringerten Kraftstoffverbrauch aus und wurde ab 1963 für Schwerlastwagen zum Hochleistungs-Mittenkugelverfahren weiter-

STÄRKSTER DIESEL-LASTWAGEN DER WELT

SCHIENENBUS-FERTIGUNG

entwickelt. Damit sicherte sich das Unternehmen einen Innovationsvorsprung. Der Sechszylinder-Dieselmotor mit Mittenkugel-Einspritzverfahren bildete auf Jahrzehnte den Maßstab für Kraftstoff sparende Nutzfahrzeugmotoren, von denen M.A.N. Lizenzen an weltweit 15 Unternehmen verkaufte. 1955 stieg die Deggendorfer Werft und Eisenbau GmbH (DWE), die bereits seit 1924 zum GHH-Konzern gehörte, in den Bau von Röhrenreaktoren für die chemische und petrochemische Industrie ein. Heute ist die zu MAN Diesel & Turbo gehörende DWE Weltmarktführer bei diesen Produkten.

Als 1960 der dreißigtausendste Lastwagen vom Band lief, verfügte M.A.N. über 33 Werkstätten und Ersatzteillager und hatte mehr als 100 Vertragspartner im Inland. Im gleichen Jahr beschäftigten die M.A.N. Werke in Augsburg, Nürnberg, München, Gustavsburg und Hamburg insgesamt 32 470 Mitarbeiter. 1961 erreichte die M.A.N. Gruppe einen Umsatz von 1,13 Milliarden DM, auf das Geschäftsfeld Nutzfahrzeuge entfielen mit 440 Millionen DM fast 40 Prozent. M.A.N. bildete den stärksten Teil und zugleich den Innovationsmotor des GHH-Konzerns.

TURBOKOMPRESSOR

Im Zuge der Neuausrichtung der GHH-Konzernstrategie wurde das Maschinenbaugeschäft bei der M.A.N. konzentriert, die wiederum im Nutzfahrzeugmarkt beständig wuchs. Im Nutzfahrzeugsektor erweiterte M.A.N. die eigene Angebotspalette um Fahrzeuge mit stärkeren Dieselmotoren sowie größeren Nutzlasten. Die Fertigung von Lastwagen und Omnibussen stand im Mittelpunkt der Geschäftsentwicklung, weshalb 1963 die Traktoren- und Schlepperproduktion verkauft wurde.

Der Nutzfahrzeugbau überschritt 1970 erstmals die Umsatzgrenze von einer Milliarde DM, wozu die Internationalisierung und Erweiterung der Lastwagenproduktion beitrug. 1966 nahm M.A.N. im bayerischen Penzberg ein Omnibus-Montagewerk in Betrieb und eröffnete 1967 in Istanbul eine Fabrik mit einer anfänglichen Jahreskapazität von 300 Fahrzeugen. 1974 übernahm M.A.N. im südafrikanischen Pinetown bei Durban eine Montagefabrik, die 1962 von den dortigen M.A.N. Importeuren gegründet worden war. Der Nutzfahrzeugkonzern erweiterte sich 1971 durch die vollständige Übernahme der Firma Österreichische Automobil Fabrik AG, die kurz zuvor den traditionsreichen Wiener Lkw-Hersteller Gräf & Stift integriert hatte.

Der Kauf des Braunschweiger Nutzfahrzeugunternehmens Büssing erfolgte 1971/72 über ein Tauschgeschäft mit der bundeseigenen Salzgitter AG: Während der GHH-Konzern aus dem Schiffsbau ausstieg und die Werften dem Staatsunternehmen übergab, erwarb er im Gegenzug schrittweise mit seiner Konzerntochter M.A.N. den Braunschweiger Lastwagenhersteller. Büssing, 1903 von dem im heutigen Wolfsburger Stadtteil Nordsteimke geborenen Unternehmer Heinrich Büssing gegründet, besaß 1968 im Lkw-Segment der Lastwagen über 8 Tonnen Gesamtgewicht zwar einen Inlandsmarktanteil von 18,7 Prozent, war jedoch zu klein, um sich dem Konzentrationsprozess zu entziehen. M.A.N. erwarb nicht nur das Know-how für Unterflurmotor-Lastwagen, sondern vergrößerte auch durch die Integration des Werks in Salzgitter seine Fertigungskapazitäten. Sichtbares Zeichen dieses Kaufs war das Wappentier der Welfen, der Braunschweiger Löwe, der auf dem Kühlergrill der M.A.N. Fahrzeuge gleichberechtigt unter dem M.A.N. Schriftzug angebracht wurde.

Die Verbindung nach Niedersachsen wurde auch durch die 1977 mit der Volkswagenwerk AG geschlossene Vereinbarung über die gemeinschaftliche und arbeitsteilige Entwicklung und Herstellung einer Lkw-Reihe mit einem Gesamtgewicht von 6 bis 9 Tonnen intensiviert. M.A.N.

unternahm damit einen neuen Anlauf zur Erschließung des unteren Marktsegments. Volkswagen wollte seinerseits sein Angebot leichter Nutzfahrzeuge nach oben erweitern. M.A.N. lieferte das Know-how seiner ebenso leistungsstarken wie sparsamen Dieselmotoren und konstruierte Vorderachse, Lenkung, Federung, Bremsen und Räder. Volkswagen brachte seine produktionstechnischen Möglichkeiten und sein enges internationales Vertriebsnetz ein. Die G-Baureihe der 7,5-Tonner mit 90 bis 136 PS, deren Design sich am Volkswagen LT orientierte, kam 1979 auf den Markt. Die Fahrzeuge, die zu einem Viertel im M.A.N. Werk Salzgitter und zu drei Vierteln im Volkswagen Werk Hannover hergestellt werden sollten, fanden bis 1993 in insgesamt 72 000 Einheiten Absatz.

Im Bereich der Großdieselmotoren erfolgte eine wichtige Weichenstellung 1980, als M.A.N. das dänische Unternehmen Burmeister & Wain Diesel A/S übernahm. Auf der Basis der Akquisition erreichte M.A.N., dass heute bei Zweitaktdieseln, die in Tankern und großen Containerschiffen eingesetzt werden, der Marktanteil über 80 Prozent beträgt.

Die Fusion der M.A.N. auf den GHH-Konzern zur MAN Aktiengesellschaft vollzog 1986 förmlich nach, was längst wirtschaftliche Wirklichkeit geworden war: Der Ertragsbringer des Konzerns war MAN, drei Viertel der Konzernbelegschaft arbeiteten dort. Ihr Anteil am Konzerngeschäft stieg stetig und versprach weiteres Wachstum, das nun vom Firmensitz in München anstatt von Oberhausen aus gesteuert wurde. Gleichzeitig reduzierte der neue MAN Konzern seine Aktivitäten in anderen Geschäftsfeldern und konzentrierte sich auf die Bereiche Nutzfahrzeuge, Industriedienstleistungen, Druckmaschinen, Dieselmotoren sowie den

G BAUREIHE

Maschinen- und Anlagenbau, was in die Bereiche Commercial Vehicles und Power Engineering mündete. Beim Bau von treibstoffsparenden Antrieben und Transportlösungen lag seit Mitte der 1980er Jahre besonderes Augenmerk auf der Entwicklung von Elektrobussen und Hybridantrieben, bei denen Bremsenergie in Fahrleistung umgewandelt wird. Dieses Grundprinzip ließ MAN in die Entwicklung mehrerer Omnibus-Modelle einfließen. Seit 1988 konzentrierte sich die Marke auf drei Produktreihen der leichten, mittleren und schweren Lastwagen und ordnete die internen Strukturen an den Inlandsstandorten München, Nürnberg, Penzberg, Gustavsburg und Salzgitter. Im selben Jahr stieg MAN in die Entwicklung von Industriegasturbinen ein.

CONSTELLATION BAUREIHE UND MAN LKW

Eine neue Baureihe schwerer Lastwagen mit dem Namen Trucknology Generation Typ A, kurz TGA, setzte im Jahr 2000 in der Branche neue Maßstäbe. Baureihen für den Fernverkehr, den schweren Traktions- und Baustellenverkehr sowie den regionalen und überregionalen Verteilerverkehr folgten. Mit der Einführung der Common-Rail-Dieseltechnologie für Lastwagen 2004 und dem Hydrodrive 2005, einem zuschaltbaren Allradantrieb, behauptete MAN seine Technologieführerschaft in der Motoren- und Fahrzeugentwicklung für Nutzfahrzeuge. Auch im Bereich der Großdieselmotoren und der Turbomaschinen waren die ersten Jahre nach der Jahrtausendwende von technischen Weiterentwicklungen geprägt. 2003 wurde ein Kompressorstrang für die damals weltgrößte Gas-to-Liquid-Anlage ausgeliefert, 2005 begann die Einführung der Common-Rail-Technik bei Viertakt-Großdieselmotoren.

Die zunehmende Internationalisierung der Nutzfahrzeugmärkte beantwortete MAN bis zur Jahrtausendwende durch mehrere Übernahmen: Mit Steyr kam 1989 ein weiterer Hersteller aus Österreich dazu – die Aktivitäten in der Alpenrepublik bündelt seit 2004 die MAN Nutzfahrzeuge Österreich AG, nunmehr MAN Truck & Bus Österreich AG. 1999 erfolgte die Integration des polnischen Nutzfahrzeugherstellers STAR. Im Jahr 2000 kaufte MAN die Bus-Marke Neoplan des Stuttgarter Reisebusunternehmens Gottlob Auwärter sowie den Dieselmotorenbereich von Alstom Engines Ltd. in Großbritannien und 2001 den britischen Hersteller ERF sowie die schweizerische Sulzer Turbo AG.

Nach dem 250. Geburtstag des Unternehmens im Jahr 2008 übernahm MAN am 15. Dezember 2008 von der Volkswagen Aktiengesellschaft die in Brasilien beheimateten Aktivitäten von Volkswagen Truck & Bus, die mit ihrer Lkw-Baureihe Constellation und Bussen große Erfolge erzielt hat und führt sie in der MAN Latin America weiter. Auf dem wichtigen chinesischen Markt ist die MAN seit 2008 mit einem eigenen Turbomaschinenwerk am Standort Changzhou sowie seit 2009 durch die Marke Sitrak vertreten, die aus einer strategischen Beteiligung der MAN an dem chinesischen Lastwagenhersteller Sinotruk hervorgegangen ist. Das Südamerikageschäft der MAN Latin America bildet neben MAN Truck & Bus, dem Spezialgetriebebau der Renk AG und MAN Diesel & Turbo eines der vier Standbeine des seit 2009 als europäische Aktiengesellschaft firmierenden Konzerns MAN SE.

MAN PRODUKTFAMILIE

MAN CONCEPT S

2012 aktualisierte MAN die TG-Baureihen und stellte den Oberklasse-Reisebus Neoplan Jetliner vor. Das Nutzfahrzeuggeschäft von MAN Truck & Bus und von MAN Latin America setzte in diesem Jahr 8,82 Milliarden Euro bzw. 2,9 Milliarden Euro um und trug 225 Millionen Euro bzw. 229 Millionen Euro zum Operativen Ergebnis des Konzerns bei. MAN Truck & Bus mit seinen weltweit 16 Produktions- und Kooperationsstandorten verkaufte 2012 insgesamt 74 680 Lastwagen und 5 286 Busse und beschäftigte 34 879 Mitarbeiter. MAN Latin America lieferte in Brasilien und Mexiko im Jahr 2012 insgesamt 56 305 Lastwagen und Busse aus.

Unter der Regie der Volkswagen Aktiengesellschaft, die am 3. Oktober 2006 an der MAN SE eine strategische Beteiligung von 15,06 Prozent erworben hatte und am 9. November 2011 zum Mehrheitsaktionär geworden war, schmiedet MAN eine schlagkräftige Allianz mit Scania und der Marke Volkswagen Nutzfahrzeuge, um auf den Weltmärkten weiterhin erfolgreich zu wachsen. Mit den verschiedenen TG-Baureihen und den Bussen der Marken MAN und Neoplan bietet MAN eine breite Produktpalette und setzt mit seinen Euro-6-Motoren Standards. Höchste Anforderungen an Arbeitskomfort sowie Ergonomie und Wertigkeit verbinden sich mit größtmöglicher Wirtschaftlichkeit. MAN bringt damit den Güterverkehr und die Personenbeförderung in Fluss.

Porsche

Die Sportwagenmarke Porsche hat in der Automobilwelt Klang. Denn der typische Sound der leistungsstarken Motoren verspricht Kraft und Dynamik. Namensgeber der Marke war der weltbekannte Konstrukteur Ferdinand Porsche. Das Familienunternehmen Porsche hat mit Sportwagentypen wie dem 356 und 911 oder mit Rennwagen wie dem 550 Spyder und dem 917 automobile Ikonen geschaffen, die Ausdruck purer Leidenschaft sind. Porsche Fahrzeuge aus Zuffenhausen und Leipzig erfreuen sich in aller Welt einer außerordentlichen Nachfrage, sind für viele Automobilliebhaber ein wahrer Traum. Seit dem 1. August 2012 entfaltet die überaus starke Marke unter dem Dach des Volkswagen Konzerns ihre Kraft. Mit der Übernahme der restlichen 50,1 Prozent der Anteile der Dr. Ing. h.c. F. Porsche AG von der Porsche SE erfolgte die Schaffung eines integrierten Automobilkonzerns, der durch den Abschluss einer Grundlagenvereinbarung am 13. August 2009 auf den Weg gebracht worden war.

Damit fanden zwei Unternehmen zusammen, die in ihrer Geschichte viele Berührungspunkte hatten. Ferdinand Porsche (1875-1951) gehört mit seinen wegweisenden Innovationen zu den bedeutendsten Automobilkonstrukteuren des 20. Jahrhunderts. Bereits ab 1898 beschäftigte er sich mit dem Bau von Elektromobilen. Der Lohner-Porsche mit Radnabenantrieb hatte eine Reichweite von 50 Kilometern und erzielte 1900 auf der Pariser Weltausstellung ein begeistertes Echo. Noch im selben Jahr entwickelte Porsche mit dem Semper Vivus das erste funktionsfähige, serielle Hybridfahrzeug der Welt. Als Technischer Direktor bei Austro-Daimler legte Porsche ab 1906 mit Konstruktionen wie dem Prinz-Heinrich-Wagen, dem Landwehr-Train oder dem Leichtbau-Rennwagen Sascha den Grundstein für seinen internationalen Ruf. Nach seinem Wechsel zur Daimler-Motoren-Gesellschaft in Stuttgart im Jahre 1923 baute Porsche in seiner Funktion als Technikvorstand hubraumstarke Sportwagen mit Kompressoraufladung. Die Kosten der technisch anspruchsvollen Entwicklungen widersprachen jedoch den Einsparungsbemühungen nach dem Zusammenschluss von Daimler und Benz im Jahre 1926. Porsche schied daraufhin 1928 aus und wechselte 1929 zu den österreichischen Steyr-Werken.

Im Dezember 1930 machte sich Porsche inmitten der Weltwirtschaftskrise als 55-Jähriger selbstständig. Zusammen mit seinem Schwiegersohn Anton Piëch und Adolf Rosenberger, der 1933 wieder ausschied, gründete Porsche am 25. April 1931 in Stuttgart die Dr. Ing. h. c. F. Porsche GmbH, die die Konstruktion und Beratung für Motoren und Fahrzeuge anbot und anfangs zwölf Mitarbeiter beschäftigte. Ausdruck der innovativen Konstruktionslösungen war die 1931 erfolgte Patentanmeldung der Drehstabfederung.

Nach mehreren kleineren Projekten bekam das Konstruktionsbüro 1933 den lukrativen Auftrag zum Bau eines Rennwagens für die Auto Union. Der so genannte P-Rennwagen mit 750 Kilogramm Gewicht und Mittelmotor war Porsches erster Grand-Prix-Rennwagen und sicherte das Fortbestehen der Firma. Hinzu kam ein Entwicklungsauftrag der NSU-Werke über einen Kleinwagen vom Typ 32, der mit einem luftgekühlten Heckmotor, Drehstabfederung und charakteristisch rundem Heck Elemente der späteren Volkswagen Konstruktion aufwies. Die Idee eines preisgünstigen Kleinwagens für breiteste Käuferschichten faszinierte Porsche mit Blick auf die Massenmotorisierung in den USA wie viele andere Konstrukteure und Ingenieure.

W30 VOR PORSCHE-KONSTRUKTIONSBÜRO
IN STUTTGART-ZUFFENHAUSEN

Ferdinand Porsche legte in seinem „Exposé betreffend den Bau eines deutschen Volkswagens" am 17. Januar 1934 dem Reichsverkehrsministerium seinen Plan für ein vollwertiges Gebrauchsfahrzeug vor. Da das Volkswagen Projekt die Unterstützung des NS-Regimes besaß und deshalb vom Branchenverband aufgegriffen wurde, erhielt das unternehmensunabhängige Porsche Konstruktionsbüro am 22. Juni 1934 vom Reichsverband der Automobilindustrie den Auftrag zur Entwicklung und zum Bau von Prototypen. Mit seinem Team löste er die technischen Probleme und übernahm in der 1937 gegründeten Gesellschaft zur Vorbereitung des Deutschen Volkswagens mbH die Funktion eines Hauptgeschäftsführers. Das von 1937 an als Dr. Ing. h.c. F. Porsche KG firmierende Konstruktionsbüro fungierte als ausgegliederte externe Entwicklungsabteilung der Volkswagenwerk GmbH.

1938/39 entwickelte die Porsche KG mit dem Typ 64 „Berlin-Rom-Wagen" ein eigenes Sportwagenkonzept, das als Urahn der späteren Porsche Sportwagen gilt. Die Porsche

MONTAGE IN ZUFFENHAUSEN

KG konstruierte zudem Schlepper für die Landwirtschaft, später auch Panzer und andere Militärfahrzeuge. Die Luftangriffe auf Stuttgart bewogen die Unternehmensleitung, das Konstruktionsbüro 1944 in ein ehemaliges Sägewerk nach Gmünd in Kärnten und das Materiallager in eine Fliegerschule in Zell am See zu verlegen, wo auch das Schüttgut als Familiensitz diente.

Nach Kriegsende hielt sich das Konstruktionsbüro zunächst mit Reparaturaufträgen und der Fertigung einfacher Landwirtschaftsmaschinen über Wasser. Ferry Porsche (1909-1998) entwickelte in der Porsche Konstruktionen GmbH mit Sitz im britisch besetzten Kärnten mit dem Porsche 356 das erste Auto unter eigenem Namen. Der erste Porsche Sportwagen eigener Fabrikation rollte am 8. Juni 1948 mit der Fahrgestellnummer 356 001 aus den Werkstätten in Gmünd. Aluminiumkarosserie, runde Scheinwerfer und sanft geschwungene Kurven beim Coupé oder Cabriolet trafen den Geschmack eines exklusiven Käuferkreises. Der erste Rennsieg mit dem 585 Kilogramm leichten Roadster beim Innsbrucker Stadtrennen am 1. Juli 1948 bescherte Porsche große Aufmerksamkeit. Damit war der Grundstein für das unverwechselbare sportliche Markenimage gelegt. Bis 1950 entstanden in Handarbeit nur 52 Exemplare dieses Typs.

Im September 1948 erfolgte auch eine Regelung der offenen Vertragsverhältnisse mit der Volkswagenwerk GmbH, die Lizenzzahlungen für die Serienfertigung der von Porsche konstruierten Volkswagen Limousine, aber auch die Lieferung von Bauteilen und eine „enge Arbeitsgemeinschaft" bei Entwicklungsaufgaben umfasste. Zudem erhielt Porsche Zugang zum Vertriebs- und Service-Netzwerk von Volkswagen.

Erst mit der Rückkehr des Gesamtunternehmens nach Stuttgart nahm die Produktion Fahrt auf. Porsche gelangen erste Schritte auf dem wichtigen Auslandsmarkt in den Niederlanden, wo der Volkswagen Importeur Ben Pon die Sportwagen vertrieb, sowie in der Schweiz, wo in Zürich im Winter 1948 der erste Porsche Showroom eröffnet wurde. Nach dem Pariser Autosalon 1950 schaffte Porsche den Sprung auf den US-Markt. Im Showroom des Volkswagen Importeurs Maximilian E. Hoffman in der New Yorker Park Avenue setzte sich die klare Formensprache des 356 von den Mitbewerbern deutlich ab und bei den Käufern durch. Bis 1965 wurden 76 000 Fahrzeuge vom Typ 356 gebaut. Im letzten Produktionsjahr gingen drei Viertel der Fahrzeuge in die USA, wo Porsche von 1955 an eine eigene Repräsentanz unterhielt.

Wesentlichen Anteil an der großen Nachfrage hatten die Rennsporterfolge Porsches bei den 24-Stunden-Rennen von Le Mans, der italienischen Mille Miglia oder der mexikanischen Carrera Panamericana. Mitte der 1950er Jahre konnte die Marke bereits 400 Rennsiege verbuchen, bis heute hat Porsche mehr als 28 000 Rennsiege eingefahren. Der Motorsport diente Porsche als Experimentierfeld für neue Technik und als Werbung für das Serienfahrzeug. Die Zuverlässigkeit auf der Rennstrecke transportierte ein Qualitätsversprechen an die Kunden der Seriensportwagen, das Porsche mit niedrigen Garantiekosten von nur 40 DM pro Fahrzeug beim Typ 356 C bestätigte. 1960 erreichte der Umsatz des Sportwagenherstellers erstmals mehr als 100 Millionen DM. Das Stuttgarter Werk wurde erweitert, Porsche vergrößerte die Produktionskapazitäten und ließ sich unter anderem von Karmann in Osnabrück Karosserien zuliefern.

911 TARGA

Die Suche nach einem Nachfolger für das Erfolgsmodell 356 begann 1957. Die Planungen sahen vor, den luftgekühlten Boxermotor am Heck zu erhalten, aber mehr Leistung und Laufruhe sowie eine verbesserte Straßenlage und mehr Platz im Innen- und Kofferraum zu ermöglichen. Ferdinand Alexander Porsche stellte 1959 mit dem Typ 754 T7 den Entwurf eines 2+2-Sitzers vor, aus dem ein Fließheck-Coupé unter dem Projektnamen Typ 901 mit neuem Rahmen, Fahrwerk und Antrieb entstand. Der luftgekühlte Sechszylinder-Boxermotor war unter der Leitung von Porsche-Enkel Ferdinand Piëch entwickelt worden.

Das neue Fahrzeug wurde nach seiner Markteinführung im September 1964 als Typ 911 zum Herzstück der Marke Porsche. Seit dem Produktionsstart wurden am Standort Stuttgart-Zuffenhausen sieben Modellgenerationen gebaut. Der 911 entwickelte sich zum Inbegriff des automobilen Traums, ebenso elegant wie rasant zu fahren. Die Realisierung der neuen Baureihe war für das Unternehmen allerdings ein Kraftakt. Porsche investierte 15 Millionen DM in den Kauf eines Karosseriewerks, musste dafür aber auf die Formel 1 und damit auf einen Teil der Motorsportaktivitäten verzichten. Der unter Leitung von Ferdinand Piëch entwickelte Porsche 917 mit seinem Zwölfzylinder-V-Motor mit anfänglich 520 PS Leistung trug nach 1969 mit seinen Rennerfolgen etwa in Le Mans zum wachsenden Renommee der Marke Porsche bei.

VW-PORSCHE 914

Auf dem wichtigen US-Markt drohte 1965 zudem ein Cabriolet-Verbot, was Porsche hart getroffen hätte. Der Sportwagenhersteller reagierte mit dem Bau des 911 Targa, der über einen serienmäßig eingebauten Überrollbügel verfügte. Außerdem räumte Porsche 1967 weitere Verkaufshindernisse aus dem Weg, indem das Sportwagenunternehmen als erster europäischer Hersteller die verschärften US-Abgasentgiftungsvorschriften erfüllte.

Zugleich intensivierte Porsche die Zusammenarbeit mit Volkswagen. Beide Unternehmen vereinbarten 1966 die Entwicklung eines Nachfolgers für das veraltete Sportcoupé Volkswagen Karmann Ghia. Geplant war, den späteren VW-Porsche 914 unterhalb des Marktsegments des 911 anzusiedeln und für das Verkaufsprogramm beider Automobilhersteller kompatibel zu machen. Für den Vertrieb der zweiten Porsche Baureihe wurde die VW-Porsche Vertriebsgesellschaft gegründet, in der beide Hersteller paritätisch vertreten waren. Der 1969 startende „Volksporsche" erfüllte die Absatzerwartungen aber nur teilweise. Während der VW-Porsche 914 mit Sechszylindermotor nur zögerlich gekauft wurde, war der deutlich preisgünstigere VW-Porsche 914 mit Vierzylindermotor gefragt: Von dem 914/4 wurden 1970 allein 13 000 Fahrzeuge verkauft.

Die zum 1. August 1972 erfolgte Umwandlung von Porsche in eine Aktiengesellschaft veränderte die Unternehmensstruktur tiefgreifend. Auf Beschluss der Eigentümerfamilien Piëch und Porsche zogen sich die Familienmitglieder aus dem operativen Geschäft zurück, das seither angestellte Manager leiteten. Die Familien engagierten sich im Aufsichtsrat, dem langjährig Ferry Porsche vorsaß. Die ökonomische Situation der Aktiengesellschaft blieb auch durch den Bau eines neuen Verwaltungsgebäudes in Ludwigsburg-Tammerfeld stark beansprucht. Denn Sonntagsfahrverbote und Geschwindigkeitsbeschränkungen nach dem Ölpreisschock 1973 verunsicherten die Automobilkunden in Deutschland. Porsche senkte die Tagesproduktion von 72 auf 50 Fahrzeuge und meldete Kurzarbeit an, leitete aber eine Ausweitung der Modellpalette ein. Mit der G-Serie setzte Porsche zunächst auf eine neue Generation des 911 mit Sicherheitsstoßfängern, integrierten Kopfstützen, Pralltopf-Lenkrad und automatischen Dreipunktgurten. Auf dem Höhepunkt der Rezession stellte Porsche 1974 den eng an den eigenen Motorsportaktivitäten entwickelten Supersportwagen 911 Turbo 3.0 Coupé vor. Der Porsche mit markantem Heckflügel war zunächst als Kleinserie geplant. Doch der Turbolader mit innenbelüfteten Scheibenbremsen und alltagstauglicher Luxusausstattung wurde zum großen Verkaufserfolg. Während der ersten drei Modelljahre baute Porsche 2 850 Fahrzeuge dieses Typs und fuhr mit Vollgas aus der Krise.

Auf der unteren Skala der Modellreihe ersetzte 1976 der neue Typ 924 den VW-Porsche 914, dessen Produktion im gleichen Jahr auslief. Wie beim Vorgängermodell war eine Zusammenarbeit mit Volkswagen angestrebt worden, um mit günstigen Großserienbauteilen Kosten zu senken. Volkswagen stoppte das Gemeinschaftsprojekt 1975, um seine Kräfte auf die neue Modellgeneration von Polo bis Passat konzentrieren zu können, und übertrug Porsche das Fahrzeug. Von Porsche als 924 eigenständig auf den Markt gebracht, erfolgte die Fertigung bei Audi in Neckarsulm. Das neue Einstiegsmodell brach mit der traditionellen Bauweise. Der 924 hatte einen wassergekühlten Vierzylinder-Frontmotor und übertrug die Kraft über ein Transaxle-Getriebe an die Hinterachse. Am Ende des Geschäftsjahres 1976/77 machte der 924 fast die Hälfte des Fahrzeugumsatzes aus, bis Produktionsende 1988 wurden 150 684 Fahrzeuge gebaut.

Oberhalb des 911 stellte Porsche mit dem luxuriösen Hochleistungssportwagen 928 im Jahr 1977 eine dritte Baureihe vor. Der Wagen war als Nachfolger des 911 unter der Leitung von Anatole Lapine entworfen worden und polarisierte die treuen Porsche Kunden stark. Denn der 928 unterbrach die traditionelle Bauweise mit luftgekühlten Heck-Boxermotoren und setzte stattdessen auf Frontmotoren und Hinterradantrieb, einen wassergekühlten Achtzylinder-Motor, ein Aluminiumfahrwerk und eine neue Hinterachse.

944

Nach dem zweiten Ölpreisschock 1979 bekam Porsche die Konkurrenz auf dem internationalen Automarkt zu spüren. Japanische Hersteller setzten mit eigenen Modellen auf dem wichtigen US-Markt den Porsche 924 durch kostengünstigere Sportwagen unter Druck. Porsche musste 1979/80 einen Rückgang der Verkäufe um 19,7 Prozent verkraften, der Umsatz dagegen verzeichnete noch keinen Einbruch. Porsche reagierte auf den Wettbewerb 1981 mit dem 944, einem verbrauchsarmen Vierzylinder, der als Bindeglied zwischen dem 924 und dem 911 SC einen gehobenen Einstieg in die Marke bot und den Nerv der Kundschaft traf. Von Januar bis September 1982 setzte Porsche allein 4 000 Fahrzeuge des 944 ab, 1983 machte der Wagen 51 Prozent des gesamten Fahrzeugabsatzes aus.

BOXTER S

Im Verlauf der 1980er Jahre verschärfte sich der Wettbewerb auf dem internationalen Markt. Zunächst blieb Porsche in der Spur, erreichte 1985/86 vor allem dank des starken US-Geschäfts das fünfte Rekordjahr in Folge: Mehr als jedes zweite Fahrzeug wurde in die USA exportiert. Nach dem Auslaufen der Vereinbarung mit der Volkswagen of America Inc. am 31. August 1984 vertrieb die neugegründete Porsche Cars North America Inc. die Fahrzeuge in eigener Verantwortung. Mit der Ausgabe von Vorzugsaktien sammelte Porsche am 4. Mai 1984 zusätzliches Kapital für Neuerungen und investierte bis 1988 über eine Milliarde DM unter anderem in eine umweltfreundliche Lackiererei. Das Entwicklungszentrum in Weissach, das die Porsche Ingenieure bereits 1971 bezogen hatten, wurde großzügig erweitert. Dort entstanden Entwicklungen für eigene und fremde Produkte, unter anderem für Airbus, Lada und Volkswagen. 1981 stellten die Entwickler ein Doppelkupplungsgetriebe vor, das erstmals Schalten ohne Zugkraftunterbrechung erlaubte und ab 1983 im Porsche 956 eingesetzt wurde.

Die anhaltend rückläufigen Verkaufszahlen ab 1985 und der Wertverlust des Dollars trafen das exportorientierte Geschäft von Porsche hart. Der Umsatz sank innerhalb des Jahres 1987 von 3,567 auf 2,482 Milliarden DM. Im Geschäftsjahr 1987/88 verkaufte Porsche 18 614 Autos weniger als im Vorjahr. Ein neuer Vorstand trat der Absatzkrise mit Kurzarbeit und Stellenabbau entgegen. Porsche nahm 1990 einen größeren Fremdfertigungsauftrag an und montierte bis April 1995 für die Mercedes-Benz AG 10 479 Mercedes-Benz 500 E. Vom einsetzenden Boom durch die deutsch-deutsche Wiedervereinigung konnte Porsche nicht profitieren.

Die anhaltende Absatzkrise veranlasste den Vorstand deshalb zu weiteren harten Sparmaßnahmen. Ende des Geschäftsjahres 1991/92 wies die Bilanz einen Fehlbetrag von 68,5 Millionen DM aus. Lean Management und Lean Production erbrachten Effektivitätszuwächse. Die Einführung der modularen Bauweise sparte ebenso Kosten wie flexibilisierte und verschlankte Abläufe, Hierarchien und Prozesse und die japanische Kaizen-Philosophie der kontinuierlichen Verbesserung. Gleichwohl musste die Belegschaft bis 1993 um 1 850 Mitarbeiter reduziert werden.

Porsche schaffte 1995 den Turnaround und startete durch: Im Roadster-Segment führte der Sportwagenhersteller 1996 mit dem zweisitzigen Boxster eine neue Baureihe ein, die 2005 durch das Mittelmotor-Coupé Cayman ergänzt wurde. Mit der dritten Generation des 911, dem Typ 993, stabilisierten sich Umsatz und Ertrag, auch wenn das US-

PORSCHE **299**

CARRERA 4 GTS COUPÉ UND
CARRERA 4 GTS CABRIOLET

WERK LEIPZIG

CAYENNE DIESEL

Geschäft weiter schwächelte. Die Modell- und Preispolitik, die verschlankte Produktion und ein neuer Markenauftritt lenkten Porsche zurück auf die Erfolgsspur. Der 911 Carrera erreichte außerordentlich viele Neukunden. Am 15. Juli 1996 lief der einmillionste Porsche vom Band.

Die neue Unternehmensstrategie setzte auf zwei unabhängige Modellreihen. Mit dem Boxster, einer Verschränkung von Boxermotor und Roadster, sprach Porsche jüngere Kundschaft unterhalb des angestammten Marktsegments an und ging auch im Marketing neue Wege: Zur Einführung des Boxster lud Porsche im September 1996 rund 2 000 Händler aus 540 Betrieben nach Scottsdale, Arizona, um das Auto in einer zentralen Großveranstaltung vorzustellen. Die Werbung experimentierte mit neuen elektronischen Formen, so stellte Porsche im Jahr 2000 in Zusammenarbeit mit Electronic Arts eine eigene Version des Computerspiels Need for Speed vor.

1997 endete bei Porsche die Ära der luftgekühlten Motoren. Im Innern der fünften Generation des 911, dem Typ 996, brummte ein wassergekühlter Vierventil-Sechszylinder-Boxermotor. Das Herzstück der Marke wurde den veränderten Kundenwünschen angepasst. In unterschiedlichen Varianten betonten die Konstrukteure neben dem sportlichen Charakter auch Komfort und Sicherheit. Der Export war wieder Wachstumsmotor der Marke, fast 70 Prozent der Produktion gingen nach Nordamerika. Porsche stellte im Geschäftsjahr 1997/98 eine neue Bestmarke bei Umsatz und Rekord in der Firmengeschichte auf. Seitdem hat Porsche diese Rekorde regelmäßig übertroffen.

Mit der Erweiterung des Produktangebots um eine dritte Modellreihe, dem in Kooperation mit Volkswagen entwickelten Cayenne, einem geländegängigen Sport Utility Vehicle, erweiterte Porsche seine Produktion und eröffnete

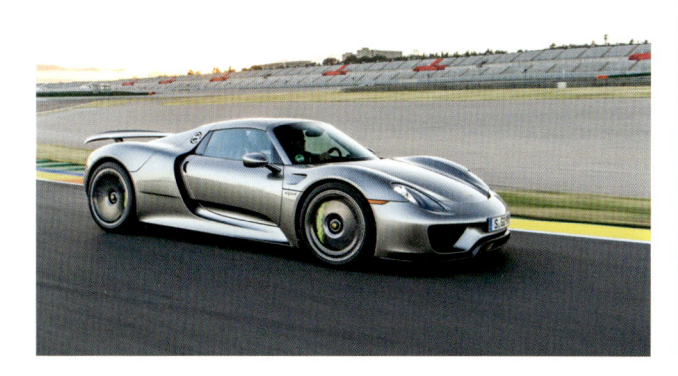

918 SPYDER

PANAMERA S E-HYBRID

2002 ein neues Werk in Leipzig. Im August 2002 beschloss der Aufsichtsrat den Bau einer vierten Baureihe, eines luxuriösen Gran Turismo mit dem Namen Panamera, der seit 2009 ebenfalls in Leipzig gebaut wird.

Die Entwicklung vom Konstruktionsbüro zum weltweit erfolgreichen Sportwagenhersteller wird seit 2009 im neuen Porsche Museum dokumentiert. Der spektakuläre Neubau bündelt das Wissen um die Marke und macht die automobile Ikone erlebbar. Der professionelle Blick in den Rückspiegel ist Teil der Markenpflege des Unternehmens, dessen eigene Geschichte 1948 beginnt, sich jedoch auf das Lebenswerk von Ferdinand Porsche und dessen Familie stützt.

Tradition und Fortschritt bilden die starken Klammern der Marke Porsche. Mit dem Plug-in-Hybridantrieb für Cayenne und Panamera knüpft das Unternehmen heute an das technische Erbe von Ferdinand Porsche an. Der Supersportwagen 918 Spyder brauchte mit elektrifiziertem Antrieb im September 2013 als erstes Fahrzeug mit Straßenzulassung weniger als sieben Minuten, genau: sechs Minuten und 57 Sekunden, für die 20,6 Kilometer lange Nordschleife des Nürburgrings. Das Kraftpaket mit 887 PS verbindet maximale Fahrdynamik mit minimalem Verbrauch und verursacht pro Kilometer Fahrt mit kombiniertem Antrieb nur 79 Gramm CO_2-Emissionen. Neue Antriebe, neue Modelle, neue Wege: Die Suche nach Sportwagen für jedes Kundenbedürfnis geht weiter. Das Unternehmen Porsche bleibt auf der Überholspur. Mit 17 502 Mitarbeitern verbesserte Porsche im Geschäftsjahr 2012 zum wiederholten Mal Absatz und Operatives Ergebnis und erwirtschaftete 2,439 Milliarden Euro Gewinn.

Scania

Die strategische Neuordnung und Ausweitung ihrer Nutzfahrzeug-Sparte bahnte die Volkswagen Aktiengesellschaft im April 2000 an, als sie eine Aktienbeteiligung von 18,7 Prozent und einen Stimmrechtsanteil von 34 Prozent an Scania AB erwarb. Beide Unternehmen verband eine langjährige Partnerschaft. Von 1948 an betreute Scania als Generalimporteur den Verkauf von Volkswagen in Schweden. Doch nicht nur das sprach für eine Verbindung mit der international renommierten Marke. Scania gehörte zur Spitzengruppe der europäischen Lkw-Hersteller und galt als profitabelste Marke der Branche. Innovationsstark und führend bei der Entwicklung verbrauchs- und schadstoffarmer Motoren, umfasste das Produktprogramm schwere Lkw ab 16 Tonnen, Linien- und Reisebusse sowie Schiffs- und Industriemotoren.

2007 erhöhte das Wolfsburger Unternehmen seine Stimmrechte auf 37,4 Prozent und trat neben der schwedischen Industriellenfamilie Wallenberg als zweiter Großaktionär bei Scania auf. Eine Einigung mit den Wallenbergs, ihre über Investor AB und verschiedene Stiftungen gehaltenen Aktienpakete zu übernehmen, wurde im März 2008 erzielt. Mit Genehmigung der Europäischen Kommission stockte die Volkswagen Aktiengesellschaft im Juli 2008 ihre Stimmrechtsanteile auf rund 69 Prozent auf und integrierte Scania als neunte eigenständige Marke in den Volkswagen Konzern.

Auch seine Entstehung verdankte Scania dem Schulterschluss zweier Unternehmen. Beide zählten zu den Pionieren im schwedischen Lkw-Bau. Das ältere, die am 11. Dezember 1891 in Södertälje gegründete Vagnfabriks-Aktiebolaget i Södertelge (Vabis), stellte zunächst Waggons für den expandierenden Eisenbahnverkehr her. 1897 stieg

VABIS-WERK IN SÖDERTÄLJE

die „Wagenfabrik" in den Fahrzeug- und Motorenbau ein und präsentierte 1903 auf der Automobilausstellung in Stockholm den ersten Lastwagen. Die rückläufige Nachfrage und sinkende Preise im Waggongeschäft einerseits, die Investitionen für den Bau einer neuen Fabrik andererseits führten das Unternehmen über mehrere Jahre in die Verlustzone. Wirtschaftlich erfolgreicher agierte das andere Vorgängerunternehmen, die in Malmö bestehende Tochtergesellschaft der Maskinfabriksaktiebolaget Scania, die 1902/03 mit dem Scania Typ A eine erste Serie von fünf Fahrzeugen auf den Markt brachte. Statt kostspieliger Neukonstruktionen griff Scania bei der Fahrzeugproduktion auf Komponenten anderer Hersteller u.a. aus Deutschland zurück und machte ein gutes Geschäft. Während Scania 1910 die Möglichkeiten für eine Produktionsausweitung sondierte, beschloss die Muttergesellschaft der „Wagenfabrik" in Södertälje die Trennung von der kapitalintensiven Automobilsparte.

BUS   2,5-TONNEN-LKW

Am 18. März 1911 schlossen sich beide unter dem Dach der neu gegründeten Aktiengesellschaft AB Scania-Vabis zusammen, deren Hauptsitz 1913 von Malmö nach Södertälje südwestlich von Stockholm verlegt wurde. Die Aufrüstungskonjunktur und die Drosselung der Importe verschaffte Scania-Vabis zusätzliche Aufträge u.a. für Heeresfahrzeuge und Flugzeugmotoren, sodass der Gewinn zwischen 1911 und 1918 von 50 000 auf 1,7 Millionen Kronen explodierte. Diese expansive Entwicklung riss nach dem Ende des Ersten Weltkriegs abrupt ab. Die tiefe Rezession, der große Streik 1919 und der sich drastisch verschärfende Wettbewerb auf dem heimischen Markt, der von billigeren Fahrzeugen aus den Ausland förmlich überschwemmt wurde, stürzten Scania-Vabis in eine existenzielle Krise. Der Traum von einem internationalen Großunternehmen zerplatzte: Eine dänische Tochtergesellschaft wurde 1921 verkauft, eine Fabrik in Norwegen stillgelegt und die in den Kriegsjahren erworbenen Hüttenwerke gingen in Konkurs.

Die finanzielle Konsolidierung wurde im Dezember 1921 durch die Gründung einer neuen Gesellschaft angebahnt, die sowohl den Firmennamen als auch das Eigentum der alten übernahm. Zwei strategische Entscheidungen veränderten das Unternehmensprofil: Bis 1927 wurde die Fahrzeugproduktion in Södertälje konzentriert, 1929 die Pkw-Fertigung eingestellt. Wesentliche Voraussetzung für den Wiederaufschwung war der in den 1920er Jahren forcierte Ausbau des Personen- und Güterverkehrs. Ein Großauftrag der Stockholmer Verkehrsbetriebe leitete die Omnibusepoche bei Scania-Vabis ein, die zwischen 1923 und 1929 rund 350 neu konstruierte Busse auslieferte. Die Busfertigung prägte neben dem Motorenbau auch im kommenden Jahrzehnt die Unternehmensentwicklung und überholte 1932 mengenmäßig die Lkw-Produktion. Hierzu trug vor allem der im Vorjahr eingeführte „Bulldoggenbus" bei, der den Motor und Fahrerplatz in den Fahrgastraum integrierte und zum dominierenden Busmodell in Schweden wurde.

Weniger wachstumsstark entwickelte sich das Lkw-Geschäft. Auf dem Markt für leichtere Standardlastwagen konnte Scania-Vabis nicht mithalten, da die maschinelle Ausstattung und technische Kompetenz zum Aufbau einer Großserienfertigung fehlten. Deshalb konzentrierte sich das Unternehmen auf die Produktion schwerer Lastwagen mit einem Gewicht von 1,5 bis 4 Tonnen und erzielte hier 1925 einen Durchbruch mit dem „Schnelllaster", dessen Spitzengeschwindigkeit auf 40 Stundenkilometer verdoppelt worden war. Außerdem machte sich Scania-Vabis als Hersteller von Spezialfahrzeugen mit hydraulischer Kippvorrichtung oder automatischem Sandstreuer einen Namen. 1931 lieferte das Unternehmen 179 Lastwagen aus.

Schon damals waren die Erfolge im Lkw-Bau eng mit den Innovationen in der Motorenentwicklung verbunden, die zugleich ein neues Geschäftsfeld eröffnete. Mit dem ersten Sechszylinder-Ottomotor wurde 1923 die Fertigung von Schiffs- und Einbaumotoren als neuer Produktzweig etabliert. Einige Jahre später führte Scania-Vabis eine Motorenfamilie ein, die mit unterschiedlichen Kraftstoffen betrieben werden konnte und die Grundlage für die spätere Modulbauweise lieferte. Den größten Entwicklungssprung im Motorenbau machte Scania-Vabis mit dem so genannten Hesselmann-Motor. Ab 1932 in Lizenz gefertigt, wurde er zum Ausgangspunkt für die Konstruktion eines eigenen Dieselmotors. Der kompakte Sechszylinder-Vorkammer-Dieselmotor mit 7,7 Litern Hubraum und 120 PS, der mit Benzin, Rohöl oder Dieselkraftstoff lief, kam ab 1936 in den Omnibussen und Lastwagen zum Einsatz, wurde aber auch an andere schwedische und internationale Hersteller verkauft.

MOTORENMONTAGE IN SÖDERTÄLJE

Die meisten Fahrzeuge von Scania-Vabis waren immer noch Einzelstücke. Erst mit steigender Produktion setzte Mitte der 1930er Jahre ein umfassender Rationalisierungsprozess ein, der durch die Einführung neuer Werkzeuge und Arbeitsmethoden gekennzeichnet war. Im Motorenbau ging das Unternehmen 1939/40 zur Herstellung von Einheitsmotoren mit weitgehend identischen Komponenten über. Zeitgleich baute es seine Fertigungskapazitäten durch die Errichtung zweier Fabriken aus. Der Zweite Weltkrieg verschob den Schwerpunkt auf die Produktion von Militärfahrzeugen, die 1943 die gesamten Kapazitäten beanspruchte und die Belegschaft bis 1945 auf rund 1 000 Beschäftigte anwachsen ließ.

In den Nachkriegsjahren legte Scania-Vabis das Fundament für den späteren Unternehmenserfolg. Dem Wunsch der Händler entsprechend, wurde das Produktsortiment um einen Pkw erweitert, wobei das Interesse schon länger dem Volkswagen galt. Im Juli 1948 schloss Scania-Vabis einen Importeursvertrag mit der Volkswagenwerk GmbH und lieferte im Folgejahr über sein Vertriebsnetz 317 Limousinen an schwedische Kunden aus. Die Lkw- und Busproduktion hatte sich seit 1945 auf 1 672 Fahrzeuge verdreifacht, der Gewinn war auf 1,3 Millionen Kronen hochgeschnellt. Allerdings verlor Scania-Vabis durch die Rüstungsproduktion vor allem in der Dieseltechnologie den Anschluss an den technischen Fortschritt. Den erforderlichen Know-how-Transfer stellte das Unternehmen 1947 durch einen Kooperationsvertrag mit Leyland Motors Ltd. her.

Den Übergang zur Direkteinspritzung vollzog Scania 1949 mit dem „400 000-Kilometer-Motor", der den Verbrauch und den Wartungsbedarf verringerte und die Zugkraft und Betriebssicherheit erhöhte. 1951 folgte die 205 PS starke Turboversion für Schienenbusse und Schiffe. Außerdem stärkte Scania-Vabis in den 1950er Jahren die Wettbewerbsfähigkeit seiner Produkte durch ein modernes Synchrongetriebe, serienmäßig eingebaute Servolenkung und Druckluftbremsen sowie durch eine neue Hinterachse.

Neben den technischen gaben die 1949 eingeführten betrieblichen Innovationen dem Unternehmen Schwung: Die „Konferenzmethode" bezog alle Konstrukteure in die Entscheidungen über Produktentwicklungen ein, die Komponentenphilosophie trieb die Standardisierung der Produkte voran, und Gruppenarbeit in der Montage steigerte die Produktivität. Auf dieser Grundlage wuchs Scania-

MOTORENMONTAGE IM WERK ZWOLLE

Vabis zu einem exportorientierten Unternehmen heran. Allein in den 1950er Jahren kamen 17 neue Exportmärkte hinzu. Das Auslandsgeschäft wurde zum Wachstumsmotor. Bis 1959 stieg die Produktion auf 4 881 Fahrzeuge an, mehr als die Hälfte davon wurde exportiert. Den größten Gewinn auf dem heimischen Markt aber brachte in dieser Phase der Verkauf der Wolfsburger Limousine. Der Volkswagen Vertrieb wirkte als Katalysator für den Ausbau des Händlernetzes und lieferte einen Großteil der finanziellen Ressourcen für die kräftige Unternehmensexpansion in den 1960er Jahren. Die 1957 gegründete Tochtergesellschaft in Brasilien schloss 1962 den Aufbau des ersten ausländischen Produktionsstandorts ab. 1964 nahm das Montagewerk im niederländischen Zwolle die Fertigung auf. Die Fabrik

V8-TURBODIESEL-MOTOR

in Meppel sowie die Inlandswerke in Oskarshamn und Katrineholm kamen 1966/67 durch Firmenübernahmen hinzu. Darüber hinaus schuf Scania-Vabis mit dem Werksausbau in Södertälje und der Errichtung neuer Fabriken in Schweden die Voraussetzung für weiteres Wachstum.

Vor allem die Turbomotoren verschafften dem Unternehmen einen Wettbewerbsvorteil. „Rauf mit der Leistung, runter mit den Drehzahlen" hieß die Devise der Konstrukteure, um einen höheren Wirkungsgrad zu erzielen und zugleich den Verbrauch, die Emissionen und die Laufgeräusche zu reduzieren. Die Konkurrenz zu Volvo beschleunigte die Forschungs- und Entwicklungstätigkeit, die durch den 1969 eingeführten V8-Turbodiesel mit 350 PS gekrönt wurde, damals der stärkste Lkw-Motor auf dem europäischen Markt. Einen weiteren Entwicklungsschwerpunkt legte Scania-Vabis auf konstruktive Verbesserungen und führte 1968 eine neue Generation von Frontlenker-Lkw ein. Das kippbare Fahrerhaus war geräumiger, der Einstieg leichter und der Lkw handlicher zu fahren.

1969 mit Saab zur Saab-Scania AB fusioniert, wurde Scania seit 1972 bis zur Trennung beider Unternehmen 1995 als eigenständiger Geschäftsbereich der Kraftfahrzeug-Gruppe geführt. Internationales Wachstum und die Entwicklung einer modularen Produktpalette prägen das erste Jahrzehnt unter dem neuen Konzerndach. Die Fabrikkapazitäten in den Niederlanden und in Brasilien wurden ausgebaut; Anfang 1976 eröffnete Scania ein Werk in Tucumán im Norden Argentiniens, das u.a. Getriebe herstellte. 1977 war Brasilien der größte Absatzmarkt für Scania. In den Jahren 1979 bis 1981 setzte die Marke jährlich bis zu 4 000 Fahrzeuge im Irak ab. Der Exportanteil erreichte 1979 fast 90 Prozent.

1980 präsentierte Scania sein neues Lkw-Programm. Nicht nur die Motoren, Getriebe und Achsen, sondern auch die Rahmen und Fahrerhäuser waren als Modulsystem entwickelt worden. Für die Lastwagen zwischen 16 und 36 Tonnen gab es drei Motoren, drei Klassen von Fahrgestellen und vier Fahrerhausmodelle, sodass sie exakt der Transportaufgabe des Kunden angepasst werden konnten. Das attraktive Design stammte von Giorgio Giugiaro und verband sich mit einer guten Ergonomie, die hinsichtlich Sicherheit und Komfort bahnbrechende Standards für den Fahrer setzten. Das Angebot an maßgeschneiderten Lastwagen ergänzte Scania um spezielle, gemeinsam mit den Großkunden entwickelte Wartungsprogramme, die dem Nutzungsausfall durch Pannen vorzubeugen halfen.

Das Modulkonzept beschleunigte Neuentwicklungen und senkte die Fertigungskosten. Zugleich gab Scania mit der Serie 2 die richtige Antwort auf die steigenden Anforderungen der Transportbranche an die Betriebssicherheit und Wirtschaftlichkeit der Fahrzeuge. Weitere Kosteneinsparungen für die Kunden brachte der 1991 eingeführte Turbocompound-Motor, der über eine Kraftturbine die in den Abgasen vorhandene Energie nutzte. Dadurch gelang eine Leistungssteigerung bei reduziertem Verbrauch, der durch die aerodynamischen Streamline-Fahrerhäuser nochmals weiter gesenkt wurde. Mit der neuen Lkw-Generation steigerte Scania zwischen 1980 und 1989 den Fahrzeugabsatz von 26 566 auf 35 602 Exemplare, darunter 3 884 Linien- und Reisebusse.

KABINENFERTIGUNG IN OSKARSHAMN

Das Baukastensystem bildet bis heute die Grundlage für den Unternehmenserfolg. Die zweite Kernvoraussetzung für steigende Rentabilität und Wachstum legte Scania in den 1990er Jahren durch den Aufbau eines globalen Produktionssystem mit spezialisierten und logistisch vernetzten Fabriken. Seine Komponentenfertigung an den europäischen Standorten konzentrierte Scania hauptsächlich in Schweden: Die Kabinenfertigung im niederländischen Meppel wurde nach Oskarshamn, die Motor- und Achsenproduktion samt Forschung und Entwicklung von Zwolle nach Södertälje und Falun verlegt. Im Gegenzug erweiterte Scania Nederland B.V. die Fabrikkapazitäten in Zwolle, seit 1989 zentraler Standort für die Endmontage von Lastwagen. Weil die arbeitsintensive Karosseriemontage die Ausweitung der Skaleneffekte begrenzte, wurde 1991/92 im französischen Anger ein neues Montagewerk errichtet. Nach dem gleichen Muster strukturierte Scania seine Produktionsstätten in Lateinamerika um. Von der Neuordnung gingen wichtige Wachstumsimpulse für das Unternehmen aus, das seit der Trennung von Saab 1995 als Scania AB firmiert und 1996 an der Stockholmer Börse notiert wurde. So wuchs der Absatz in den 1990er Jahren von rund 35 000 auf 50 000 Fahrzeuge an.

Im neuen Jahrtausend baute Scania seine führende Stellung bei der Entwicklung verbrauchsarmer und umweltfreundlicher Motoren aus. 2001 präsentierte die Marke den 12-Liter-Turbocompound mit einer neu entwickelten Hochdruckeinspritzung, die Feinstaubemissionen stark verringerte. Darüber hinaus gelang es den Motorenentwicklern, die seit 1989 in Stadtbussen verwendete Diesel-Ethanol-Technik auf Lkw-Motoren zu übertragen. Der erste schwere Lastwagen, der von einem Diesel-Ethanol-Motor angetrieben wird und mit Biokraftstoff betankt werden kann, debütierte auf der IAA Nutzfahrzeuge in Hannover im September 2008.

R BAUREIHE

WERK IN SÖDERTÄLJE

Nicht nur im Hinblick auf ihre Innovationsstärke erweist sich die neue Konzernmarke als gute Investition. 2008 erreichte der Lkw- und Busabsatz von Scania mit rund 73 800 Fahrzeugen annähernd das Rekordniveau des Vorjahres. Krisenbedingt kam es 2009 zu einem Nachfrageeinbruch. Die Auslieferungen sanken auf 43 443 Fahrzeuge, sodass Produktion und Kosten durch Arbeitszeitreduzierung, Mitarbeiterschulungen und Investitionsverschiebungen angepasst werden mussten. Die internationalen Märkte entwickeln sich seither stark schwankend: 2010/11 wuchsen die Auslieferungen um 84,4 Prozent auf 80 108 Fahrzeuge, um 2012 wieder um 16 Prozent auf 67 000 zurückzugehen.

Scania ist anerkanntermaßen ertragsstark und erwirtschaftete 2012 ein Operatives Ergebnis von 930 Millionen Euro. Der wirtschaftliche Erfolg fußte auf innovativen Produkten wie der 2010 präsentierten V8-Lkw-Baureihe, die mit bis zu 730 PS und einem maximalen Drehmoment von 3 500 Nm in Sachen Kraft Weltspitze ist. Die 2011 präsentierte Euro-6-Motorengeneration kombiniert technische Lösungen zur Senkung der Emissionswerte mit bester Kraftstoffeffizienz. Mit der Integration von Scania hat der Volkswagen Konzern seinen Schwerpunkt im Geschäft mit schweren Nutzfahrzeugen neu gesetzt. Dem Kronjuwel der schwedischen Industrie steht eine glänzende Zukunft bevor.

Seat

SEAT BARCELONA

Als potenzieller Partner rückte Seat im Mai 1980 in den Blick des Volkswagen Konzerns. Überraschend hatte der Anteilseigner Fiat, seit 30 Jahren Lizenzgeber und Technologiespender für die Seat Modellpalette, die Trennung von dem spanischen Automobilunternehmen vollzogen – mit schwerwiegenden Folgen. Seat verlor auf einen Schlag seine Entwicklungskapazitäten und internationalen Vertriebswege. Auch das auf Fiat-Modellen basierende Produktprogramm bedurfte einer grundlegenden Erneuerung. Für einen Neuanfang benötigte Seat einen Partner mit innovativer Produkttechnologie und Zugang zu den internationalen Automobilmärkten. Der Volkswagen Konzern war deshalb mehr als willkommen, als er 1981 mit Seat Verhandlungen über eine Kooperation zur Fertigung der Polo und Derby Modellreihen in Spanien aufnahm. Unter strategischen Gesichtspunkten ergab sich für Volkswagen die Möglichkeit, die bislang marginale Marktposition auf dem überdurchschnittlich wachsenden Automobilmarkt in Westeuropa auszubauen und zu den Wettbewerbern aufzuschließen, bevor sich mit dem für 1984 avisierten EG-Beitritt Spaniens die Konkurrenz verschärfen würde.

Dabei konnte Volkswagen im Falle einer Kooperation von der größten Pkw-Absatzorganisation Spaniens profitieren, die mehr als 1 000 Vertragshändler umfasste. Für ein Engagement sprach auch der strategisch wichtige Zugriff auf einen Fertigungsstandort mit relativ niedrigen Lohnkosten, der auf längere Sicht als kostengünstiges Montagewerk für den Polo genutzt werden konnte. Denn gerade in dieser Fahrzeugklasse beeinträchtigten hohe Produktionskosten in Deutschland die preisliche Wettbewerbsfähigkeit der Modelle auf den europäischen Volumenmärkten. Dass die gut qualifizierte Belegschaft von Seat über eine 30-jährige Erfahrung im Automobilbau verfügte, war ein weiterer Aktivposten.

Der am 30. September 1982 geschlossene Kooperationsvertrag nutzte auch Audi, weil Seat im Rahmen seines Devisenkontingents die zollfreie Einfuhr von Audi Modellen ermöglichte. Im Gegenzug vergab Volkswagen auf Wunsch des spanischen Herstellers eine Lizenzproduktion für die Modellreihen Passat und Santana, die im Herbst 1983 im Werk Barcelona anlief. Im Frühjahr 1984 ging im Werk Pamplona der Polo an den Start, der in Spanien und auf ausgewählten europäischen Märkten abgesetzt wurde. Für beide Modelle lieferte Volkswagen Motoren, Getriebe sowie Achs- und Lenkungsteile. Seat fertigte die Bleche im eigenen Presswerk. Alle übrigen Teile kamen aus der lokalen Zulieferindustrie. Die Kooperation lohnte sich für beide Seiten. Beim spanischen Hersteller wuchsen Modellpalette, Absatz und Kapazitätsauslastung, sodass die spanische Regierung dem Volkswagen Konzern im Herbst 1984 die Übernahme von Seat antrug. Auch die Wolfsburger zogen eine insgesamt positive Bilanz. Durch den Vertrieb über die Seat Händler hatten sie ihren Zugang zum spanischen Markt und die dortige Präsenz der Marken Volkswagen und Audi erheblich verbessert. Zudem stellte die Fertigung im Werk Pamplona in Aussicht, den Polo kostengünstiger als in Wolfsburg zu bauen. Um dieses Standortpotenzial auszuschöpfen und die Marke Seat für den internationalen Wettbewerb zu wappnen, war nach Einschätzung von Volkswagen die finanzielle Konsolidierung des Unternehmens, eine Straffung der Produktpalette, die Modernisierung der Fertigungsanlagen und der Aufbau einer europäischen Vertriebsorganisation erforderlich. Die von Seat bereits unternommenen Anstrengungen auf diesem Gebiet stimmten optimistisch.

SEAT 600

Mit dem Erwerb von zunächst 51 Prozent der Aktienanteile übernahm die Volkswagen Aktiengesellschaft am 18. Juni 1986 die industrielle Führung des staatlichen Automobilherstellers mit rund 23 600 Beschäftigten, die in den Werken Barcelona und Pamplona, im Forschungs- und Entwicklungszentrum in Martorell oder in der Getriebefertigung in Prat de Llobregat arbeiteten. Seat wurde als eigenständige Marke in den Volkswagen Konzern integriert, der Ende 1986 seine Anteile auf 75 Prozent aufstockte.

Für den spanischen Automobilhersteller öffnete sich damit ein neues Kapitel in der Geschichte, die 36 Jahre zuvor unter dem Regime von General Franco als staatliches Industrialisierungs- und Motorisierungsprojekt begonnen hatte. In beiderlei Hinsicht glich Spanien einem Entwicklungsland, als am 8. Mai 1950 die Sociedad Española de Automóviles de Turismo S.A. (Seat) gegründet wurde. Die Institución Nacional Industria (INI) und ein Bankenkonsortium hielten 93 Prozent der Gesellschaftsanteile; sieben Prozent übernahm der italienische Automobilkonzern Fiat S.p.A., nachdem er mit der INI im Oktober 1948 einen Lizenzvertrag zur Fertigung von Fiat-Modellen in Spanien geschlossen hatte. Bis 1984 lieferte Fiat für alle fortan gebauten Fahrzeuge der Marke Seat die Modellvorlagen, die für den heimischen Markt mehr oder weniger modifiziert und dem Kundengeschmack angepasst wurden. Den Anfang machte der Seat 1400. Sein Produktionsanlauf am 5. Juni 1953 gab den stolzen Anlass zur offiziellen Eröffnung der in Barcelona errichteten Seat Fabrik, in der 1954 rund 1 000 Mitarbeiter 5 400 Wagen bauten.

Nach der schwierigen Startphase erfüllten sich die mit dem Aufbau einer nationalen Automobilindustrie verknüpften Erwartungen des Franco-Regimes. Seat gab sowohl der wirtschaftlichen Entwicklung des Landes als auch der Breitenmotorisierung wichtige Impulse. Mit technischer und finanzieller Unterstützung des Unternehmens und angetrieben durch die spanischen Fabriken von Renault und Citroën entstand in wenigen Jahren eine Zulieferindustrie, die Seat bis 1957 unabhängig von ausländischen Herstellern machte. Am 27. Juni des Jahres rollte schließlich der Seat 600 vom Band, das erste spanische Volksautomobil mit einer vollwertigen Karosserie, das den bis dahin äußerst populären, von der Autonacional, S.A. gebauten Kleinstwagen Biscuter von den Straßen verdrängte. Mit seinen beiden Nachfolgern erreichte der Seat 600 bis zur Produktionseinstellung im Jahr 1973 die Stückzahl von rund 800 000 verkauften Exemplaren.

SEAT 600 VOR DER VERSCHIFFUNG

Mit der Ausfuhr von 150 Fahrzeugen dieses Typs nach Kolumbien stieg Seat 1965 in das Exportgeschäft ein, das durch die vertraglichen Vereinbarungen mit Fiat starken Einschränkungen unterworfen war. Erst der 1967 neu ausgehandelte Lizenzvertrag mit dem italienischen Hersteller, der im gleichen Jahr den Wachstumskurs von Seat mit einer Aufstockung seiner Anteile auf 37 Prozent begleitete, lockerte weitgehend die Exportfesseln. Nach Kolumbien fasste Seat in Argentinien, Marokko, Griechenland und Finnland Fuß, wo der Seat 600 D zwischen 1970 und 1973 das meist verkaufte Auto war. Obwohl die Franco-Regierung den Inlandsmarkt durch hohe Importsteuern abzuschotten

CENTRO TECHNICO IN MARTORELL

versuchte, verschärfte sich in den 1970er Jahren der Wettbewerb durch die US-Automobilkonzerne. Sowohl Ford als auch Chrysler errichteten in Spanien eigene Montagewerke. Unter diesen Vorzeichen offenbarte die dirigistische Wirtschaftspolitik letztlich ihre Schwächen, bevor sie nach dem Tod Francos im November 1975 einem stärker marktwirtschaftlich orientierten Kurs wich. Auf Anweisung der spanischen Regierung übernahm Seat 1975 das in Pamplona gelegene AUTHI-Werk des Herstellers British Leyland, um die aus der beabsichtigten Schließung resultierenden sozialen Probleme zu vermeiden.

Die verordnete Kapazitätserweiterung, Produktivitätsdefizite in der Fertigung sowie die erheblichen Investitionen für die Errichtung des Centro Technico im Industriepark Martorell führten Seat 1977 in die Verlustzone. Die roten Zahlen und eigene Absatzprobleme mögen Fiat dazu bewogen haben, den 1979 unterzeichneten Übernahmevertrag platzen zu lassen. Der unerwartete Rückzug des italienischen Herstellers 1980, dem ein Absatzeinbruch auf 200 000 Fahrzeuge folgte, katapultierte Seat endgültig in die Krise. Das 1981 gestartete Restrukturierungsprogramm setzte den Rahmen für die beginnende Automatisierung in den Werken Barcelona und Pamplona sowie für einen erheblichen Personalabbau. Bis 1984 schrumpfte die Seat Belegschaft um ein Viertel auf rund 23 600 Beschäftigte. Im gleichen Jahr erschien das erste eigenständige Modell der Marke: der Seat Ibiza, für den Giorgio Giugiaro das Design, Karmann den Prototypen und Porsche den Motor geliefert hatte. Ergänzt wurde die Produktpalette durch den Kleinwagen Marbella und die auf Basis des Leon gefertigte Stufenhecklimousine Malaga.

Unter dem Dach des Volkswagen Konzerns nahm die spanische Marke eine vielversprechende Entwicklung, die den Erwartungen beider Seiten Rechnung trug. Bis 1990 wuchs die Seat Produktion um mehr als die Hälfte auf 361 629 Fahrzeuge, während in Pamplona die 1986 durch eine Kapazitätsverlagerung aus Wolfsburg ausgeweitete Polo Fertigung um ein Drittel auf 143 750 Wagen anstieg. In Spanien baute Seat seinen Marktanteil von 12 auf 20 Prozent aus und verhalf auch dem Volkswagen Konzern durch den Vertrieb des Polo sowie der importierten Volkswagen und Audi Modelle zu einer soliden Wettbewerbsposition. Gleichermaßen erfolgreich betätigte sich Seat auf den europäischen Volumenmärkten. Zwischen 1986 und 1990 kletterte der Export der eigenen Modelle um fast 80 Prozent auf rund 243 000 Fahrzeuge, die hauptsächlich in Italien, Frankreich und Deutschland verkauft wurden. Spaniens größter Automobilexporteur und Pkw-Marktführer unterstützte damit die Volumenstrategie des Volkswagen Konzerns und dessen 1985 errungene Führungsposition in Europa.

Der Wachstumskurs bei steigender Produktivität führte die spanische Marke bereits 1988 in die Gewinnzone. Zur Verstetigung dieses Erfolgs legte die Wolfsburger Mutter ein umfangreiches Investitionsprogramm auf. In den kommenden fünf Jahren flossen mehrere Milliarden DM in die Errichtung einer Montagefabrik am Standort Martorell und in die Modernisierung der übrigen Werke, in den Ausbau des Forschungs- und Entwicklungszentrums sowie in die Entwicklung einer neuen Modellpalette. Mit dem im Mai 1991 präsentierten Toledo, dem ersten Typ einer mit Produkttechnologie des Volkswagen Konzerns ausgestatteten Fahrzeuggeneration, unternahm Seat den Vorstoß in die wettbewerbsintensive Mittelklasse. Ihm folgten 1993 der neue Ibiza und die Stufenhecklimousine Cordoba. Gefertigt wurden beide Modelle im Werk Martorell, eine schlanke, mit Zulieferbetrieben vernetzte Fabrik, die über eine Tageskapazität von 1 500 Wagen verfügte und mit einer Durchlaufzeit von weniger als 20 Stunden für ein komplettes Fahrzeug den Produktivitätsmaßstab innerhalb des konzernweiten Produktionsverbunds neu definierte.

IBIZA

Doch kamen Produkt- und Produktionsfortschritte offenbar zu spät. Unter der Wucht der sich 1993 zuspitzenden Weltwirtschaftskrise, die zu massiven Absatzverlusten führte, brach das durch hohe Investitionen für den Fabrikaufbau und die Modellanläufe belastete Finanzgefüge der spanischen Konzerntochter zusammen. Mit einem Kapitalschnitt im April 1994 glich die Volkswagen Aktiengesellschaft die Verluste aus und stellte die Weichen für einen finanziellen Neuanfang. Doch die hohen Finanzierungskosten für die Fabrik Martorell bei zugleich knapper Eigenkapitalausstattung erforderten auch in den kommenden Jahren Unterstützungsleistungen aus Wolfsburg.

In der Rezession waren die schwelenden strukturellen Kostenprobleme, die den Seat Absatz im verschärften Preiswettbewerb auf den europäischen Volumenmärkten limitierten, scharf hervorgetreten. Die Konsolidierungsstrategie griff tief in die Fabrikstrukturen des spanischen Unternehmens ein. Die Marke Volkswagen übernahm im Dezember 1993 das mit der Polo Produktion belegte Werk Pamplona. Die Produktion des Toledo wurde im Herbst 1994 von Barcelona nach Martorell verlagert. Das ursprüngliche Seat Werk Zona Franca konzentrierte sich nach Einstellung der Marbella Kleinserie Anfang 1999 auf die Herstellung und Zulieferung von Komponenten für die Produktion in

WERK MARTORELL

Martorell und anderen Konzernfabriken. Bis Ende 1994 verringerte sich die Seat Belegschaft um ein Drittel auf 15 383 Mitarbeiter, während erste arbeitsorganisatorische Reformen griffen. Im Zuge der Abflachung von Hierarchien reduzierte sich die Anzahl der Managementpositionen um mehr als die Hälfte; der neue Tarifvertrag schrieb eine Flexibilisierung der Arbeitszeiten fest. Darüber hinaus trieb Seat im Werk Martorell die Entwicklung zur modularen Fabrik voran und nutzte die Rationalisierungspotenziale der Konzernplattformen zur Erweiterung der Produktpalette. Auf technischer Basis des Polo entwickelt, gingen 1995 in Martorell der Stadtlieferwagen Inca sowie die zweite Caddy Generation in Serie. Im gleichen Jahr präsentierte Seat mit dem Alhambra eine Großraumlimousine, die im Rahmen eines Joint Ventures von Volkswagen und Ford in Portugal gebaut wurde.

1996 betrat Seat wieder die Gewinnzone und steigerte den Ertrag bis zum Jahr 2001 von 63 Millionen DM auf 233 Millionen Euro. In dieser Phase befand sich das Unternehmen in einem permanenten Aufwärtstrend. Davon profitierte auch der Volkswagen Konzern, der 1998 mit einem Marktanteil von 23,4 Prozent zum Marktführer in Spanien aufstieg. Zwischen 1996 und 2000 wuchs der Absatz von knapp 340 000 auf rund 520 000 Fahrzeuge an, wovon zwei Drittel in den Export gingen. Hinzu kamen 90 000 Volkswagen Polo und Caddy, die neben den Seat Modellen Arosa, Ibiza, Cordoba, Leon, Toledo und Inca im Werk Martorell gefertigt wurden. In Spanien erzielte Seat im Jahr 2000 mit 174 179 verkauften Fahrzeugen ein gutes Ergebnis und schob sich mit einem Marktanteil von gut 12 Prozent auf Platz zwei der Zulassungsstatistik vor. Danach fiel der Absatz und pendelte bis 2004 um 450 000 Fahrzeuge. Die Geschäftsjahre 2005 und 2006 schloss Seat mit einer negativen Bilanz.

Den Kostenproblemen begegnete die Unternehmensleitung mit kontinuierlichen Verbesserungen der Arbeitsorganisation und den daraus geschöpften Produktivitätsgewinnen, sodass Seat 2007 bei nahezu unveränderten Verkaufszahlen wieder ein positives Ergebnis erzielte. Zu einer Beschleunigung der Prozesse am Standort Martorell trug das im Januar 2007 in Betrieb genommene Centro de Protitipos de Desarrollo (GPD) ebenso bei wie das im Oktober eröffnete Design Center. Dessen funktionale Organisation und technische Ausstattung bieten den rund 100 Mitarbeitern effiziente Bedingungen, ihre Kreativität in praxistaugliche Mobilitätskonzepte zu verwandeln. Als direktes Verbindungsglied zwischen Entwicklung und Serienproduktion bündelt das GPD die Funktionen des Prototypenbaus, des Modellbaus, der Pilothalle und der Serienanalyse unter

QUALITÄTSKONTROLLE BEIM SEAT TOLEDO
IM WERK MARTORELL

SEAT LEON

einem Dach. Durch die organisatorische Neuordnung der Produktentstehung hat Seat die Weichen für Produktivitätsfortschritte gestellt und beschleunigte modellpolitische Innovationen. Diese zielen auf Energie sparende Modelle, wie den Ibiza Ecomotive, und andererseits auf die Besetzung neuer Marktsegmente ab. Den Einstieg in die Mittelklasse vollzog Seat Ende 2008 mit dem Produktionsanlauf des Exeo, einer auf dem Audi A4 basierenden Limousine.

Die Finanz- und Staatsschuldenkrise wuchs sich auf der iberischen Halbinsel zu einer tiefen allgemeinen Wirtschaftskrise aus. Diesem Umstand konnte sich der spanische Hersteller mit einem Absatzschwerpunkt auf dem Heimatmarkt nicht entziehen. Die Auslieferung an Kunden sank zwischen 2007 und 2012 von 431 000 auf den Tiefststand von 321 000 Fahrzeugen. Die wirtschaftlich krisenhafte Umgebung fand in einer seit 2008 negativen Ergebnisbilanz ihren Ausdruck. Die zwischenzeitliche Erholung wurde auch durch den Start neuer Produkte wie der 2009 eingeführten Mittelklasselimousine Exeo sowie dem als Zwei- und Viertürer lieferbaren Kleinwagen Mii gestützt. Grundlegende Besserung setzt jedoch eine Stärkung der Stammmärkte voraus. Seat will auch seinerseits zum Turnaround beitragen, indem das neue minimalistische Designkonzept umgesetzt wird, um vor allem auch junge Kundengruppen anzusprechen. Mit der 2012 erfolgten Einführung des Leon auf dem chinesischen Markt will das spanische Unternehmen aus dem dortigen Wachstum zusätzliche Kraft gewinnen. Schließlich rechnet die Marke mit Einspareffekten und Produktivitätssteigerungen durch die mit dem Leon begonnene Umsetzung der Strategie des Modularen Querbaukastens. Die Perspektiven der Marke sind günstig.

Škoda

Die Öffnung des Eisernen Vorhangs leitete 1989 eine grundlegende gesellschaftliche und ökonomische Transformation ein. Für den Übergang von der Plan- zur Marktwirtschaft schien die Tschechoslowakei mit einer relativ hoch entwickelten Industrie am Besten gewappnet. Aus Sicht des Volkswagen Konzerns eröffnete sich dadurch im Nachbarland nicht nur ein viel versprechender Absatzmarkt. Mit dem tschechischen Automobilhersteller Škoda bot sich auch ein Kooperationspartner für den Sprung in die Zukunftsmärkte Osteuropas an. Die Gründe für ein Engagement beim Staatsunternehmen aus Mladá Boleslav waren vielfältig und gewichtig. Škoda verfügte über eine traditionsreiche Marke, die gerade in den ehemaligen Ostblockstaaten einen großen Bekanntheitsgrad besaß und hohe Absatzzahlen erreichte. Darüber hinaus lieferte der tschechische Hersteller bereits Fahrzeuge nach Westeuropa, und Volkswagen erwartete, dass Škoda seine Position durch Nachbesserungen an der Modellpalette noch ausbauen konnte. Mit den Werken in Mladá Boleslav, Vrchlabí und Kvasiny verfügte das Unternehmen über kostengünstige, für die 1987 angelaufene Produktion des Favorit modernisierte Fertigungsstrukturen, deren Kapazitäten sich problemlos erhöhen ließen. In Kombination mit der gut ausgebildeten und flexiblen Belegschaft brachte Škoda nach Einschätzung von Volkswagen alle Voraussetzungen mit, um rasch ein wettbewerbsfähiges Mitglied des Volkswagen Konzerns zu werden.

Bei der wirtschaftsliberalen Regierung in Prag stieß die Interessenbekundung des Wolfsburger Unternehmens auf große Resonanz, hatte sie doch 1990 die Überführung staatseigener Unternehmen in Privateigentum eingeleitet.

UNTERZEICHNUNG DES JOINT-VENTURE-VERTRAGS ZWISCHEN VOLKSWAGEN UND ŠKODA

Auch für das industrielle Aushängeschild Tschechiens, einen der größten Devisenbringer des Landes, wurde ein strategischer Partner gesucht. Selbstbewusst trat die tschechoslowakische Regierung in den Verhandlungen mit interessierten Herstellern auf und forderte eine klare Zusage für das Fortbestehen und die Weiterentwicklung von Škoda. Dieses Anliegen griff Volkswagen auf, deckte es sich doch mit den eigenen Plänen für eine zukünftige Positionierung der neuen Marke. Zudem signalisierte Wolfsburg große Investitionsbereitschaft. Insgesamt neun Milliarden DM sollten binnen fünf Jahren in die Modernisierung der Produktionsanlagen und die Ausweitung der Kapazitäten auf ein Jahresvolumen von 400 000 Fahrzeugen fließen. Von hohem symbolischem Wert war darüber hinaus die Zusage, Škoda als vierte Marke mit einer eigenen Modellpalette in den Volkswagen Konzern zu integrieren. Gleichberechtigt mit den anderen Marken sollte der tschechische Automobilbauer dann von Synergieeffekten und Kostenvorteilen des weltweiten Beschaffungs- und Produktionsverbunds profitieren können. Am 9. Dezember 1990 erhielt Volkswagen aus Prag grünes Licht für den Einstieg bei Škoda. Der am 28. März 1991 geschlossene Joint-Venture-Vertrag zurrte die vereinbarten Eckpunkte der Partnerschaft fest. Daraufhin erwarb die Volkswagen Aktiengesellschaft am 16. April 1991 in einem ersten Schritt 31 Prozent der Aktien an der Škoda, automobilová a.s. und übernahm fortan die unternehmerische Kontrolle über die neue Tochter.

Die Tradition des Automobilbaus unter dem Signet mit dem geflügelten Pfeil reicht ins vorletzte Jahrhundert zurück. 1895 gründeten der Mechaniker Václav Laurin und der Buchhändler Václav Klement die Firma Laurin & Klement, die zunächst Fahrräder herstellte und 1905 mit der Fertigung der Voiturette A in die Automobilproduktion einstieg. Durch die Fusion mit dem Mischkonzern Škoda aus Pilsen entstand 1925 ein neuer, international agierender Automobilhersteller. Die im Unternehmen gebündelte Kompetenz und Finanzkraft war beachtlich: Die Firma in Mladá Boleslav brachte ein hohes Maß an Ingenieurs- und Handwerkskunst ein und verfügte bereits über eine langjährige Erfahrung im Automobilbau. Škoda, ein in die Sparten Energie-, Transport- und Lebensmittelindustrie gegliedertes Unternehmen, besaß im Gegenzug, was Laurin & Klement fehlte: Kapital und Niederlassungen in der ganzen Welt.

Die Ergebnisse des Zusammenschlusses waren ab 1926 im Werk in Mladá Boleslav greifbar. Neue Produktionsanlagen entstanden, in denen in Fließbandfertigung eine Modellpalette hergestellt wurde, die vom Kleinwagen Typ 110 bis

VOITURETTE A VON LAURIN & KLEMENT

ŠKODA WERK IN MLADÁ BOLESLAV

POPULAR

ENDMONTAGE IN MLADÁ BOLESLAV

zur Nobelkarosse Typ 350 reichte und alle Fahrzeugklassen abdeckte. Dem wachsenden Erfolg dieser Sparte Rechnung tragend, lagerte Škoda den Automobilbau 1930 in eine eigene Tochtergesellschaft aus. Die anschließenden Krisenjahre vermochte das Unternehmen durch die Einführung vier neuer Modellreihen hinter sich zu lassen. Popular, Rapid, Favorit und Superb standen gleichermaßen für Innovationen im Fahrzeugbau und in der Produktionstechnik. Der Popular, mit Stahlrohrrahmen, Transaxle-Bauweise und Einzelradaufhängung ein technisch fortschrittliches Fahrzeug, wurde bald zum tschechischen Gegenstück zum Volkswagen, während Rapid und Favorit neue Maßstäbe in der Mittelklasse setzten. Mit dem extravaganten und leistungsstarken Superb konnte Škoda zudem ein glänzendes Aushängeschild in der Luxusklasse vorweisen. Die Absatzzahlen belohnten diese mutigen und zugleich wirtschaftlichen Konstruktionen: 1936 erlangte Škoda die Marktführerschaft in der Tschechoslowakei, und auch der Export trug in steigendem Maße zum Unternehmenserfolg bei.

Der 1939 beginnende Zweite Weltkrieg setzte eine jähe Zäsur in der Unternehmensentwicklung. Den Reichswerken Hermann Göring zugeschlagen, rückte die zivile Fahrzeugfertigung in den Hintergrund. Stattdessen wurde Škoda in die Kriegswirtschaft eingebunden und produzierte bis 1945 Flugzeugteile, Munition sowie Lkw.

Die Nachkriegsordnung gliederte die Tschechoslowakei in den sowjetischen Machtbereich ein. Ein konsequenter Umbau der Wirtschaft mit einer weitreichenden Verstaatlichung von Unternehmen begann, in deren Folge der Škoda Konzern 1946 aufgelöst und in verschiedene volkseigene Kombinate überführt wurde. Von der Automobilsparte blieben lediglich die Fabrik in Mladá Boleslav und die Marke Škoda bestehen. Allerdings eröffnete sich auch unter planwirtschaftlichen Vorzeichen eine Perspektive. Die kommunistische Regierung hatte sich die Breitenmotorisierung auf die Fahnen geschrieben und war somit am Fortbestehen des Škoda Werks interessiert. Durch die Ende der 1940er Jahre

1000 MB   FELICIA

erfolgte Eingliederung der Werke Vrchlabí und Kvasiny wuchsen die Kapazitäten wieder, sodass die neuen Modellreihen um 1955 in hohen Stückzahlen produziert werden konnten. Mit dem ebenso formschönen wie verbrauchsarmen Škoda 440 und seinen Derivaten fand das Unternehmen zurück auf die Erfolgsspur. Die Limousine Octavia und das Felicia Cabriolet wurden Exportschlager. Die daraus erzielten Erträge flossen zurück nach Mladá Boleslav, wo um 1960 der Aufbau moderner Produktionsanlagen begann. Knapp 460 000 Exemplare des Škoda 1000 MB mit Heckmotor liefen hier von 1964 bis 1969 vom Band, von denen mehr als die Hälfte im Ausland abgesetzt werden konnte.

In den anbrechenden 1970er Jahren streute die Planwirtschaft zunehmend Sand ins Getriebe des tschechischen Vorzeigebetriebes. Die Exportzahlen bröckelten, da aufgrund fehlender finanzieller Mittel eine Modernisierung der Modellpalette und Werke ausblieb. So basierten selbst die in den 1980er Jahren vertriebenen Fahrzeuge im Wesent-

lichen noch auf dem inzwischen veralteten Konzept des 1000 MB. Um dem schleichenden Verfall der Wettbewerbsfähigkeit Einhalt zu gebieten, suchte Škoda nach einem neuen Ideengeber und fand ihn im italienischen Designer Nuccio Bertone. Dessen Entwurf war 1987 bis zur Serienreife gediehen und lief unter dem Namen Favorit vom Band. Der rasante gesellschaftliche Wandel, den die „Samtene Revolution" in der Tschechoslowakei im November 1989 auslöste, führte Škoda 1991 in die Partnerschaft mit dem Volkswagen Konzern. Die Investitionen und das Know-how aus Wolfsburg wurden dringend benötigt, um auf den dramatischen Einbruch der osteuropäischen Automobilmärkte reagieren zu können. Ein Verlust, der vorerst nur durch ein verstärktes Engagement in West- und Südeuropa zu kompensieren war. Um hier langfristig bestehen zu können, musste sich die Wettbewerbsfähigkeit deutlich verbessern. Der mit diesem Ziel einsetzende Transformationsprozess dauerte bis Mitte der 1990er Jahre an. Durch Rationalisierungsmaßnahmen verdoppelte sich die Produktivität, ohne einen drastischen Beleg-

WERK MLADÁ BOLESLAV   OCTAVIA

schaftsabbau auszulösen. Die Einbeziehung Škodas in den Lieferverbund des Konzerns brachte zusätzliche Kostenvorteile und erstmals positive Jahresergebnisse. Mit dem Aufbau eigener Vertriebsgesellschaften in Deutschland, Polen, der Slowakei und Bosnien-Herzegowina sowie dem Ausbau des Händlernetzes rückte Škoda zudem näher an die Kunden.

Ein erstes Zeichen für die geglückte Integration in den Wolfsburger Konzern setzte der 1994 vorgestellte Felicia. Das gemeinschaftlich entwickelte Fahrzeug stand den Volkswagen in Sachen Qualität und Technik in Nichts nach und fand international Anklang. Wegen der anhaltenden Rezession in Osteuropa erschien die 1990 avisierte Kapazitätserweiterung auf 400 000 Fahrzeuge pro Jahr gleichwohl unrealistisch, weshalb Volkswagen das Entwicklungstempo verlangsamte. Der im Dezember 1994 geänderte Rahmenvertrag mit der tschechischen Regierung als dem Hauptanteilseigner von Škoda reduzierte das Investitionsvolumen auf insgesamt 3,8 Milliarden DM und die angestrebte Fertigungsmenge auf 340 000 Fahrzeuge jährlich. Davon unbenommen, erhöhte Volkswagen durch die Einbringung von 780 Millionen DM seinen Aktienanteil bis 1995 auf insgesamt 70 Prozent. Am 30. Mai 2000 erwarb das Wolfsburger Unternehmen von der tschechischen Regierung das restliche Aktienpaket und machte Škoda damit zu einer hundertprozentigen Tochterunternehmung.

Seit 1996 zahlten sich die in den Vorjahren vorgenommenen Weichenstellungen aus. Der neue Octavia symbolisierte für Škoda nicht nur die gelungene Erweiterung der Modellpalette, sondern auch den Beginn einer neuen Ära der Produktionstechnik und -organisation. Die neuen Fertigungsanlagen in Mladá Boleslav setzten zwei wesentliche Strategien des Volkswagen Konzerns beinahe idealtypisch um. Mit der gezielten Unterstützung der lokalen Zulieferindustrie war rings um Mladá Boleslav die notwendige industrielle Infrastruktur vorhanden, um zu einer schlanken modularen Produktion überzugehen. Darüber hinaus

FERTIGUNG IN DER TSCHECHISCHEN REPUBLIK

garantierte die technische Verankerung des Octavia auf der konzerneinheitlichen Fahrzeugplattform eine hohe Qualität und weitere Kostenersparnisse. Ein gutes Preis-Leistungs-Verhältnis, hohe Fahrzeugsicherheit, innovative Technik und gelungenes Design kennzeichneten gleichermaßen den 1999 angelaufenen Fabia und den 2001 vorgestellten Superb. Diese attraktive Modellpalette und die Rentabilität der Standorte Mladá Boleslav, Vrchlabí und Kvasiny boten beste Voraussetzungen für eine erfolgreiche Internationalisierung der Produktion. 2001 nahm Škoda ein Montagewerk in Aurangabad (Indien) in Betrieb. 2003 lief die Fertigung in Solomonowo (Ukraine), 2005 in Ust-Kamenogorsk (Kasachstan) an, wobei die Fabriken im Rahmen einer Kooperation betrieben werden. Zudem hält das tschechische Unternehmen eine Beteiligung an der OOO Volkswagen Group Rus, die im Werk Kaluga seit November 2007 Fahrzeuge mit geflügeltem Pfeil montiert. Damit übernahm Škoda eine Vorreiterrolle bei der Erschließung wachstumsstarker Zukunftsmärkte in Asien und Osteuropa.

Von diesem frühen Engagement profitieren inzwischen auch andere Konzernmarken. Im indischen Škoda Werk rollten 2008 auch der Passat und Jetta sowie der Audi A4 und A6 vom Band. Weitere Synergieeffekte erzeugt der Fertigungsverbund in Indien, der im März 2009 durch das neue Volkswagen Werk Pune, in dem neben dem Polo der Škoda Fabia gebaut wird, seine Erweiterung fand.

Durch die Erweiterung des Produktangebots um den SUV Yeti, den Kleinwagen Citigo und die zunächst in Indien gefertigte Kompaktlimousine Rapid konnten die Auslieferungen an Kunden 2012 auf 939 000 Fahrzeuge gesteigert werden, wobei die Fertigungen in Russland, Indien und China erheblich zum Absatzwachstum beitrugen. Das Operative Ergebnis konnte angesichts der veränderten Währungsverhältnisse der Tschechischen Krone zum Euro und höherer Vermarktungskosten nicht im gleichen Maße gesteigert werden, betrug aber 2012 immerhin 712 Millionen Euro. Die traditionsreiche, innovative und ertragsstarke Marke aus Tschechien ist heute ein unverzichtbarer Teil des Volkswagen Konzerns.

Volkswagen Financial Services

Unter den absatzfördernden Instrumenten des Volkswagen Konzerns kam den Finanzdienstleistungen Anfang der 1990er Jahre zentrale Bedeutung zu. Nach der 1992 erfolgten Zusammenführung von Leasing und Bank in der Volkswagen Finanz GmbH stand zum 1. Januar 1994 eine weitere strategische Neuordnung an. Alle in Europa tätigen Finanzdienstleistungsunternehmen des Konzerns wurden rechtlich ausgegliedert und unter dem Dach der in Volkswagen Financial Services AG (VWFS) umbenannten Holding zusammengefasst. Dass bis Jahresende zwei weitere Finanzdienstleistungstöchter hinzukamen, unterstrich die internationale Ausrichtung des entstandenen Finanzkonzerns. Durch die Trennung der Finanzdienstleistungen vom Unternehmensbereich Automobile konnten die verschiedenen Geschäftszweige präziser gesteuert und verschiedene Risiken exakter erfasst werden. Der Know-how-Transfer sowie die Vereinheitlichung der Angebote und Marketingstrategien ließen außerdem eine Steigerung der Ertragskraft erwarten. 1994 war die VWFS mit 2 236 Beschäftigten in sieben europäischen Ländern mit Finanzierungs- und Leasingangeboten vertreten, namentlich in Deutschland, Frankreich, Spanien, Italien, Tschechien, in der Slowakischen Republik und in Großbritannien. Von 663 000 Kundenfinanzierungen und 437 000 verleasten Fahrzeugen entfielen drei Viertel auf Deutschland. Im April 1999 etablierte die VWFS ihr drittes Geschäftsfeld neben Automobilfinanzierung und Leasing, als sie die Volkswagen Versicherungsdienst GmbH (VVD) übernahm, die ebenso wie die beiden anderen Unternehmenszweige auf eine lange und erfolgreiche Geschichte zurückblicken konnte.

Der VVD wurde am 10. Februar 1948 durch notariellen Abschluss eines Gesellschaftervertrages gegründet und am 28. Februar 1948 ins Handelsregister beim Amtsgericht Fallersleben eingetragen. Bis dahin hatte die unter britischem Befehl stehende Volkswagenwerk GmbH fast ausschließlich für die Alliierten produziert. Nach der Währungsreform wurde der militärische Bedarf an Transportmitteln durch die rasch expandierende Nachfrage der Privatkunden ersetzt. In Absprache mit der Volkswagen Organisation schnürte der VVD, dessen Anteile im Oktober 1949 auf den Gesellschafter Christian Holler übertragen wurden, ein preisgünstiges Kfz-Versicherungspaket, das im Laufe der Jahre angereichert und über kontinuierlich geschulte Mitarbeiter der Volkswagen Händler vertrieben wurde. Der auf Kundenbindung abgestellte Leistungskatalog und der Service waren ausschlaggebend dafür, dass der VVD im Sog des Käfer-Booms rasch expandierte. Bereits 1961 fertigte der VVD die fünfhunderttausendste Police aus, beschäftigte 323 Mitarbeiter und verfügte über einen funktionierenden Außendienst mit landesweit zwölf Filialen sowie über Auslandsniederlassungen in Österreich, Italien und in den Niederlanden. Zwei weitere Tochterunternehmen wurden 1962 in Großbritannien und Frankreich gegründet. Im gleichen Jahr erweiterte der VVD seine Produktpalette um den Europa-Schadendienst, nachdem er mit den Importeuren die direkte Abrechnung von Kaskoschäden vereinbart hatte. In Verbindung mit der 1972 eingeführten Schnellregulierung von Haftpflichtschäden offerierte der VVD eine in der Versicherungswirtschaft konkurrenzlose Dienstleistung, die den Kunden in 2 400 Partnerbetrieben europaweit die schnelle und bargeldlose Regulierung von Haftpflichtschäden garantierte und dem Unternehmen zu weiterem Wachstum verhalf. Im Ranking mit über 100

FINANZCENTER IN BRAUNSCHWEIG

GEBÄUDE DES VVD IN WOLFSBURG

Fahrzeug-Versicherern belegte der VVD 1982 mit einem Prämienvolumen von rund 400 Millionen DM den neunten Rang. 1983 überschritt der Bestand an Kfz-Versicherungen die Marke von 600 000 Verträgen, was den Stellenwert des VVD für die Vertriebspolitik des Wolfsburger Automobilherstellers unterstrich. So stärkte etwa die 1983 eingeführte, durch den VVD abgesicherte Gebrauchtwagen-Garantie die Kundenbindung an die Vertragswerkstätten. Mit günstigen Beiträgen, fast jährlichen Rückvergütungen, dem europaweiten Schadendienst und dem engmaschigen Außendienst blieb der VVD für den Volkswagen Konzern ein wichtiges den Verkauf förderndes Instrument, das die VWFS Ende der 1990er Jahre in die eigene Hand nahm.

Im Unterschied zum Versicherungsgeschäft waren Automobilfinanzierungen von Anfang an Unternehmenssache. Mit Gründung der Volkswagen Finanzierungsgesellschaft mbH (VFG) am 30. Juni 1949 hielt der Wolfsburger Automobilhersteller noch unter britischer Regie frühzeitig ein absatzförderndes Instrument in den Händen, das angesichts der Kaufkraftlücke in Deutschland eine wichtige kompensatorische Funktion erfüllte. Durch die Gewährung von Kundendarlehen finanzierte die VFG von 1950 bis 1952 durchschnittlich 13 Prozent der Inlandsverkäufe, während die Einkaufsfinanzierung seitens der Händler zunächst kaum in Anspruch genommen wurde. Danach nahmen die Geschäfte im Wettbewerb mit den Banken und Sparkassen

GROSSRAUMBÜRO DER VW KREDIT BANK

einen bisweilen wechselvollen, aber insgesamt positiven Verlauf. 1961 schloss die VFG 24 668 Verträge mit Volkswagen Käufern ab, mehr als doppelt so viele wie 1953. Bei den Händlern zeichnete sich mit 2 152 Verträgen ein parallel zu den Lagerbeständen wachsender Finanzierungsbedarf ab, der den Übergang vom durch Nachfrageüberhang gekennzeichneten Verkäufer- zum Käufermarkt widerspiegelte. Diese Entwicklung verschob den geschäftlichen Schwerpunkt der VFG, die Lagerwagenkredite ab 1963 zunächst aus den finanziellen Mitteln der Muttergesellschaft vergab. Mitte 1965 übernahm sie dieses lukrative Geschäft auf eigene Rechnung und wickelte im laufenden Jahr 345 205 Verträge ab. Dass die in Konjunkturabschwüngen anwachsenden Lagerbestände den Ertrag steigerten, entkoppelte den Unternehmenserfolg tendenziell von der Absatzentwicklung der Volkswagenwerk AG. So erzielte die VFG in der Rezession 1967 eines ihrer bis dahin besten Ergebnisse, das neben einem Gewinn von rund 462 000 DM auch eine Aufstockung des Eigenkapitals um 600 000 DM ermöglichte.

Kontinuierliches Wachstum in der Folgezeit trieb den Umsatz aus der Einkaufsfinanzierung 1972 über die Marke von drei Milliarden DM; hinzu kamen 224 Millionen DM, die mit der Kreditvergabe an über 47 000 Volkswagen Kunden erwirtschaftet wurden. Aufgrund des erreichten Finanzierungsvolumens erfolgte zum 1. Januar 1973 die Umwandlung in eine Bank unter der Bezeichnung VW Kredit Bank GmbH.

Die Rezession und Unternehmenskrise 1974/75 überstand der Finanzdienstleister ohne finanzielle Einbußen. Allerdings zollte er dem gestiegenen Kostendruck durch eine organisatorische Zusammenlegung der Bankgeschäfte in Wolfsburg Tribut. Im Juni 1975 wurde die Ingolstädter Tochter Audi NSU Kredit Bank GmbH auf die Muttergesellschaft fusioniert, die auch die Kunden und Händler von Audi betreute. Dieser Kompetenzzuwachs schlug sich nach Bildung einer gemeinsamen Volkswagen und Audi Vertriebsorganisation in der 1978 erfolgten Umbenennung in V.A.G Kredit Bank GmbH nieder, deren Geschäftssitz 1982 nach Braunschweig verlegt wurde.

Mit wettbewerbsfähigen Kreditangeboten, effizientem Kostenmanagement und steigenden Gewinnen begleitete der Finanzdienstleister die Volumenstrategie des Volkswagen Konzerns in den 1980er Jahren. In dieser Zeit verdoppelte sich die Belegschaft nahezu – 1980 waren 202 Mitarbeiter beschäftigt, 1989 waren es 400. Zugleich wuchs die Bilanzsumme auf knapp 4,6 Milliarden DM an, und die Kundenfinanzierungen wurden wieder zum dominierenden Geschäftsfeld. Nach dem Erhalt der Vollbankkonzession 1990 erfolgte mit dem Einstieg in das Einlagegeschäft und der Einführung eines aus Master- und VISACard geschnürten Kreditkartenpakets die Umbenennung in V.A.G Bank GmbH. Der Start des Direktbankgeschäfts führte zu einem immensen Wachstumsschub für das kommende Jahrzehnt und ging mit einer organisatorischen Neustrukturierung des Finanzdienstleistungsbereichs einher. Als Filialen der V.A.G Bank GmbH entstanden 1990 die Volkswagen und die Audi Bank, 1991 die Seat und die Škoda Bank, bevor sie zum Jahresbeginn 1992 unter dem Dach der im März 1991 gegründeten Volkswagen Finanz GmbH die Finanzdienstleistungs- und die Leasing-Gesellschaft zusammengeführt wurden.

Volkswagen hatte als einer der ersten deutschen Automobilhersteller den systematischen Aufbau des Leasing-Geschäfts in Angriff genommen. Im Oktober 1966 wurde die Volkswagen Leasing GmbH (VLG) mit Sitz in Wolfsburg gegründet, um das Absatz fördernde Potenzial dieser aufstrebenden Mobilitätsdienstleistung zu erschließen, deren Anteil am Neuwagenverkauf in den USA bereits zehn Prozent erreichte. Die von der Verkaufsorganisation durchgeführte Kundenakquisition koordinierte und unterstützte das Tochterunternehmen durch eine fortlaufende Schulung der Händler, die Entwicklung wettbewerbsgerechter Leasingprodukte und zentral gesteuerte Marketing- und PR-Maßnahmen. Daneben betätigte sich die VLG seit 1968 im Investitionsgüter-Leasing, indem sie Diagnoseanlagen und Zusatzeinrichtungen an die Vertriebspartner vermietete. Bei den Fahrzeugen richteten sich die Angebote zunächst ausschließlich an die gewerbliche Wirtschaft und selbstständige Berufsgruppen. Zur Verstärkung der Kundenbindung und Verlängerung der Wertschöpfungskette führte

V.A.G KREDIT BANK IN BRAUNSCHWEIG

die VLG schon 1969 Komplettlösungen ein, die Verschleißreparaturen sowie Diagnose und Wartung umfassten. Dass für diesen Service bundesweit 4 000 Betriebe von Volkswagen, Audi und NSU zur Verfügung standen, verschaffte der VLG einen Wettbewerbsvorteil gegenüber anderen Anbietern. Darüber hinaus beflügelten der Kostenanstieg in Deutschland und die damit verbundenen Liquiditätseinbußen der Unternehmen die Nachfrage. Zwischen 1969 und 1975 kletterte der Bestand an vermieteten Fahrzeugen von 4 151 auf knapp 29 000 Einheiten, der Gewinn von rund 500 000 auf über 20 Millionen DM. Nur 327 der rund 10 000 Leasingnehmer zählten zu den Großkunden mit jeweils mehr als zehn Fahrzeugen im Einsatz, während der Anteil der Kleinabnehmer an den Auslieferungen inzwischen auf rund 65 Prozent gewachsen war. Der dadurch bewirkte Anstieg der administrativen Kosten konnte durch organisatorische Rationalisierungsmaßnahmen, insbesondere durch die 1973 abgeschlossene Umstellung auf ein EDV-gestütztes Kontroll- und Abrechnungssystem, aufgefangen werden.

Die effiziente und schnelle Verwaltung zahlte sich aus, als die VLG das Leasing-Geschäft im Mai 1977 für private Kunden öffnete. Nach einer gezielten Werbekampagne stellten sie 1980 immerhin rund 13 Prozent der Abnehmer. Der ausgebaute Leistungskatalog schloss seit 1975 die Kfz-Steuer und -Versicherungen sowie die Vorfinanzierung der Unfallkosten und die Schadensabwicklung ein. Hinzu kam der 1978 begründete Europa-Service, der für alle Kunden einen einheitlichen und bargeldlosen Service in 15 europäischen Ländern gewährleistete.

Mit zielgruppenorientierten Angeboten und variablen Konditionen für Großkunden blieb die 1982 nach Braunschweig verlegte V.A.G Leasing GmbH auf Erfolgskurs. Trotz eines enorm ansteigenden Wettbewerbsdrucks konnte sie die seit 1968 besetzte Führungsposition auf dem Pkw-Leasing-Markt auch in den 1980er Jahren behaupten. Mit 432 Mitarbeitern und einem Bestand von 349 000 Fahrzeugen ging das Unternehmen zum Jahreswechsel 1992 in die Finanzholding ein, wobei die Zusammenführung mit der Bank günstige Refinanzierungsmöglichkeiten eröffnete.

Mit einem umfangreichen Angebot an Bank-, Leasing- und Versicherungsleistungen entwickelte sich die VWFS zu einem internationalen Unternehmen. Der auf die Weltwirtschaftskrise 1993 folgende konjunkturelle Aufschwung schuf günstige Voraussetzungen für das angestrebte weltweite Wachstum der VWFS, die 1996 Verantwortung für die Finanzdienstleistungen des Konzerns in der Region Asien-Pazifik übernahm. Dort entstanden bis 2003 Tochterunternehmen in China, Japan, Thailand, Australien, Taiwan und Singapur, letzteres mit der Funktion, die Aktivitäten im asiatisch-pazifischen Raum zu steuern. Die bereits 1996 eröffnete Repräsentanz in Peking erhielt 2004 die Geschäftslizenz und nahm daraufhin als erster europäischer Finanzdienstleister in China die Tätigkeit auf. Der zweite Internationalisierungspfad führte die VWFS auf die von ihr noch unerschlossenen europäischen Wachstumsmärkte und folgte dem Prinzip: „Financial Services follows automotive". In Polen gründete sie 1996/97 ein Leasingunternehmen und eine Bank, in der Türkei 1999 mit dem dortigen Importeur eine Finanzierungsgesellschaft und in Moskau 2003 die Volkswagen Group Finance OOO. Darüber hinaus war die VWFS über Kooperationsverträge mit den Finanzdienstleistern des Volkswagen Konzerns in Nord- und Südamerika verbunden und leistete strategische Beratung.

International wurde auch die Volkswagen Bank, die sich bis 2001 mit Filialen in Belgien, Irland, Spanien und Italien zu einer europäischen Bank entwickelte. Mit einem Einlagevolumen von 4,5 Milliarden DM stieg sie zur zweitgrößten Direktbank Deutschlands auf und vollzog mit Einführung des Online-Girokontos den letzten Schritt zu einer Hausbank mit breit gefächertem Produktprogramm. Für Privatkunden etablierte sich der AutoCredit als gute Alternative zum ClassicCredit. Diese innovative Form der Autofinanzierung, die niedrige Raten mit der Option verknüpfte, nach Ende der Vertragslaufzeit zwischen Kauf, Anschlussfinanzierung und Rückgabe zu einem garantierten Preis zu wählen, entwickelte sich zu einem Bestseller. Der Vertragsbestand dieses innovativen Produktes stieg bis Ende 2001 auf 351 000 Stück an, was rund ein Drittel aller Kundenfinanzierungen ausmachte.

FAHRZEUGFINANZIERUNG IM HANDEL

Im Bereich der Händlerfinanzierung reagierte die VWFS auf die absehbare Aufhebung der Markenbindung im Handel und traf die notwendigen Vorbereitungen, außerhalb des Volkswagen Konzerns neue Kundenpotenziale zu erschließen. Als Zweigniederlassung der Volkswagen Bank gegründet, offerierte die Europcar Bank ab 2003 zunächst Finanzdienstleistungen für den Handel mit Reisemobilen und weitete in einem zweiten Schritt ihre Angebote auf Mehrmarken- und freie Gebrauchtwagenhändler aus. Der Einstieg in das herstellerunabhängige Geschäft, dem auch einige internationale Töchter folgten, trug seinen Teil dazu bei, dass 2003 der Vertragsbestand in der Kundenfinanzierung auf 1,312 Millionen anstieg. Damit hatte sich das Vertragsvolumen gegenüber 1991 mehr als verdreifacht.

Das Geschäft der Volkswagen Leasing wuchs zwischen 1993 und 2003 beständig. Das Vertragsvolumen erhöhte sich von 404 000 auf 534 000 Einheiten. Zwei Drittel der Leasing-Verträge wurden in Deutschland, die übrigen in Europa und in Japan geschlossen. Der nationale und internationale

Erfolg beruhte wie bei den Finanzdienstleistungen auf Beratungskompetenz, Abwicklungsschnelligkeit und einer differenzierten, auf die Bedürfnisse der verschiedenen Kundengruppen zugeschnittenen Produktpalette mit einheitlicher Basis, die den jeweiligen nationalen Besonderheiten angepasst wurde. Weil sich das Absatzvolumen seit Mitte der 1990er Jahre von den Privat- auf die Großkunden zu verschieben begann, bildete das wettbewerbsintensive Flottenmanagement einen Schwerpunkt. In diesem Markt trat Volkswagen Leasing mit einer Full-Service-Dienstleistung an, die von der Bereitstellung der Fahrzeuge über den kompletten Versicherungsschutz, die Schadensabwicklung und Wartung bis zur detaillierten Betriebskostenabrechnung reichte.

Neben dem Wandel zum internationalen Konzern ist die strategische Neuausrichtung als Mobilitätsdienstleister kennzeichnend für diese Phase. Dem Trend zu internationalen Fuhrparkkonzepten folgend, wurden im Leasinggeschäft nicht mehr nur Fahrzeuge des Volkswagen Konzerns vermietet. Den entscheidenden Schritt vollzog die VWFS mit der 2004 erworbenen Mehrheitsbeteiligung an der LeasePlan Corporation N.V.. Der europäische Marktführer brachte die für ein profitables Flottenmanagement notwendigen Skaleneffekte und die Präsenz auf den internationalen Märkten in die VWFS ein, die damit ihre Marktposition als globaler Mobilitätskonzern ausbauen und das Leistungsspektrum erweitern konnte.

Der Wandel vom Finanz- zum Mobilitätsdienstleister beschleunigte sich mit der Übernahme der Volkswagen Versicherungsdienst GmbH zum 1. April 1999. Neben Bank und Leasing hatte die VWFS damit ein drittes Geschäftsfeld etabliert, das ihre Dienstleistungspalette gut ergänzte. Als einer der zehn größten Anbieter für Autoversicherungen in Deutschland hielt der VVD fast eine Million Policen und verfügte über ein 50 Jahre lang gewachsenes Know-how. Dabei kann der VVD auf eine langjährige enge Zusammenarbeit mit der Allianz-Versicherung aufbauen. Im Rahmen dieser erfolgreichen Kooperation werden die über den VVD abgeschlossenen Policen an die Allianz weitervermittelt. Unter dem Dach der VWFS nahm das Versicherungsgeschäft eine fulminante Entwicklung. Bis 2006 konnte der Vertragsbestand auf über 1,8 Millionen Stück beinahe verdoppelt werden. Allein 2006 verzeichnete der VVD über 200 000 Neuzugänge. Unter dem Dach der VWFS verbinden die ab 2006 angebotenen All-Inclusive-Pakete günstige Finanzierungen mit umfangreichen Versicherungs-, Garantie- und Wartungsleistungen. Mit den Vertriebsexperten verschiedener Konzernmarken entwickelt und auf den jeweiligen Kundenkreis zugeschnitten, bahnen diese Produkte den Weg in die Zukunft der Mobilitätsdienstleistungen.

Seit 2006 für die Koordination der weltweiten Finanzdienstleistungen des Volkswagen Konzerns zuständig, richtete die VWFS ihre Unternehmensstruktur auf die gewachsenen Aufgaben aus. Die Verantwortung für das operative Geschäft in Deutschland ging 2006 von der Holding auf die dortigen Tochtergesellschaften über. Auf Vorstandsebene wurden die Steuerungsfunktionen der in fünf Regionen gegliederten Organisation zugeordnet. Der Finanzdienstleistungsbereich erweiterte sein Geschäft auch unter schwierigen Umfeldbedingungen weiter, indem der Internationalisierungspfad etwa durch die 2008 erfolgte Geschäftsaufnahme der Volkswagen Bank Mexiko oder die 2009 gegründete Volkswagen Finance Private Limited in Mumbai konsequent beschritten wurde. Mit innovativen Produkten wie dem Kreditschutzbrief, der Übernahme der Autovermietung Euromobil durch die Volkswagen Leasing GmbH und den Aufbau eines innovativen Carsharing-Programms unter der Marke Quicar reagiert VWFS auf aktuelle Markttendenzen und schließt Lücken im Angebotsportfolio. Nicht allein dass die Volkswagen Bank inzwischen zu den führenden Direktbanken Deutschlands zählt, der Vertragsbestand von 9,6 Millionen Verträgen, eine Bilanzsumme von 111 Milliarden Euro, ein Operatives Ergebnis von 1,4 Milliarden Euro und eine Belegschaft von mehr als 10 000 Mitarbeiter unterstreichen die wirtschaftliche Kraft und die Bedeutung der Finanzdienstleistungen.

Durch internationale Expansion und Produktdiversifizierung hat sich die VWFS seit ihrer Gründung zum führenden europäischen Mobilitätsdienstleister gewandelt. Seine Bedeutung für den Mehrmarkenkonzern reicht weit über die Absatzförderung und Kundenbindung hinaus. Vielmehr sind die globalen Mobilitätsdienstleistungen heute ein strategischer Bestandteil in der Wertschöpfungskette des Volkswagen Konzerns, der wohl auch künftig mit der Wachstumsdynamik seiner ertragsstarken Tochter Volkswagen Financial Services rechnen kann.

FINANZDIENSTLEISTUNGEN
AUS EINER HAND

Volkswagen Nutzfahrzeuge

Die Marke Volkswagen Nutzfahrzeuge (VWN) kam nicht von außen hinzu, sondern wuchs innerhalb des Konzerns heran. Ihre offizielle Einführung erfolgte im Juli 1995, um unter dem Markendach VWN alle Kompetenzen und Ressourcen im Unternehmensbereich Nutzfahrzeuge zu bündeln. Als künftige Steuerungsinstanz des internationalen Nutzfahrzeuggeschäfts trat die in gesellschaftsrechtlicher Hinsicht uneigenständige Marke organisatorisch und wirtschaftlich neben die Marke Volkswagen. Damit trug der Wolfsburger Automobilkonzern der wachsenden Bedeutung dieser Unternehmenssparte Rechnung, die 1995 im Stammwerk Hannover sowie an den internationalen Standorten in Polen, Spanien, Brasilien, Mexiko und Südafrika einen Umsatz von rund 10 Milliarden DM erwirtschaftete. Dass aus dem Leicht- ein Schwergewicht geworden war, spiegelte vor allem die Produktpalette mit Caddy und Pick-up, Transporter und Caravelle sowie LT und schweren Lastwagen wider. 1996 kam als weitere Differenzierung der Transporter Baureihe der Multivan hinzu, mit dem VWN die schon in der ersten Transporter Generation angelegte Produktlinie zeitgemäß fortführte.

Die Geschichte der Marke VWN beginnt mit dem legendären Transporter. Der niederländische Volkswagen Generalimporteur, Ben Pon, machte 1947 eine Ideenskizze. Entwickelt ab 1948 als Typ 29, wurde der Dreivierteltonner mit Heckmotor und kastenförmigem Aufbau am 12. November 1949 der Presse vorgestellt und ging in Wolfsburg am 8. März 1950 in Serie. Volkswagen begründete eine neue Fahrzeugklasse und schuf die bis heute unentbehrliche Basis für den Erfolg der Nutzfahrzeugsparte.

TRANSPORTER VIELFALT

Der multifunktionale Transporter kam zur rechten Zeit, um den Mobilitätshunger der deutschen Gesellschaft im Wiederaufbau und Wirtschaftswunder zu stillen. Vor allem die gewerbliche Nachfrage in Deutschland und Europa trieb zwischen 1950 und 1960 den Absatz an, der von rund 8 000 auf 151 000 Wagen explodierte. 1954 überholten die Exportzahlen die Inlandsverkäufe, von 1958 an waren sie in etwa doppelt so hoch. Der steigenden Auslandsnachfrage kam die Wolfsburger Produktion bei weitem nicht nach, zumal auch der Käfer-Boom nach zusätzlichen Kapazitäten verlangte. Die Transporter Fertigung wurde deshalb ins neu errichtete Werk Hannover verlagert, wo im März 1956 die Fertigung anlief. Einen weiteren Produktionsstart legte der Allrounder im September 1957 bei der Volkswagen do Brasil hin, die mit dem Transporter den Industrialisierungsprozess in Brasilien begleitete.

VOLKSWAGEN NUTZFAHRZEUGE **331**

TRANSPORTER

Sein zweites Gesicht als Familien- und Freizeitmobil zeigte der Typ 2 schon 1951, als Volkswagen den Samba-Bus und eine Campingbox einführte. Diese Produktgruppe wurde in den 1960er Jahren vor allem in den USA zum Exportschlager, wo der Station Wagon eine neue Linie vorgab und als Gefährt der Flower-Power-Generation seine bis heute höchste Absatzzahl erreichte. 1970 verkaufte Volkswagen 287 000 Transporter, ein knappes Viertel davon in den USA. Die Belegschaft im Werk Hannover zählte zum Jahresende 27 744 Mitarbeiter.

Mitte der 1970er Jahre begann die Diversifizierung der Nutzfahrzeugpalette. Mit der Einführung des LT (Lastentransporter) stieg die Marke Volkswagen in die Klasse der leichten Lkw ein und verstärkte ihr Know-how durch eine Entwicklungskooperation mit M.A.N., die 1979 zum Produktionsanlauf einer weiteren leichten Lkw-Baureihe in Hannover führte. Im Segment der schweren Nutzfahrzeuge fasste der Volkswagen Konzern 1981 in Brasilien Fuß, nachdem er das von Chrysler übernommene und später mit der Volkswagen do Brasil verschmolzene Tochterunternehmen zu einem Nutzfahrzeughersteller umstrukturiert hatte.

VW LT

WERK HANNOVER

Der Produktionsanlauf der 11- und 13-Tonnen-Lkw im März 1981 markierte zugleich den ersten Schritt zur Internationalisierung der Nutzfahrzeug-Fertigung. Der zweite folgte mit dem auf Golf Basis gebauten Pick-up. Ab 1980 von der Volkswagen of America gefertigt, ging das Modell 1982 unter dem Namen Caddy beim jugoslawischen Beteiligungsunternehmen TAS in Serie.

Die Erweiterung der Nutzfahrzeugpalette kompensierte die 1972 einsetzenden Exportverluste in den USA. Vom Transporter der dritten Generation wurden dort in den 1980er Jahren lediglich 121 000 Exemplare verkauft. Der Gesamtabsatz pendelte zwischen 1983 und 1989 um die Marke von 150 000 Transportern. Dass der Markterfolg des Pioniermodells nachließ, war vorrangig auf den verschärften Wettbewerb und eine zunehmende Differenzierung

in diesem Marktsegment zurückzuführen. Volkswagen reagierte auf diese Entwicklung mit der 1983 eingeführten Caravelle, die als komfortabler Personenwagen die eigenständige Familien- und Freizeitvariante der Transporter Baureihe begründete. Darüber hinaus erweiterte das in Kooperation mit Toyota gebauten Pick-up-Modell Taro, das ab 1987 im Werk Hannover vom Band lief, die Angebotspalette. Eine weitgehende Automatisierung der Fertigung begleitete dort 1990 den Wechsel zur vierten Transporter Generation, der ersten mit Frontmotor und Vorderradantrieb.

Der Neue belebte zunächst das Geschäft in Europa, bevor die weltweite Rezession 1993 Absatz und Produktion schrumpfen ließen. Im Folgejahr lieferte Volkswagen 86 442 Nutzfahrzeuge auf dem Binnenmarkt, 61 165 Exemplare im europäischen Ausland und weltweit 276 129

TARO

LKW-FERTIGUNG IM WERK RESENDE

Einheiten aus. Etwa die Hälfte davon wurde in Hannover, der Rest an ausländischen Volkswagen Standorten gebaut.

Nach der Etablierung der Marke Volkswagen Nutzfahrzeuge (VWN) bündelte der Volkswagen Konzern die Zuständigkeit für sein internationales Nutzfahrzeuggeschäft in Hannover. Im September 1997 wurde VWN die Ergebnis- und Produktverantwortung für die Volkswagen Poznań Sp.z.o.o. übertragen, eine hundertprozentige Konzerntochter, die aus dem 1993 gegründeten Joint Venture mit einem polnischen Hersteller von Landwirtschaftsfahrzeugen hervorgegangen war. Das aufstrebende Unternehmen montierte Pkw verschiedener Konzernmarken sowie den als CKD-Bausatz aus Hannover angelieferten Transporter und hatte seit Fertigungsbeginn seinen Ausstoß kontinuierlich gesteigert. Den zweiten Internationalisierungsschritt vollzog die Marke VWN zum 1. Januar 2000, als sie die industrielle Steuerung des brasilianischen Nutzfahrzeugherstellers Volkswagen Trucks & Buses (VWTB) am Standort Resende übernahm. Dort hatte die Volkswagen do Brasil zusammen mit sieben Partnern der Zulieferindustrie eine neue, auf dem Konzept der modularen Fabrik basierende Fertigungsstätte errichtet, in der verschiedene Lastwagen in der Klasse von 7 bis 42 Tonnen sowie zwei Busreihen gefertigt wurden. Das 160 Kilometer östlich von Rio de Janeiro gelegene und im November 1996 eröffnete Werk Resende etablierte im weltweiten Produktionsverbund des Volkswagen Konzerns ein in dieser Form wohl einzigartiges Kooperationsmodell mit den Lieferanten, das weit über eine Just-in-time-Produktion hinausging. Sowohl die Modulfertigung vor Ort als auch die Fahrzeugmontage wurde den Schlüssellieferanten übertragen, die sich mit der Volkswagen do Brasil zu einem

Modul-Konsortium zusammengeschlossen hatten. Nur 200 der rund 1 200 Beschäftigten waren Volkswagen Mitarbeiter. Die Fabrik produzierte hauptsächlich für den heimischen Markt, darüber hinaus für den Export in die südamerikanischen Nachbarländer, vor allem nach Argentinien, Chile und Bolivien.

Für die Marke VWN, deren Bedeutung innerhalb des Volkswagen Konzerns durch einen zum 1. Juli 2000 eingesetzten Markenvorstand unterstrichen wurde, bildete Südamerika einen Wachstumsschwerpunkt. Mit der in Resende gebauten Lkw-Produktreihe Series 2000, die 15 Modelle unterschiedlicher Gewichtsklassen umfasste, steigerte sie im Jahr 2000 die Auslieferungen in Brasilien um 44 Prozent auf 16 410 Lastwagen und Busse. Auch im Segment der leichten Nutzfahrzeuge legte VWN auf dem brasilianischen Markt zu und erzielte einen Marktanteil von 20 Prozent. Insgesamt wuchsen die Verkaufszahlen der Marke um sechs Prozent auf fast 329 000 Fahrzeuge, der bilanzierte Gewinn vor Steuern auf 514 Millionen DM an. Die brasilianische Nutzfahrzeugsparte war auch in den folgenden Jahren durch ein dynamisches Wachstum gekennzeichnet. 2003 setzte VWN 23 000 Lastwagen und 6 000 Busse in erster Linie auf den südamerikanischen Märkten ab und errang im Lkw-Segment dauerhaft die Marktführerschaft in Brasilien. Diese Spitzenstellung untermauerte VWTB 2006 mit der Einführung der Lkw-Baureihe Constellation, die auch in den Werken in Puebla (Mexiko) und Uitenhage (Südafrika) gebaut wurde.

BAUREIHE 2000

Die Internationalisierung der Marke VWN schuf die Voraussetzungen für die mit einem Kapazitätsausbau einhergehende Modernisierung des Standorts Poznań, die im Jahr 2000 im Zuge der Produktionsumstellung auf die kommenden Nutzfahrzeug-Generationen begann. Beträchtliche Investitionen flossen in die Errichtung einer Lackiererei, eines Karosseriebaus und eines Logistikzentrums, das die zunehmende Vernetzung der Produktion mit Modullieferanten steuerte. Damit wandelte sich die verlängerte Werkbank des Standorts Hannover zu einem international wettbewerbsfähigen und exportorientierten Nutzfahrzeughersteller mit eigenständiger Produktpalette. Die Pritschenwagen der im März 2003 anlaufenden fünften Transporter Generation wurden ausschließlich in Polen gefertigt. Ebenso der neue, auf der Golf Plattform stehende Caddy, der ab November 2003 vom Band lief. Die zwischen den Standorten Hannover und Poznań errichtete Produkti-

VOLKSWAGEN NUTZFAHRZEUGE **335**

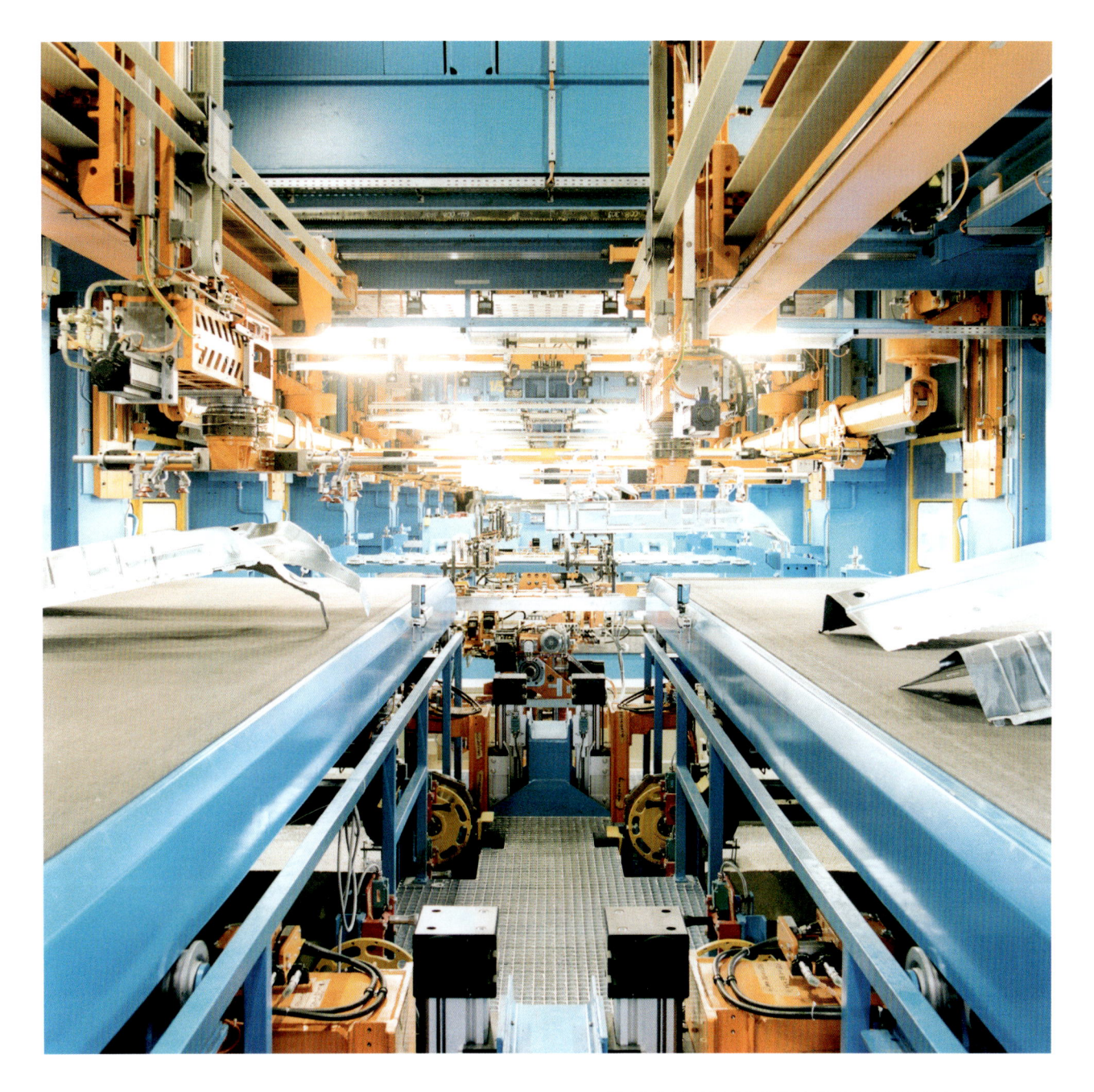

GROSSRAUMSAUGERPRESSE IM WERK HANNOVER

onsdrehscheibe löste den alten Fertigungsverbund ab, der bis 2003 durch die Belieferung des polnischen Herstellers mit CKD-Bausätzen gekennzeichnet war. Fortan konnte die Marke VWN die Transporterfertigungen flexibel der Auftragslage anpassen und auch innerhalb der einzelnen Werke das Produktionsvolumen der dort gebauten Modelle gegeneinander verschieben.

Mit dem Generationswechsel im Jahre 2003 wurden die Baureihen Transporter und Multivan/Caravelle stärker voneinander differenziert. Die sichtbare Eigenständigkeit der Produkte entsprach der in gewerbliche und Privatkunden gesplitteten Nachfragestruktur und gab die Möglichkeit, die Vermarktungsstrategien noch stärker auf die unterschiedlichen Ansprüche der beiden Kundensegmente auszurichten. Flexibilität mit individuellen, maßgeschneiderten Lösungen blieb der Schlüssel zum Erfolg für die Großraumlimousine und den Transporter, der als klassischer Kastenwagen, Kombi, Pritsche, Doppelkabine oder Fahrgestell in acht Karosserieformen mit drei Dachhöhen und 375 Ausstattungsvarianten gebaut wurde. Die Qualität der großflächigen Teile hatte VWN mit den 2001 in Betrieb genommenen Großraumsaugerpressen optimiert, die zugleich das Produktivitätsniveau anhoben.

Mit der neuen Transporter Generation behauptete VWN 2004 seine Marktführerschaft in Deutschland und stieg auch in Europa zur Nr. 1 auf. Dass die Marke ein Absatzplus von 44 Prozent verzeichnen konnte, war vor allem dem Caddy zu verdanken. In der Kombiversion mit bis zu sieben Sitzplätzen lieferbar, wurde der Stadtlieferwagen mit über 100 000 weltweit verkauften Fahrzeugen im Jahr 2004 zum Bestseller seiner Klasse in Deutschland. Gleichwohl schloss VWN, wie in den Jahren zuvor, mit einem Minus ab. Die Verluste resultierten einerseits aus den nicht voll ausgelasteten Kapazitäten, andererseits aus den hohen Kosten für die Modellanläufe und Standortmodernisierung. Die Investitionen betrugen allein 2002 rund eine Milliarde Euro, gaben dafür aber entscheidende, bis heute wirksame Wachstumsimpulse.

Trotz schrumpfender Märkte in Westeuropa überschritten die Auslieferungen der Marke VWN 2008 erstmals die Schwelle von 500 000 Fahrzeugen. Meistverkauftes Produkt war die Transporter Baureihe mit 188 007 Fahrzeugen, gefolgt vom Caddy mit 151 565 Exemplaren. Der 2006 eingeführte LT Nachfolger Crafter, der in Kooperation mit dem Hersteller Daimler AG in dessen Werken in Düsseldorf und Ludwigsfelde gebaut wird, legte gegenüber dem Vorjahr um gut 10 Prozent auf 51 101 Einheiten zu. Den stärksten Wachstumsimpuls sowohl bei den leichten Nutzfahrzeugen als auch bei den Lastwagen verzeichnete VWN 2008 in Südamerika. Die brasilianische Markentochter Volkswagen Trucks & Buses, die im Zuge der Neuordnung des Nutzfahrzeuggeschäfts zum 1. Januar 2009 an die MAN AG veräußert wurde, steigerte die Verkaufszahlen um ein Viertel auf rund 55 000 Einheiten und trug damit ihren Teil zur bislang besten Bilanz der Marke VWN bei.

Die angespannte Wirtschaftslage, aber auch der Verkauf der südamerikanischen Nutzfahrzeuggeschäft an die MAN Gruppe ließen die Auslieferungszahlen von Volkswagen Nutzfahrzeugen vom einstweiligen Höchststand von 503 000 Fahrzeugen im Jahre 2008 im Folgejahr auf 362 000 Einheiten abfallen. Doch der 2008 erfolgte Produktionsstart des Pick-up-Modells Amarok, der seit 2012

ENDMONTAGE DES CADDY IN POZNAŃ

ERFOLGSGARANTEN AMAROK, TRANSPORTER, CRAFTER UND CADDY

auch in Hannover gefertigt wird, setzte ebenso Wachstumsimpulse wie der 2011 vorgestellte Multivan BlueMotion. Lieferte VWN 2010 436 000 Fahrzeuge an Kunden aus, sprang die Zahl 2011 um 21,4 Prozent auf 529 000. 2012 erfolgte die Auslieferung von 550 000 Fahrzeugen der Baureihen Caravelle/Multivan/Kombi, Transporter, Crafter, Saveiro, Amarok und Caddy, womit ein Operatives Ergebnis von 421 Millionen Euro erzielt wurde.

Seit fast 65 Jahren erfolgreich im Nutzfahrzeuggeschäft tätig, gehört die Marke Volkswagen Nutzfahrzeuge heute zu den renommiertesten internationalen Anbietern. Ihren Pionierstatus im Transporter Segment hat sie über weite Strecken als Marktführer in Deutschland und anderen europäischen Ländern fortgeschrieben. Die ausdifferenzierte Produktpalette für Gewerbe und Freizeit umfasste fünf Modellreihen, die mit hunderten von Varianten auf die individuellen Kundenwünsche zugeschnitten werden können. Multifunktional und flexibel nutzbar, qualitativ hochwertig und wertbeständig, umweltfreundlich und zuverlässig, verkörpern diese Fahrzeuge die historisch gewachsenen Markenwerte.

HISTORISCHE NOTATE

HEFT 1
Klaus Kocks/Hans-Jürgen Uhl
Aus der Geschichte lernen.
Anmerkungen zur Auseinandersetzung von Belegschaft,
Arbeitnehmervertretung, Management und
Unternehmensleitung bei Volkswagen mit der
Zwangsarbeit im Dritten Reich
ISBN 978-3-935112-06-2 (vergriffen)

HEFT 2
Markus Lupa
Das Werk der Briten.
Volkswagenwerk und Besatzungsmacht 1945 - 1949
ISBN 978-3-935112-00-0 (vergriffen)

HEFT 3
Jürgen Marose
Bilderzyklus „Der bedrohte Mensch"
ISBN 978-3-935112-01-7 (vergriffen)

HEFT 4
STO à KdF 1943 - 1945.
Die Erinnerungen des Jean Baudet
ISBN 978-3-935112-02-4

HEFT 5
Malte Schumacher/Manfred Grieger
Wasser, Boden, Luft.
Beiträge zur Umweltgeschichte
des Volkswagenwerks Wolfsburg
ISBN 978-3-935112-09-3 (vergriffen)

HEFT 6
Henk 't Hoen
Zwei Jahre Volkswagenwerk.
Als niederländischer Student im „Arbeitseinsatz"
im Volkswagenwerk von Mai 1943 bis zum Mai 1945
ISBN 978-3-935112-03-1

HEFT 7
Volkswagen Chronik.
Der Weg zum Global Player
ISBN 978-3-935112-10-9 (vergriffen)

HEFT 8
Ralf Richter
Ivan Hirst.
Britischer Offizier und Manager des Volkswagen Aufbaus
ISBN 978-3-935112-12-3

HEFT 9
Abfahrt ins Ungewisse.
Drei Polen berichten über ihre Zeit als Zwangsarbeiter im
Volkswagenwerk vom Herbst 1942 bis Sommer 1945
ISBN 978-3-935112-17-8

HEFT 10
Manfred Grieger/Dirk Schlinkert
Werkschau 1.
Fotografien aus dem Volkswagenwerk 1948 - 1974
ISBN 978-3-935112-20-8

HEFT 11
Überleben in Angst.
Vier Juden berichten über ihre Zeit im Volkswagenwerk
in den Jahren 1943 bis 1945
ISBN 978-3-935112-21-5

HEFT 12
Olga und Piet.
Eine Liebe in zwei Diktaturen
ISBN 978-3-935112-23-9

HEFT 13
Ulrike Gutzmann/Markus Lupa
Vom „Vorwerk" zum FahrWerk.
Eine Standortgeschichte des Volkswagen Werks Braunschweig
ISBN 978-3-935112-27-7

HEFT 14
Volkswagen Financial Services AG.
60 Jahre Bank, Leasing, Versicherung – eine Chronik
ISBN 978-3-935112-36-9 (vergriffen)

HEFT 15
Markus Lupa
Spurwechsel auf britischen Befehl.
Der Wandel des Volkswagenwerks zum
Marktunternehmen 1945 - 1949
ISBN 978-3-935112-41-3

HEFT 16
Günter Riederer
Auto-Kino.
Unternehmensfilme von Volkswagen
in den Wirtschaftswunderjahren
ISBN 978-3-935112-39-0

HEFT 17
Vom Käfer zum Weltkonzern.
Die Volkswagen Chronik
ISBN 978-3-935112-04-8

Alle Publikationen stehen zum Download zur Verfügung unter
www.volkswagenag.com/content/vwcorp/content/de/the_group/history/publications.html

BILDNACHWEIS

BUNDESBILDSTELLE BERLIN
61 oben rechts,
73 oben links,
74 oben rechts

KLAUS KARICH, SALZGITTER
122 oben links

HESSISCHES WIRTSCHAFTSARCHIV
134 oben rechts

AUDI AG
250-257

BENTLEY MOTORS LTD.
258-263

BUGATTI AUTOMOBILES SAS
264-267

DUCATI MOTOR HOLDING S.P.A.
269-273

AUTOMOBILI LAMBORGHINI HOLDING S.P.A.
274-279

MAN SE
281-291

DR. ING. H.C. F. PORSCHE AG
293-301

SCANIA AB (PUBL)
302-308

SEAT, S.A.
309-315

ŠKODA AUTO A.S.
317-321

© VOLKSWAGEN AKTIENGESELLSCHAFT
Alle anderen Bildvorlagen